미래와 통하는 책

동양북스 외국어 베스트 도서

700만 독자의 선택!

새로운 도서,
다양한 자료
**동양북스
홈페이지에서
만나보세요!**

www.dongyangbooks.com
m.dongyangbooks.com

※ 학습자료 및 MP3 제공 여부는 도서마다 상이하므로 확인 후 이용 바랍니다.

홈페이지 도서 자료실에서 학습자료 및 MP3 무료 다운로드

PC

❶ 홈페이지 접속 후 도서 자료실 클릭
❷ 하단 검색 창에 검색어 입력
❸ MP3, 정답과 해설, 부가자료 등 첨부파일 다운로드
* 원하는 자료가 없는 경우 '요청하기' 클릭!

MOBILE

* 반드시 '인터넷, Safari, Chrome' App을 이용하여 홈페이지에 접속해주세요. (네이버, 다음 App 이용 시 첨부파일의 확장자명이 변경되어 저장되는 오류가 발생할 수 있습니다.)

❶ 홈페이지 접속 후 ≡ 터치

❷ 도서 자료실 터치

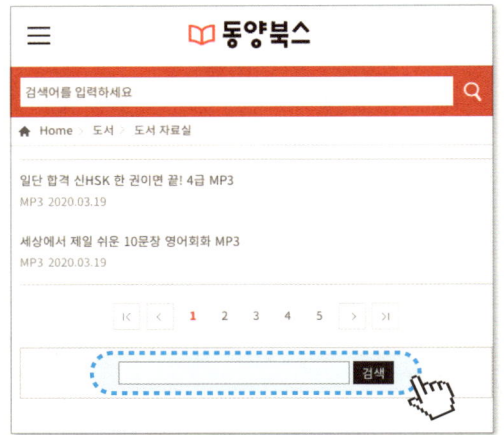

❸ 하단 검색창에 검색어 입력
❹ MP3, 정답과 해설, 부가자료 등 첨부파일 다운로드
* 압축 해제 방법은 '다운로드 Tip' 참고

일본어능력시험

일단 합격
JLPT
N3 독해

JLPT 교재개발연구회 저
J-cert 日本語検定委員会 감수

동양북스

일 본 어 능 력 시 험

일단 합격
JLPT N3 독해

초판 4쇄 | 2024년 11월 10일

저　자 | JLPT 교재개발연구회
감　수 | J-cert 日本語検定委員会
발행인 | 김태웅
책임 편집 | 길혜진, 이서인
디자인 | 남은혜, 김지혜
마케팅 총괄 | 김철영
온라인 마케팅 | 김은진
제　작 | 현대순

발행처 | ㈜동양북스
등　록 | 제 2014-000055호
주　소 | 서울시 마포구 동교로22길 14 (04030)
구입 문의 | 전화 (02)337-1737　　팩스 (02)334-6624
내용 문의 | 전화 (02)337-1762　　dybooks2@gmail.com

ISBN　979-11-5768-526-4 18730
　　　　979-11-5768-525-7 (세트)

ⓒ JLPT 교재개발연구회, 2019

▶ 본 책은 저작권법에 의해 보호를 받는 저작물이므로 무단 전재와 복제를 금합니다.
▶ 잘못된 책은 구입처에서 교환해드립니다.
▶ ㈜동양북스에서는 소중한 원고, 새로운 기획을 기다리고 있습니다.
　 http://www.dongyangbooks.com

머리말

　이 N3 독해 문제집을 작성하는 데 있어 우선 무엇이 학습자에게 도움이 될지 생각했습니다.
　독해 문제는 어휘나 문법을 모르면 풀 수 없습니다. 그래서 어휘는 물론 N3의 문법 사항이 실전 문제나 모의테스트 본문 속에 망라되도록 고안했습니다. 본문을 읽으면서 그 안에 사용된 문법을 분명히 이해하고 있는지 확인할 수 있도록 하고 싶었기 때문입니다. 혹시 모르는 문법이 있으면 바로 다시 공부할 수 있습니다.

　구성 면에서는 '워밍업'이 독해의 정답을 이끌어내기 위한 중요한 트레이닝 섹션입니다. 독해에서는 먼저 단어의 뜻을 알아야 합니다. 그렇기 때문에 맨 먼저 어휘의 뜻을 묻는 질문이 있습니다. 여기서는 중요한 어휘를 배울 수 있습니다. 다음으로, 능력시험과 같은 질문에 정답을 이끌어내기 위해 본문에서 정답의 단서가 되는 문장을 선택하여 그 해석을 한국어로 쓰는 문제가 있습니다. 여기서는 정답을 찾아가기 위한 포인트를 찾는 훈련을 할 수 있습니다. 또, 선택지에서 고르는 것이 아니라 한국어로 쓰게 함으로써 해석을 정확히 했는지를 알 수 있습니다.

　본문의 내용은 실용적인 문제를 제외하고 흥미를 끌 만한 세계, 혹은 일본에서 일어나고 있는 일들을 선택했습니다. 조금이라도 공부가 즐거워지도록, 또 읽고 나면 일본어뿐만 아니라 뭔가 새로운 것을 배울 수 있도록 했습니다.

　즐겁게 공부할 수 있는 이 책은 능력시험이나 평소 일본어 공부의 복습을 위해 사용하기에 좋을 거라고 생각합니다. 이 책이 여러분의 학습에 도움이 되기를 바랍니다.

JLPT교재개발연구회

이 책의 구성과 활용법

이 책은 JLPT(일본어능력시험) N3 독해에 대비할 수 있도록 구성된 수험서입니다. 이 책은 본책과 별책 해설서로 나뉩니다. 본책은 크게 세 개 파트로 이루어집니다. 처음 JLPT 독해 학습을 준비하는 학습자들을 위해 ❶ 유형을 분석하고, ❷ 워밍업 문제를 풀어본 후 ❸ 실전 형식의 모의고사로 학습을 마무리합니다. 해설서에는 본책 문제의 정답, 해석과 단어, 해설을 수록하였습니다.

<본책>

▶ PART 1 유형 공략
시험 유형과 꿀팁을 한눈에!

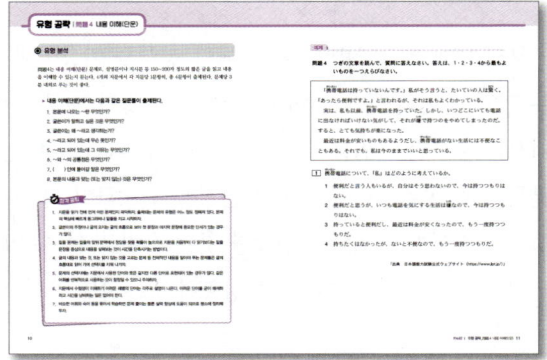

〈PART1 유형 공략〉에서는 본격적인 학습에 앞서 시험에 출제되는 각 문제 유형을 제시하여 처음 JLPT를 접하는 학습자도 유형에 쉽게 적응할 수 있습니다. 또한 '합격 꿀팁'을 통해 고득점을 위한 비법도 확인할 수 있습니다.

▶ PART 2 합격 공략
N3 독해 만점을 위한 실력 다지기

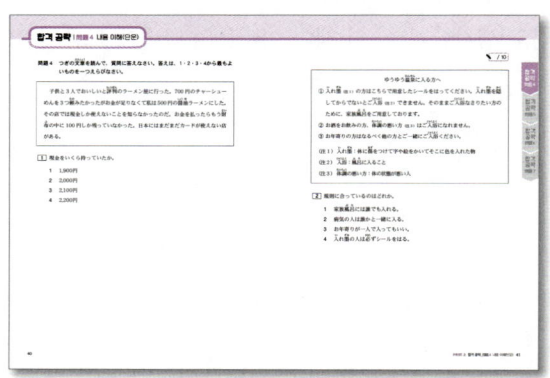

〈PART2 합격 공략〉에서는 각 문제 유형별로 실전 문제를 풀이합니다. 독해는 시간과의 싸움이면서 힌트를 찾는 보물찾기와 같습니다. 따라서 정답과 관련된 문장을 해석하며 풀면 더욱 고득점에 다가갈 수 있습니다. 다양한 주제의 독해 지문을 풀면서 시간을 절약하는 힘과 핵심을 찾는 연습을 해 보세요.

▶ PART 3 실전 공략
독해 모의고사 3회분으로 마무리 점검

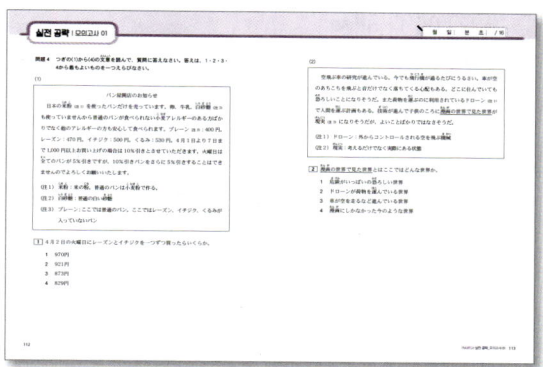

〈PART3 실전 공략〉에서는 독해 문제로 구성된 모의고사 3회분을 풀이합니다. 마킹 연습을 위한 해답 용지가 본책 마지막에 있으니, 실제로 시험을 보는 것처럼 시간을 정해 두고 문제를 풀이하세요. 문제를 다 푸는 데 걸린 시간과 정답의 개수를 기록하면서 시험을 보기 전 마지막으로 실력을 점검합니다.

<별책> 해설서

문제에 대한 상세한 풀이가 필요할 때에는 별책의 해설서를 참고하세요. 본책에 수록된 문제의 정답과 해석, 단어와 해설이 실려 있습니다. 몰랐던 단어를 확인하고, 해설을 통해 정답을 찾는 힘을 기른다면 독해에도 자신이 생길 것입니다.

JLPT(일본어능력시험)란?

❶ JLPT에 대해서
JLPT(Japanese-Language Proficiency Test)는 일본어를 모국어로 하지 않는 사람의 일본어 능력을 측정하고 인정하는 시험으로, 국제교류기금과 재단법인 일본국제교육지원협회가 주최하고 있습니다. 1984년부터 실시되고 있으며 다양화된 수험자와 수험 목적의 변화에 발맞춰 2010년부터 새로워진 일본어능력시험이 연 2회(7월, 12월) 실시되고 있습니다.

❷ JLPT 레벨과 인정 기준

레벨	과목별 시간		인정 기준
	유형별	시간	
N1	언어지식(문자·어휘·문법)	110분	**기존 시험 1급보다 다소 높은 레벨까지 측정** [읽기] 논리적으로 약간 복잡하고 추상도가 높은 문장 등을 읽고, 문장의 구성과 내용을 이해할 수 있으며 다양한 화제의 글을 읽고, 이야기의 흐름이나 상세한 표현 의도를 이해할 수 있다. [듣기] 자연스러운 속도의 체계적 내용의 회화나 뉴스, 강의를 듣고, 내용의 흐름 및 등장인물의 관계나 내용의 논리 구성 등을 상세히 이해하거나, 요지를 파악할 수 있다.
	독해		
	청해	60분	
	계	170분	
N2	언어지식(문자·어휘·문법)	105분	**기존 시험의 2급과 거의 같은 레벨** [읽기] 신문이나 잡지의 기사 해설, 평이한 평론 등 논지가 명쾌한 문장을 읽고 문장의 내용을 이해할 수 있으며, 일반적인 화제에 관한 글을 읽고, 이야기의 흐름이나 표현 의도를 이해할 수 있다. [듣기] 자연스러운 속도의 체계적 내용의 회화나 뉴스를 듣고, 내용의 흐름 및 등장인물의 관계를 이해하거나, 요지를 파악할 수 있다.
	독해		
	청해	50분	
	계	155분	
N3	언어지식(문자·어휘)	105분	**기존 시험의 2급과 3급 사이에 해당하는 레벨(신설)** [읽기] 일상적인 화제의 구체적인 내용을 나타내는 문장을 읽고 이해할 수 있으며, 신문의 기사 제목 등에서 정보의 개요를 파악할 수 있다. 일상적인 장면에서 난이도가 약간 높은 문장을 바꿔 제시하면 요지를 이해할 수 있다. [듣기] 자연스러운 속도의 체계적 내용의 회화를 듣고, 이야기의 구체적인 내용을 등장인물의 관계 등과 함께 거의 이해할 수 있다.
	언어지식(문법)·독해		
	청해	40분	
	계	145분	
N4	언어지식(문자·어휘)	95분	**기존 시험 3급과 거의 같은 레벨** [읽기] 기본적인 어휘나 한자로 쓰인 일상생활에서 흔하게 일어나는 화제의 문장을 읽고 이해할 수 있다. [듣기] 일상적인 장면에서 다소 느린 속도의 회화라면 거의 내용을 이해할 수 있다.
	언어지식(문법)·독해		
	청해	35분	
	계	130분	
N5	언어지식(문자·어휘)	80분	**기존 시험 4급과 거의 같은 레벨** [읽기] 히라가나나 가타카나, 일상생활에서 사용되는 기본적인 한자로 쓰인 정형화된 어구나 문장을 읽고 이해할 수 있다. [듣기] 일상생활에서 자주 접하는 장면에서 느리고 짧은 회화로부터 필요한 정보를 얻어낼 수 있다.
	언어지식(문법)·독해		
	청해	30분	
	계	110분	

❸ 시험 결과의 표시

레벨	득점 구분	인정 기준
N1	언어지식(문자·어휘·문법)	0~60
	독해	0~60
	청해	0~60
	종합득점	0~180
N2	언어지식(문자·어휘·문법)	0~60
	독해	0~60
	청해	0~60
	종합득점	0~180
N3	언어지식(문자·어휘·문법)	0~60
	독해	0~60
	청해	0~60
	종합득점	0~180
N4	언어지식(문자·어휘·문법)·독해	0~120
	청해	0~60
	종합득점	0~180
N5	언어지식(문자·어휘·문법)·독해	0~120
	청해	0~60
	종합득점	0~180

❹ 시험 결과 통지의 예

다음 예와 같이 ① '득점 구분별 득점'과 각 득점 구분별 득점을 합계한 ② '종합 득점', 앞으로의 일본어 학습을 위한 ③ '참고 정보'를 통지합니다. ③ '참고 정보'는 합격/불합격 판정 대상이 아닙니다.

*예 N3을 수험한 Y 씨의 '합격/불합격 통지서'의 일부 성적 정보(실제 서식은 변경될 수 있습니다.)

① 득점 구분별 득점			② 종합 득점
언어지식 (문자·어휘·문법)	독해	청해	120/180
50/60	30/60	40/60	

③ 참고 정보	
문자·어휘	문법
A	C

A 매우 잘했음 (정답률 67% 이상)
B 잘했음 (정답률 34%이상 67% 미만)
C 그다지 잘하지 못했음 (정답률 34% 미만)

차례

머리말 03
이 책의 구성과 활용법 04
JLPT(일본어능력시험)란? 06
차례 08

PART 1 유형 공략

問題 4 내용 이해(단문) 10
問題 5 내용 이해(중문) 14
問題 6 내용 이해(장문) 22
問題 7 정보 검색 30

PART 2 합격 공략

問題 4 내용 이해(단문) 40
問題 5 내용 이해(중문) 50
問題 6 내용 이해(장문) 70
問題 7 정보 검색 90

PART 3 실전 공략

모의고사 01 112
모의고사 02 124
모의고사 03 136
해답 용지 151

유형 공략

問題 4	내용 이해(단문)	10
問題 5	내용 이해(중문)	14
問題 6	내용 이해(장문)	22
問題 7	정보 검색	30

〈PART1 유형 공략〉에서는 각 문제 유형을 자세히 살펴 봅니다. 문제 유형별로 자주 나오는 질문의 형태와 시간 절약과 고득점 합격을 위한 꿀팁을 제시합니다. 문제 유형 분석을 마치면 예제를 풀이합니다. 독해 문제 해결을 위해서는 단어와 중심 문장 파악이 중요합니다. 워밍업을 통해 독해 문제를 푸는 힘을 기르세요.

유형 공략 | 問題 4 내용 이해(단문)

유형 분석

問題4는 내용 이해(단문) 문제로, 설명문이나 지시문 등 150~200자 정도의 짧은 글을 읽고 내용을 이해할 수 있는지 묻는다. 4개의 지문에서 각 지문당 1문항씩, 총 4문항이 출제된다. 문제당 3분 내외로 푸는 것이 좋다.

▶ **내용 이해(단문)에서는 다음과 같은 질문들이 출제된다.**

1. 본문에 나오는 ~란 무엇인가?
2. 글쓴이가 말하고 싶은 것은 무엇인가?
3. 글쓴이는 왜 ~라고 생각하는가?
4. ~라고 되어 있는데 무슨 뜻인가?
5. ~라고 되어 있는데 그 이유는 무엇인가?
6. ~와 ~의 공통점은 무엇인가?
7. 본문의 내용과 맞는 (또는 맞지 않는) 것은 무엇인가?

합격 꿀팁

1. 지문을 읽기 전에 먼저 어떤 문제인지 파악하자. 출제되는 문제의 유형은 어느 정도 정해져 있다. 문제의 핵심에 빠르게 동그라미나 밑줄을 치고 시작하자.
2. 글쓴이의 주장이나 글의 요지는 글의 흐름으로 보아 첫 문장과 마지막 문장에 중요한 단서가 있는 경우가 많다.
3. 밑줄 문제는 밑줄의 앞뒤 문맥에서 정답을 찾을 확률이 높으므로 지문을 처음부터 다 읽기보다는 밑줄 문장을 중심으로 내용을 살펴보는 것이 시간을 단축시키는 방법이다.
4. 글의 내용과 맞는 것, 또는 맞지 않는 것을 고르는 문제 등 전체적인 내용을 알아야 푸는 문제들은 글의 흐름대로 읽어 가며 선택지를 지워 나가자.
5. 문제의 선택지에는 지문에서 사용된 단어와 뜻은 같지만 다른 단어로 표현되어 있는 경우가 많다. 같은 어휘를 반복적으로 사용하는 것이 함정일 수 있으니 주의하자.
6. 지문에서 수험생이 이해하기 어려운 레벨의 단어는 각주로 설명이 나온다. 어려운 단어를 굳이 해석하려고 시간을 낭비하는 일은 없어야 한다.
7. 비슷한 어휘와 숙어 등을 묶어서 학습하면 문제 풀이는 물론 실력 향상에 도움이 되므로 평소에 정리해 두자.

예제

問題4　つぎの文章を読んで、質問に答えなさい。答えは、1・2・3・4から最もよいものを一つえらびなさい。

> 「携帯電話は持っていないんです。」私がそう言うと、たいていの人は驚く。「あったら便利ですよ。」と言われるが、それは私もよくわかっている。
> 　実は、私も以前、携帯電話を持っていた。しかし、いつどこにいても電話に出なければいけない気がして、それが嫌で持つのをやめてしまったのだ。すると、とても気持ちが楽になった。
> 　最近は料金が安いものもあるようだし、携帯電話がない生活には不便なこともある。それでも、私は今のままでいいと思っている。

1　携帯電話について、「私」はどのように考えているか。

1　便利だと言う人もいるが、自分はそう思わないので、今は持つつもりはない。
2　便利だと思うが、いつも電話を気にする生活は嫌なので、今は持つつもりはない。
3　持っていると便利だし、最近は料金が安くなったので、もう一度持つつもりだ。
4　持ちたくはなかったが、ないと不便なので、もう一度持つつもりだ。

「出典　日本語能力試験公式ウェブサイト（https://www.jlpt.jp/）」

> **해석 및 해설**

'휴대전화는 안 가지고 있어요.' 내가 그렇게 말하면 대부분의 사람들은 놀란다. '있으면 편리해요.'라는 말을 듣지만 그건 나도 잘 알고 있다.

실은 나도 전에 휴대전화를 가지고 있었다. 하지만 언제 어디에 있어도 전화를 받아야 할 것 같아서 그것이 싫어서 갖지 않기로 한 것이다. 그랬더니 아주 마음이 편해졌다.

요즘은 요금이 싼 것도 있는 것 같고 휴대전화가 없는 생활에는 불편한 일도 있다. 그래도 나는 지금 이대로가 좋다고 생각한다.

1 휴대전화에 대해 '나'는 어떻게 생각하고 있는가?

1 편리하다고 하는 사람도 있지만 자신은 그렇게 생각하지 않기 때문에 지금은 가질 생각이 없다.
2 **편리하다고 생각하지만 항상 전화를 신경 쓰는 생활이 싫기 때문에 지금은 가질 생각이 없다.**
3 가지고 있으면 편리하고, 요즘은 요금이 싸졌기 때문에 다시 한 번 가질 생각이다.
4 가지고 싶지는 않았지만 없으면 불편하기 때문에 다시 한 번 가질 생각이다.

> **단어**

携帯電話 휴대전화 | 持つ 가지다. 소유하다 | たいてい 대부분 | 驚く 놀라다 | 言われる 이야기를 듣다 | 実は 실은 | しかし 그러나 | ~なければいけない ~하지 않으면 안 되다 | 気がする 기분이 들다 | 嫌だ 싫다 | やめる 그만두다 | ~てしまう ~하고 말다 | すると 그러자 | 気持ち 기분. 마음 | 楽だ 편하다 | 最近 최근. 요즘 | 料金 요금 | 生活 생활 | 不便だ 불편하다 | それでも 그래도 | ~のままで ~대로 | 思う 생각하다 | ~について ~에 대하여 | 考える 생각하다 | 自分 자신 | つもり 예정 | 気にする 신경 쓰다 | もう一度 다시 한 번

> **해설**

글쓴이의 생각을 묻는 문제이다. 지문의 내용을 요약해 보면, 글쓴이는 휴대전화를 가지고 있지 않다. 휴대전화의 편리함은 인정하지만 휴대전화를 사용해 보니 언제 어디서나 전화를 받아야 한다는 생각 때문에 마음이 불편했고 휴대전화를 갖고 있지 않은 지금 이대로가 좋다고 말하고 있다. 따라서 정답은 2번이다.

워밍업

問題 つぎの文章を読んで、質問に答えなさい。

〈地下 [1] 駐輪場料金および利用時間 [2] 変更のお知らせ〉

4月1日より2時間 [3] 無料、[4] 以後5時間ごとに100円の料金を、3時間無料、以後8時間ごとに100円の料金に変わりました。ご利用時間も今までミキスーパーの [5] 営業時間のみの10:00から22:00まででしたが、6:30から23:30までと長くなりました。皆様大変便利になりましたので [6] 是非ご利用くださるようにお願い致します。

---

1 다음 단어의 뜻을 쓰시오.

[1] 駐輪場 _____   [2] 変更 _____

[3] 無料 _____   [4] 以後 _____

[5] 営業 _____   [6] 是非 _____

2 다음 질문의 답을 찾을 수 있는 문장에 밑줄을 긋고 아래에 한국어 해설을 쓰시오.

問: 午後6時に駐輪して次の日の朝7時に出した場合、以前と比べてどれぐらい安くなりますか。

_____

◆ **정답**

1 [1] 주륜장 [2] 변경 [3] 무료 [4] 이후 [5] 영업 [6] 부디

2 2時間無料、以後5時間ごとに100円の料金を、3時間無料、以後8時間ごとに100円の料金に変わりました。
2시간 무료, 이후 5시간마다 100엔의 요금이, 3시간 무료, 이후 8시간마다 100엔으로 바뀌었습니다.

유형 공략 | 問題 5 내용 이해(중문)

유형 분석

問題5는 내용 이해(중문) 문제로, 해설이나 수필 등 350자 정도의 글을 읽고 키워드나 인과관계 등을 이해할 수 있는지 묻는다. 2개의 지문에서 각 지문당 3문항씩, 총 6문항이 출제된다. 문제당 3분 내외로 푸는 것이 좋다.

▶ **내용 이해(중문)에서는 다음과 같은 질문들이 출제된다.**

1. 본문에 나오는 ~란 무엇인가?
2. 글쓴이가 말하고 싶은 것은 무엇인가?
3. 글쓴이는 왜 ~라고 생각하는가?
4. ~라고 되어 있는데 무슨 뜻인가?
5. ~라고 되어 있는데 그 이유는 무엇인가?
6. ~와 ~의 공통점은 무엇인가?
7. 본문 내용에서 알 수 있는 것은 무엇인가?
8. 본문의 내용과 맞는 (또는 맞지 않는) 것은 무엇인가?

합격 꿀팁

1. 지문을 읽기 전에 먼저 어떤 문제인지 파악하자. 출제되는 문제의 유형은 어느 정도 정해져 있다. 문제의 핵심에 빠르게 동그라미나 밑줄을 치고 시작하자.
2. 글쓴이의 주장이나 글의 요지는 글의 흐름으로 보아 첫 문장과 마지막 문장에 중요한 단서가 있는 경우가 많다.
3. 밑줄 문제는 밑줄의 앞뒤 문맥에서 정답을 찾을 확률이 높으므로 지문을 처음부터 다 읽기보다는 밑줄 문장을 중심으로 내용을 살펴보는 것이 시간을 단축시키는 방법이다.
4. 글의 내용과 맞는 것, 또는 맞지 않는 것을 고르는 문제 등 전체적인 내용을 알아야 푸는 문제들은 글의 흐름대로 읽어 가며 선택지를 지워 나가자.
5. 문제의 선택지에는 지문에서 사용된 단어와 뜻은 같지만 다른 단어로 표현되어 있는 경우가 많다. 같은 어휘를 반복적으로 사용하는 것이 함정일 수 있으니 주의하자.
6. 지문에서 수험생이 이해하기 어려운 레벨의 단어는 각주로 설명이 나온다. 어려운 단어를 굳이 해석하려고 시간을 낭비하는 일은 없어야 한다.
7. 비슷한 어휘와 숙어 등을 묶어서 학습하면 문제 풀이는 물론 실력 향상에 도움이 되므로 평소에 정리해 두자.

예제

問題5 つぎの文章を読んで、質問に答えなさい。答えは、1・2・3・4から最もよいものを一つえらびなさい。

　私は本が好きで、よく本を買うのですが、先日①失敗をしてしまいました。家で買ったばかりの本を読んでいたら、前に読んだことがあるような気がしてきたのです。もしかしたら持っている本かもしれないと思って本棚を探してみたら、やっぱりありました。そして、その本を読んだことも思い出したのです。

　私はたまにこんな失敗をします。読んだことがある本なのに、買ったことも内容も忘れているのです。

　それが面白くない本だったときは、つまらない本のために二度もお金を払ったことが悔しくなります。でも、面白くて感動した本だったときには、悔しいだけではなく②自分が嫌になります。いいと思った本のことを忘れてしまった自分が情けないのです。

　これからも同じようなことをしてしまうかもしれません。でも、本を読むのは楽しいので、本屋通いはやめられそうもありません。

---

1 ①失敗とあるが、どのようなことか。

1　買ったばかりの本を本棚に入れたまま、読むのを忘れてしまったこと
2　前に読んだことを忘れて、同じ本をまた買ってしまったこと
3　持っていない本なのに、本棚にあるはずだと思って探してしまったこと
4　初めて読む本なのに、前に読んだことがあると思ってしまったこと

[2] ②自分が嫌になりますとあるが、それはなぜか。

1　前に読んで面白いと思った本なのに、もう一度読んだら、つまらないと感じたから
2　前に読んでつまらないと思った本なのに、もう一度読んだら、面白いと感じたから
3　一度読んで面白いと思った本なのに、その本のことを覚えていなかったから
4　一度読んでつまらないと思った本なのに、二度もお金を払ってしまったから

[3] 本を買うことについて、「私」はどう思っているか。

1　これからは失敗しないように、よく調べてから本を買うようになるだろう。
2　同じ失敗を繰り返さないために、なるべく本屋に通わないようにするだろう。
3　本を好きになるために、これからも失敗を気にせずに本屋通いをするだろう。
4　失敗することもあるかもしれないが、これからも自分は本を買い続けるだろう。

「出典　日本語能力試験公式ウェブサイト（https://www.jlpt.jp/）」

> **해석 및 해설**

저는 책을 좋아해서 자주 책을 삽니다만, 일전에 ①실수를 하고 말았습니다. 집에서 새로 산 책을 읽고 있었는데 전에 읽은 적이 있는 것 같은 생각이 들었습니다. 어쩌면 가지고 있는 책일지도 모른다는 생각에 책장을 찾아 보았더니 역시 있었습니다. 그리고 그 책을 읽은 것도 기억 났습니다.

저는 가끔 이런 실수를 합니다. 읽은 적이 있는 책인데, 샀다는 사실도 내용도 잊고 있는 것입니다.

그것이 재미없는 책이었을 때는 재미없는 책을 위해 두 번이나 돈을 지불한 것이 억울해집니다. 하지만 재미있고 감동한 책이었을 때는 억울할 뿐 아니라 ②자신이 싫어집니다. 좋다고 생각한 책을 잊어버린 자신이 한심한 것입니다.

앞으로도 비슷한 일을 저지를지도 모릅니다. 하지만 책을 읽는 것은 즐겁기 때문에 책방에 드나드는 일을 그만둘 것 같지는 않습니다.

1 ①실수라고 되어 있는데 어떤 일인가?

1. 새로 산 책을 책장에 넣어둔 채 읽는 것을 잊어버린 일
2. 전에 읽은 것을 잊어버리고 같은 책을 또 사고 만 일
3. 가지고 있지 않은 책인데 책장에 있을 거라고 생각하고 찾고 만 일
4. 처음 읽는 책인데 전에 읽은 적이 있다고 생각하고 만 일

2 ②자신이 싫어집니다라고 되어 있는데 그 이유는 무엇인가?

1. 전에 읽고 재미있다고 생각한 책인데 다시 한 번 읽었더니 시시하다고 느꼈기 때문에
2. 전에 읽고 시시하다고 생각한 책인데 다시 한 번 읽었더니 재미있다고 느꼈기 때문에
3. 한 번 읽고 재미있다고 생각한 책인데 그 책을 기억하지 못했기 때문에
4. 한 번 읽고 시시하다고 생각한 책인데 두 번이나 돈을 지불해 버렸기 때문에

3 책을 사는 일에 대해 '나'는 어떻게 생각하고 있는가?

1. 앞으로는 실수하지 않도록 잘 알아보고 나서 책을 사게 될 것이다.
2. 같은 실수를 반복하지 않기 위해서 가능한 한 책방에 드나들지 않도록 할 것이다.
3. 책을 좋아하게 되기 위해 앞으로도 실수를 신경 쓰지 않고 책방에 드나들 것이다.
4. 실수하는 일도 있을지 모르지만 앞으로도 자신은 책을 계속 살 것이다.

> 단어

先日(せんじつ) 요전(날) | 失敗(しっぱい) 실수. 실패 | ~(た)ばかり 막 ~함 | 気(き)がする 생각이 들다. 느낌이 들다 | もしかしたら 어쩌면 | 持(も)っている 가지고 있다 | ~かもしれない ~일지도 모르다 | ~と思(おも)う ~라고 생각하다 | 本棚(ほんだな) 책장 | 探(さが)す 찾다 | やっぱり 역시 | そして 그리고 | 思(おも)い出(だ)す 생각나다 | たまに 가끔 | 内容(ないよう) 내용 | 忘(わす)れる 잊다 | つまらない 시시하다. 재미없다 | ~のために ~을 위해 | 二度(にど) 두 번 | 払(はら)う 지불하다 | 悔(くや)しい 분하다. 억울하다 | 感動(かんどう)する 감동하다 | ~だけではなく ~뿐만 아니라 | 自分(じぶん) 자신 | 嫌(いや)だ 싫다 | 情(なさ)けない 한심하다 | 同(おな)じような 비슷한 | ~通(がよ)い ~에 드나들기. ~에 다니기 | やめる 그만두다 | ~そうもない ~할 것 같지 않다 | ~(た)まま ~(한) 채 | ~はず 분명히 ~할 것임 | 初(はじ)めて 처음 | 感(かん)じる 느끼다 | 覚(おぼ)える 기억하다 | 調(しら)べる 알아보다. 조사하다 | 繰(く)り返(かえ)す 반복하다 | なるべく 될 수 있으면 | 通(かよ)う 다니다 | 気(き)にせずに 신경 쓰지 않고 | ~続(つづ)ける 계속 ~하다

> 해설

1 밑줄 친 부분의 의미를 묻는 문제이다. '失敗'는 '실패'라고 해석하는 경우도 있지만 '실수'로 해석하는 것이 자연스러운 경우도 있다. 본문에서 글쓴이가 말하는 '실수'는 어떤 것을 의미하는지 묻고 있다. 두 번째와 세 번째 문장을 보면, '새로 산 책을 읽다 보니 전에 읽은 것 같아 혹시나 하고 책장을 찾아보니 책장에 똑같은 책이 있었다'고 말한다. 따라서 정답은 2번이다.

2 밑줄 친 부분의 원인을 묻는 문제이다. 밑줄 친 부분이 속해 있는 단락을 중심으로 살펴보도록 하자. 일단 앞부분을 통해 글쓴이는 가끔 자신이 읽은 책인 줄도 모르고 같은 책을 또 사는 실수를 저지른다는 것을 알 수 있고, 세 번째 단락의 첫 번째와 두 번째 문장을 보면, 실수의 구체적인 두 가지 유형에 대해 말하고 있다. '재미없는 책을 또 샀을 때는 분하고, 재미있고 감동받은 책을 또 샀을 때는 분할 뿐 아니라 자신이 싫어진다'고 했다. 밑줄 친 부분, 즉 '자신이 싫어진다'고 말한 이유를 찾아야 하는데, 분할 뿐 아니라 자신이 싫어진다고 말했기 때문에 분한 경우가 아니라 다른 경우가 답이 되는 것이다. 세 번째 단락 마지막 문장에서 '좋다고 생각했던 책에 대해 잊어버린 자신이 한심하다'고 다시 한 번 강조하고 있다. 따라서 실수의 유형 중 후자에 해당하는 것인 3번이 정답이다.

3 글쓴이의 생각을 묻는 문제이다. 마지막 두 문장을 보면 알 수 있다. 앞으로도 같은 실수를 할지도 모르지만 책을 읽는 것은 즐거운 일이기 때문에 책방에 드나드는 것을 그만둘 수 없을 것이라고 말했으므로 정답은 4번이다.

워밍업

問題　つぎの文章を読んで、質問に答えなさい。

　　冬になると、インフルエンザになる人が増えます。インフルエンザにはＡ型、Ｂ型、Ｃ型があります。人間がかかるのはＡ型とＢ型です。Ａ型は人だけでなく豚や馬などの **1 哺乳類**やにわとりなどの鳥類にも **2 感染**します。一方Ｂ型は人間だけにうつります。

　　インフルエンザは咳やのどの痛みだけではなく、高い熱、全身の **3 だるさ**、**4 食欲不振**などいろいろな強い症状が体全体に出ます。頭が痛くなったり、体中が痛くなることも多いです。最も気を付けなければならない症状は **5 急性脳症**や **6 重症肺炎**です。もし、インフルエンザかなという症状に気が付いたら、できるだけ早く病院で診察を受けましょう。

　　普通のかぜはのどの痛み、鼻水、くしゃみ、咳などが中心で、インフルエンザのように体全体にいろいろな強い症状はあまり出ません。熱もインフルエンザほど高くないので、重症にはなりません。

1 다음 단어의 뜻을 쓰시오.

　1 哺乳類　＿＿＿＿＿＿＿＿＿　　**2** 感染する　＿＿＿＿＿＿＿＿＿

　3 だるさ　＿＿＿＿＿＿＿＿＿　　**4** 食欲不振　＿＿＿＿＿＿＿＿＿

　5 急性脳症　＿＿＿＿＿＿＿＿＿　**6** 重症肺炎　＿＿＿＿＿＿＿＿＿

2 다음 질문의 답을 찾을 수 있는 문장에 밑줄을 긋고 아래에 한국어 해설을 쓰시오.

　問１：人だけに感染するインフルエンザはどれですか。

　＿＿＿＿＿＿＿＿＿＿＿＿＿＿＿＿＿＿＿＿＿＿＿＿＿＿＿＿＿＿＿＿＿＿＿＿＿

問2：インフルエンザで最も怖い症状は何ですか。

_____

問3：インフルエンザとかぜの違いは何ですか。

_____

◆ 정답

1 ①포유류　②감염되다　③나른함　④식욕 부진　⑤급성 뇌염　⑥중증 폐렴

2 問1：<u>一方B型は人間だけにうつります。</u>
　　　　한편 B형은 사람에게만 전염됩니다.

　　問2：<u>最も気を付けなければならない症状は急性脳症や重症肺炎です。</u>
　　　　가장 주의해야 할 증상은 급성 뇌질환이나 중증 폐렴입니다.

　　問3：<u>普通のかぜはのどの痛み、鼻水、くしゃみ、咳などが中心で、インフルエンザのように体全体にいろいろな強い症状はあまり出ません。熱もインフルエンザほど高くないので、重症にはなりません。</u>
　　　　보통 감기는 목의 통증, 콧물, 재채기, 기침 등이 중심이며, 독감처럼 몸 전체에 다양한 강한 증상은 별로 나타나지 않습니다. 열도 독감만큼 높지 않아서 중증이 되지는 않습니다.

Memo

유형 공략 | 問題 6 내용 이해(장문)

✱ 유형 분석

問題6은 내용 이해(장문) 문제로, 해설이나 수필, 편지 등 550자 정도의 글을 읽고 개요나 논리의 전개 등을 이해할 수 있는지 묻는다. 한 개의 지문에서 4문항이 출제된다. 문제당 3분 내외로 푸는 것이 좋다.

▶ **내용 이해(장문)에서는 다음과 같은 질문들이 출제된다.**

1. 본문에 나오는 ~란 무엇인가?
2. 글쓴이가 말하고 싶은 것은 무엇인가?
3. 글쓴이는 왜 ~라고 생각하는가?
4. ~라고 되어 있는데 무슨 뜻인가?
5. ~라고 되어 있는데 그 이유는 무엇인가?
6. ~와 ~의 공통점은 무엇인가?
7. 본문의 주제는 무엇인가?
8. 본문의 내용과 맞는 (또는 맞지 않는) 것은 무엇인가?

🕐 합격 꿀팁

1. 지문을 읽기 전에 먼저 어떤 문제인지 파악하자. 출제되는 문제의 유형은 어느 정도 정해져 있다. 문제의 핵심에 빠르게 동그라미나 밑줄을 치고 시작하자.
2. 글쓴이의 주장이나 글의 요지는 글의 흐름으로 보아 첫 문장과 마지막 문장에 중요한 단서가 있는 경우가 많다.
3. 밑줄 문제는 밑줄의 앞뒤 문맥에서 정답을 찾을 확률이 높으므로 지문을 처음부터 다 읽기보다는 밑줄 문장을 중심으로 내용을 살펴보는 것이 시간을 단축시키는 방법이다.
4. 글의 내용과 맞는 것, 또는 맞지 않는 것을 고르는 문제 등 전체적인 내용을 알아야 푸는 문제들은 글의 흐름대로 읽어 가며 선택지를 지워 나가자.
5. 문제의 선택지에는 지문에서 사용된 단어와 뜻은 같지만 다른 단어로 표현되어 있는 경우가 많다. 같은 어휘를 반복적으로 사용하는 것이 함정일 수 있으니 주의하자.
6. 지문에서 수험생이 이해하기 어려운 레벨의 단어는 각주로 설명이 나온다. 어려운 단어를 굳이 해석하려고 시간을 낭비하는 일은 없어야 한다.
7. 비슷한 어휘와 숙어 등을 묶어서 학습하면 문제 풀이는 물론 실력 향상에 도움이 되므로 평소에 정리해 두자.

예제

問題6 つぎの文章を読んで、質問に答えなさい。答えは、1・2・3・4から最もよいものを一つえらびなさい。

　先日、テレビであるタクシー会社の話が紹介されていた。
　タクシーの運転手は、利用者から「急いでください。」と言われることが多いので、急ぐことがサービスになると思っている人が多い。それで、走り出してすぐにスピードを上げたり、前の車が遅いときは追い越したりしていた。ところが、その会社が利用者にアンケート調査を行ってみると、70％以上の人が「ゆっくり走ってほしいと思ったことがある」と答えたそうだ。
　「①驚きました。多くのお客様が希望しているサービスは、私たちが考えていたのとは反対のものだったんです。」と会社の人は話していた。
　会社は、この結果から、必ずしも急ぐ必要がある人ばかりではないと気がついた。急ごうとすると、どうしても車が大きく揺れてしまうことがある。小さい子供を連れた人や車に酔いやすい人など、ゆっくり丁寧に運転してほしいと思う利用者もいるのだ。しかし、急いでくれている運転手に「急がなくてもいいから、丁寧に運転してください。」とは言いにくい人が多いのだろうと考えた。
　そこで、この会社では、利用者が座る席の前にボタンをつけ、利用者がそのボタンを押せば、いつもよりゆっくり丁寧に運転するというサービスを開始した。これなら、希望を言い出しにくい人でも、遠慮なく希望を運転手に伝えることができる。
　このサービスを喜ぶ利用者は多く、会社のイメージも上がって、予約が15％もアップしたそうだ。それに、丁寧に運転するとガソリンの消費量も減り、環境にも優しい。そう考えると、これは②素晴らしいアイディアなのではないだろうか。

[1] このタクシー会社が調査をして、わかったことはどのようなことか。

1 急ぐことが利用者へのサービスになると思っている運転手が多い。
2 スピードを急に上げたり、前の車を追い越したりする運転手が多い。
3 運転手は丁寧な運転をしてくれていると考えている利用者が多い。
4 ゆっくり運転してもらいたいと思ったことがある利用者が多い。

[2] ①驚きましたとあるが、なぜ驚いたのか。

1 アンケートで、満足している利用者が思った以上に多いことがわかったから
2 アンケートに答えてくれた利用者が、期待したよりずっと多かったから
3 アンケートを行っても、利用者の本当の希望はわからなかったから
4 アンケートでわかった利用者の希望が、予想と違っていたから

[3] このタクシー会社が、ボタンを使って利用者の希望を聞けるようにしたのはなぜか。

1 運転手に直接希望を言いにくいと感じている利用者が多いようだから
2 運転中に利用者の声がよく聞こえない運転手が多いようだから
3 ボタンをつけてほしいという希望を持つ利用者が多いようだから
4 利用者となるべく話をしたくないと考える運転手が多いようだから

[4] ②素晴らしいアイディアとあるが、この文章を書いた人は、なぜそのように言っているのか。

1 利用者は多少減ってしまうが、環境に優しいサービスだから
2 会社と利用者がいっしょに考えた、環境に優しいサービスだから
3 利用者、会社の両方にいい点があり、環境にも優しいサービスだから
4 会社の支出は増えるが、利用者や環境に優しいサービスだから

「出典　日本語能力試験公式ウェブサイト（https://www.jlpt.jp/）」

> **해석 및 해설**

얼마 전에 텔레비전에서 한 택시 회사의 이야기가 소개되고 있었다.

택시 운전기사는 이용자로부터 '서둘러 주세요.'라는 말을 듣는 경우가 많아서 서두르는 것이 서비스가 된다고 생각하는 사람이 많다. 그래서 출발해서 금방 속도를 올리거나 앞 차가 느릴 때는 추월하거나 했다. 그런데 그 회사가 이용자에게 설문 조사를 해 보니 70% 이상의 사람들이 '천천히 달렸으면 좋겠다고 생각한 적이 있다'고 답했다고 한다.

'①놀랐습니다. 대부분의 손님이 원하고 있는 서비스는, 우리들이 생각했던 것과는 반대의 것이었습니다.'라고 회사 사람은 말했다.

회사는 이 결과를 통해 꼭 서둘러야 하는 사람들만 있는 건 아니라는 것을 알았다. 서두르려고 하면 아무래도 차가 많이 흔들리는 경우가 있다. 어린 아이를 동반한 사람이나 차멀미를 잘 하는 사람 등, 천천히 조심해서 운전하길 바라는 이용자도 있는 것이다. 하지만 서둘러 주고 있는 운전기사에게 '서두르지 않아도 되니까 조심해서 운전해 주세요.'라고는 말하기 어려운 사람들이 많을 것이라고 생각했다.

그래서 이 회사에서는 이용자가 앉는 좌석 앞에 버튼을 설치해 이용자가 그 버튼을 누르면 평소보다 천천히 조심해서 운전하는 서비스를 개시했다. 이런 방법이라면 원하는 것을 말하기 어려운 사람이라도 거리낌 없이 원하는 것을 운전기사에게 전달할 수가 있다.

이 서비스를 기뻐하는 이용자가 많아 회사의 이미지도 좋아져서 예약이 15%나 많아졌다고 한다. 게다가 조심해서 운전하면 휘발유 소비량도 줄어 친환경적이기도 하다. 그렇게 생각하니 이것은 ②훌륭한 아이디어가 아닌가.

1 이 택시 회사가 조사를 해서 알게 된 것은 어떤 것인가?

1 서두르는 것이 이용자에 대한 서비스가 된다고 생각하고 있는 운전기사가 많다.
2 속도를 갑자기 높이거나 앞 차를 추월하거나 하는 운전기사가 많다.
3 운전기사는 조심스러운 운전을 해 주고 있다고 생각하는 이용자가 많다.
4 천천히 운전해 주었으면 한 적이 있는 이용자가 많다.

2 ①놀랐습니다라고 되어 있는데 왜 놀랐는가?

1 설문을 통해 만족하고 있는 이용자가 생각한 이상으로 많다는 것을 알았기 때문에
2 설문에 답해 준 이용자가 기대했던 것보다 훨씬 많았기 때문에
3 설문을 해도 이용자가 진짜 원하는 것은 알 수 없었기 때문에
4 설문으로 알게 된 이용자가 원하는 것이 예상과 달랐기 때문에

3 이 택시 회사가 버튼을 사용하여 이용자가 원하는 것을 들을 수 있도록 한 이유는 무엇인가?

1 운전기사에게 직접 원하는 것을 말하기 어렵다고 느끼고 있는 이용자가 많은 것 같아서
2 운전 중에 이용자의 목소리가 잘 들리지 않는 운전기사가 많은 것 같아서
3 버튼을 설치했으면 하는 이용자가 많은 것 같아서
4 이용자와 가능한 한 이야기를 하고 싶지 않다고 생각하는 운전기사가 많은 것 같아서

4 ②훌륭한 아이디어라고 되어 있는데, 이 글을 쓴 사람은 왜 그렇게 말하고 있는가?

1 이용자는 다소 줄지만 친환경적인 서비스이기 때문에
2 회사와 이용자가 함께 생각한, 친환경적인 서비스이기 때문에
3 이용자와 회사 양쪽에 좋은 점이 있고 친환경적이기도 한 서비스이기 때문에
4 회사의 지출은 늘지만 이용자나 환경에 좋은 서비스이기 때문에

단어

先日 요전(날) | 紹介する 소개하다 | 運転手 운전기사 | 利用者 이용자 | 急ぐ 서두르다 | ～と言われる ~라는 말을 듣다 | 思う 생각하다 | それで 그래서 | 走る 달리다 | ～出す ~하기 시작하다 | すぐに 곧. 이내 | スピードを上げる 속도를 올리다 | 追い越す 추월하다 | ところが 그런데 | 調査 조사 | 行う 실시하다 | 以上 이상 | ～てほしい ~하기를 바라다 | ～そうだ ~라고 한다 | 驚く 놀라다 | 多くの 대부분의 | お客様 손님 | 希望する 희망하다. 원하다 | 反対 반대 | 結果 결과 | 必ずしも 반드시 (~인 것은 아니다) | 必要 필요 | ～ばかり ~뿐 | 気がつく 알아채다 | 揺れる 흔들리다 | 連れる 동반하다 | 酔う 취하다. 멀미하다 | ～やすい ~하기 쉽다 | 丁寧に 정중하게 | 運転する 운전하다 | ～にくい ~하기 나쁘다 | そこで 그래서 | 席 자리 | つける 붙이다. 달다 | 押す 누르다 | 開始する 개시하다 | 言い出す 말을 꺼내다 | 遠慮なく 사양 말고 | 伝える 전하다 | 喜ぶ 기뻐하다 | イメージ 이미지 | 予約 예약 | アップする 올리다 | それに 게다가 | ガソリン 가솔린. 휘발유 | 消費量 소비량 | 減る 줄다 | 環境 환경 | 優しい 상냥하다. 다정하다 | 素晴らしい 훌륭하다 | アイディア 아이디어 | 満足する 만족하다 | 期待する 기대하다 | 使う 사용하다 | 直接 직접 | 多少 다소 | 両方 양쪽 | 支出 지출

해설

1 내용 파악을 묻는 문제이다. 택시 회사가 실시한 설문 조사를 통해 알게 된 것이 무엇인지 묻고 있다. タクシー로 시작하는 둘째 단락의 마지막 문장 후반부를 보면, '70% 이상이 천천히 달렸으면 하고 생각한 적이 있다고 답변했다'는 내용이 나온다. 따라서 정답이 4번이다.

2 밑줄 친 부분의 이유를 묻는 문제이다. 밑줄 친 부분 바로 뒤에 이어지는 문장을 보면 '대부분의 손님이 원하는 서비스는 우리들이 생각했던 것과는 반대였다'는 내용이 나온다. 따라서 정답은 4번이다.

3 문맥과 내용 파악을 묻는 문제이다. 택시 회사가 버튼을 사용해 이용자가 원하는 것을 들을 수 있도록 한 이유를 묻고 있다. 그래서로 시작한 다섯째 단락을 보면 '버튼을 누르면 평소보다 천천히 조심해서 운전하는 서비스를 개시했으며 이렇게 하면 원하는 것을 말하기 어려운 사람이라도 거리낌 없이 원하는 것을 운전기사에게 전달할 수 있다'고 했다. 보통 그래서라는 접속사는 앞부분에 이유가 나오고 뒷부분에 그 결과가 나오므로 앞뒤를 살펴 보는 것이 좋다. 그래서의 바로 앞 문장을 보면 '운전기사에게 서둘지 않아도 되니 조심해서 운전해 달라고 말하기 어려운 사람이 많을 것이라고 생각했다'는 내용이 나온다. 따라서 1번이 정답이다.

4 밑줄 친 부분에 대해 묻는 문제이다. 밑줄 친 '훌륭한 아이디어'라는 부분에 밑줄이 쳐져 있고 그렇게 표현한 이유를 묻고 있다. 밑줄 친 부분에 대해 알려면 그 주변을 살펴 보면 된다. 마지막 단락을 보면 '이 서비스를 좋아하는 이용자도 많고 회사 이미지도 좋아져서, 예약도 늘고 조심해서 운전하니 연료 사용량도 줄어 결국 친환경적이기도 하다'는 내용이 나온다. 따라서 정답은 3번이다.

問題 つぎの文章を読んで、質問に答えなさい。

　最近、スマートスピーカーを使う人が増えてきたそうだ。スマートスピーカーは、こちらから話しかけることで、様々なことをしてくれる。多くの人がパソコンやスマートフォンなどで音楽を聞いたり、調べ物をしたり、買い物したりしているが、スマートスピーカーなら話すだけでそれができる。パソコンやスマートフォンでは画面に 1 触ったり、キーボードを打ったりする必要がある。「話すだけ」なら本当に速いし簡単で誰にでもできる。また、ニュースを読み上げたり、音楽を聞いたり、映画などの 2 再生や 3 家電を付けたり消したり、メモを入力したりなど様々なことがとても簡単にできる。

　でも一番の長所は「今やっていることに 4 集中できるようになる」、「次々送られてくるメッセージにいらいらしなくてもすむ」ことだと思う。動かすためにはこちらが話さなければならないからだ。アメリカでは普及率が2018年に41％になったそうだが更に 5 普及するかどうかは次の点にある。①「機械と話す」ことへの抵抗感があること②ほとんどのことがスマートフォンでできること③ 6 据え置きであることである。特に③は使いにくい。そこに行かなければならなかったり、少し離れていると大きな声で話さなければならないからだ。

　しかし、これらの問題はいずれ解決するだろう。そうなったらお年寄りが喜んで使うようになると思う。

1 다음 단어의 뜻을 쓰시오.

　① 触る　＿＿＿＿＿＿＿＿＿　② 再生　＿＿＿＿＿＿＿＿＿

　③ 家電　＿＿＿＿＿＿＿＿＿　④ 集中　＿＿＿＿＿＿＿＿＿

　⑤ 普及する　＿＿＿＿＿＿＿　⑥ 据え置く　＿＿＿＿＿＿＿

2 다음 질문의 답을 찾을 수 있는 문장에 밑줄을 긋고 아래에 한국어 해설을 쓰시오.

問1：スマートスピーカーがパソコンなどと最も違うことは何ですか。

＿＿＿＿＿＿＿＿＿＿＿＿＿＿＿＿＿＿＿＿＿＿＿＿＿＿＿＿＿＿＿＿＿＿＿＿

問2：スマートスピーカーの一番の良い点は何だと言っていますか。

＿＿＿＿＿＿＿＿＿＿＿＿＿＿＿＿＿＿＿＿＿＿＿＿＿＿＿＿＿＿＿＿＿＿＿＿

問3：なぜそうなったらお年寄りが喜んで使うようになると思うのですか。

＿＿＿＿＿＿＿＿＿＿＿＿＿＿＿＿＿＿＿＿＿＿＿＿＿＿＿＿＿＿＿＿＿＿＿＿

◆ 정답

1 ① 만지다　② 재생　③ 가전　④ 집중　⑤ 보급되다, 보급하다　⑥ 그대로 놓아두다

2 問1：<u>スマートスピーカーなら話すだけでそれができる。パソコンやスマートフォンでは画面に ① 触ったり、キーボードを打ったりする必要がある。</u>
　　스마트 스피커라면 말만 하면 그것이 가능하다. 컴퓨터나 스마트폰으로는 화면을 만지거나 키보드를 치거나 할 필요가 있다.

　　問2：<u>一番の長所は「今やっていることに ④ 集中できるようになる」、「次々送られてくるメッセージにいらいらしなくてもすむ」ことだと思う。</u>
　　가장 큰 장점은 '지금 하고 있는 일에 집중할 수 있게 된다', '계속 날아오는 메시지에 초조해하지 않아도 된다'는 점이라고 생각한다.

　　問3：<u>話すだけなら本当に速いし簡単で誰にでもできる。</u>
　　말만 하면 된다면 정말 빠르고 쉬워서 누구든지 할 수 있다.

유형 공략 | 問題 7 정보 검색

유형 분석

問題7은 정보 검색 문제로, 광고나 팸플릿 등 600자 정도의 정보 소재 글에서 필요한 정보를 찾아낼 수 있는지 묻는다. 한 개의 지문에서 2문항이 출제된다. 문제당 5분 내외로 푸는 것이 좋다.

▶ 정보 검색에서는 다음과 같은 질문들이 출제된다.

1. 조건에 맞는 ~은 무엇인가?
2. 선택할 수 있는 코스는 어느 것인가?
3. 내용과 맞는 것은 어느 것인가?
4. ~에 대한 설명으로 알맞은 것은 무엇인가?
5. ~에 드는 비용은 얼마인가?

합격 꿀팁

1. 지문을 읽기 전에 먼저 어떤 문제인지 파악하자.
2. 제시된 조건 중 중요한 조건에 동그라미나 밑줄을 치고 그것을 기준으로 정보를 찾는다.
3. 날짜, 기간, 비용, 할인 등에 대한 계산 문제가 나온다. 어려운 계산은 아니지만 계산 문제의 유형을 다양하게 풀어 보고 실전에 임하면 당황하지 않는다.
4. 글의 내용과 맞는 것, 또는 맞지 않는 것을 고르는 문제 등 전체적인 내용을 알아야 푸는 문제들은 글의 흐름대로 읽어 가며 선택지를 지워 나가자.
5. 문제의 선택지에는 지문에서 사용된 단어와 뜻은 같지만 다른 단어로 표현되어 있는 경우가 많다. 같은 어휘를 반복적으로 사용하는 것이 함정일 수 있으니 주의하자.

예제

問題7 次のページは、動物園のポスターである。これを読んで、下の質問に答えなさい。答えは、1・2・3・4から最もよいものを一つえらびなさい。

1 今日は日曜日である。ソフィさんは14時に入園し、このポスターを見た。動物園が昼間に行っている案内や教室の中で、今から参加できるものはどれか。

    1 Aだけ
    2 AとB
    3 AとBとC
    4 BとD

2 カクさんは 8月9日の昼に動物園に来て、園内でポスターを見て、その日の「夜の動物園」も見たくなった。「夜の動物園」を見るために、カクさんがしなければならないことはどれか。

    1 17時半までに、もう一度入園する。
    2 昼とは別に入園料を払って、もう一度入園する。
    3 東口から、もう一度入園する。
    4 外で食事をすませてから、もう一度入園する。

「出典　日本語能力試験公式ウェブサイト（https://www.jlpt.jp/）」

大原動物園をもっと楽しむために

昼のイベント

いろいろなイベントに参加して、動物のことをもっとよく知ってください。

A 動物園案内	B 動物教室
専門の係の説明を受けながら、動物園の中を歩きます。必要時間は約1時間です。 毎日3回 ① 10時半～、② 14時半～、③ 16時～	普段知ることのできない、動物たちの生活について話を聞くことができます。 毎週日曜 13時半～15時 （途中からでも参加できます）
C 台所見学	D 川の生き物教室
動物たちのえさを準備しているところが見られます。必要時間は約45分～1時間です。 毎週土曜　14時半～	川の生き物に実際に触ったりしながら、楽しく学べます。 毎週火曜、木曜　15時～16時 毎週土曜　　　　13時～14時 毎週日曜　　　　11時～12時

申し込み、参加料金　すべて不要
集合場所　A、C、D：正面口　B：資料館1階受付（途中参加の人も）

夜の動物園

昼とは違う、夜の動物たちの様子を見てください。

日　時　8月2日、9日、16日、23日、30日
　　　　各日17時半～21時（入園は19時半まで）
入園料　昼と同じ入園料がかかります。
　　　　昼の最終入園時間（16時半）までに入園された方は、17時の閉園時に一度園の外に出て、17時半に夜の動物園が開園後、もう一度入園料を支払って入園していただく必要があります。
入リ口　東口は17時で閉めますので、正面口からお入りください。
レストラン、売店　営業しています。

> 해석 및 해설

1. 오늘은 일요일이다. 소피 씨는 14시에 동물원에 입장하여 이 포스터를 보았다. 동물원이 낮에 하고 있는 안내나 강습 중에서 지금부터 참가할 수 있는 것은 어느 것인가?

   1. A만
   2. A와 B
   3. A와 B와 C
   4. B와 D

2. 가쿠 씨는 8월 9일 낮에 동물원에 와서, 원내에서 포스터를 보고 그날의 '야간 동물원'도 보고 싶어졌다. '야간 동물원'을 보기 위해 가쿠 씨가 해야 할 일은 어느 것인가?

   1. 17시 반까지 다시 한 번 입장한다.
   2. 낮과는 별도로 입장료를 내고 다시 한 번 입장한다.
   3. 동쪽 입구에서 다시 한 번 입장한다.
   4. 밖에서 식사를 마치고 나서 다시 한 번 입장한다.

오하라 동물원을 더 즐기기 위해

주간 이벤트

다양한 이벤트에 참가하여 동물에 대해 더 잘 알게 되시길 바랍니다.

A 동물원 안내	B 동물 교실
전문 담당자의 설명을 들으며 동물원 안을 걷습니다. 필요 시간은 약 1시간입니다. 매일 3회 ①10시 반~, ②14시 반~, ③16시~	평소 알 수 없는 동물들의 생활에 대해 이야기를 들을 수 있습니다. 매주 일요일 13시 반~15시 (도중에라도 참가할 수 있습니다)
C 주방 견학	D 강에 사는 생물 교실
동물들의 먹이를 준비하고 있는 곳을 볼 수 있습니다. 필요 시간은 약 45분~1시간입니다. 매주 토요일 14시 반~	강에 사는 생물을 실제로 만지거나 하면서 즐겁게 배울 수 있습니다. 매주 화요일, 목요일 15시~16시 매주 토요일 13시~14시 매주 일요일 11시~12시

신청, 참가 요금   모두 필요 없음
집합 장소   A, C, D : 정면 출입구   B : 자료관 1층 접수(도중에 참가하는 사람도)

야간 동물원

주간과는 다른, 야간의 동물들의 모습을 보시기 바랍니다.

일 시   8월 2일, 9일, 16일, 23일, 30일
       해당 일 17시 반~21시 (입장은 19시 반까지)
입장료   주간과 같은 입장료가 듭니다.
       주간 최종 입장 시간(16시 반)까지 입장하신 분은 17시 폐장 시에 한 번 원 밖으로 나갔다가 17시 반에 야간 동물원이 개장 후에 다시 한 번 입장료를 내고 입장해 주실 필요가 있습니다.
입 구   동쪽 출입구는 17시에 닫으므로 정면 출입구로 들어오시기 바랍니다.
레스토랑, 매점   영업하고 있습니다.

단어

動物園 동물원 | 質問 질문 | 最も 가장 | えらぶ 고르다 | ~時 ~시 | 入園する 입장하다 | 昼間 주간 | 行う 실시하다 | 案内 안내 | 教室 강습회. 교실 | 参加 참가 | 昼 낮. 주간 | 園内 원내 | ~ために ~하기 위해 | ~半 ~반 | もう一度 다시 한 번 | 別に 별도로 | 入園料 입장료 | 払う 지불하다 | 東口 동쪽 출입구 | 食事 식사 | すませる 마치다 | 楽しむ 즐기다 | 知る 알다 | 専門 전문 | 係 담당자 | 説明 설명 | 受ける 받다 | 必要 필요 | 約 약 | ~回 ~회 | 普段 평소 | 生活 생활 | ~について ~에 대해 | 途中 도중 | 見学 견학 | えさ 먹이. 모이 | 準備する 준비하다 | 生き物 생물 | 実際に 실제로 | 触る 만지다 | 学ぶ 배우다 | 申し込み 신청 | 料金 요금 | すべて 모두 | 不要 불필요 | 集合 집합 | 場所 장소 | 正面口 정면 출입구 | 資料館 자료관 | ~階 ~층 | 受付 접수 | 違う 다르다 | 様子 모습 | 日時 일시 | 各日 각일. 하루하루 | 最終 최종 | 方 분 | 閉園 폐원. 폐장 | ~度 ~번 | 開園 개원. 개장 | ~後 ~후 | 支払う 지불하다 | いただく 받다(もらう보다 공손한 표현) | 入り口 입구 | 売店 매점 | 営業する 영업하다

해설

1. 참가 가능한 안내 및 강습 프로그램을 찾아야 한다. 먼저 문제에 제시된 조건을 보고 지문에서 그에 해당하는 정보를 찾아내는 것이 좋다. 조건을 보면 오늘은 일요일이고, 14시에 입장했다. 우선 토요일에만 있는 C는 불가능. 일요일에도 있지만 12시에 끝나는 D도 불가능. 매일 14시 반부터 하는 것과 16시부터 하는 A(동물원 안내)는 선택해서 참가할 수 있고, 매주 일요일 13시 반부터 시작되는 B(동물 교실)는 이미 시작되었지만 도중에라도 참가 가능이라고 쓰여 있기 때문에 참가할 수 있다. 따라서 A와 B 모두 참가할 수 있기 때문에 2번이 정답이다.

2. 8월 9일 주간에 동물원에 입장한 사람이 야간 동물원도 보고 싶다. 야간 입장 조건을 요약해 보면, 첫째, 17시 반부터 늦어도 19시 반까지는 입장해야 하며, 둘째, 주간에 이미 들어온 사람은 17시에 나갔다가 다시 들어와야 한다. 셋째, 요금은 별도로 주간과 같은 요금을 내야 한다. 넷째, 동쪽 출입구는 17시에 닫고, 다섯째, 레스토랑과 매점은 운영한다. 따라서 조건에 맞는 정답은 2번이며, 1번은 17시 반부터 19시 반까지 입장해도 괜찮기 때문에 정답이 아니다.

워밍업

問題　つぎの文章を読んで、質問に答えなさい。

朴さんは友だちと一緒に山に行くことにしました。女性もいるし足があまり強くない人もいます。初めて山に登る人もいます。できるだけ荷物は少なくして、楽しい山登りになるようにしたいと思っています。

Aコース	物を運ぶ自動車の道路なので、疲れないが、アスファルトの道路を歩くので、山登りをしている気がしない。
Bコース	ケーブルカーに <u>1 沿</u>った急な山道を登っていく。<u>2 素晴</u>らしい景色が見えるが道に大きな石が多くて歩きにくいので、ケガをしないように注意する必要がある。
Cコース	山に <u>3 挟</u>まれた谷川に沿って <u>4 なだらか</u>に登っていくので、疲れない。山に来たという気がする。
Dコース	谷と谷に挟まれた山の一番高い所を歩く。景色はいいが、<u>5 初心者</u>には <u>6 無理</u>かもしれない。

1 다음 단어의 뜻을 쓰시오.

① 沿う（そう） _____　　② 素晴（すば）らしい _____

③ 挟（はさ）む _____　　④ なだらかだ _____

⑤ 初心者（しょしんしゃ） _____　　⑥ 無理（むり） _____

2 다음 질문의 답을 찾을 수 있는 문장에 밑줄을 긋고 아래에 한국어 해설을 쓰시오.

問：朴さんたちはどのコースで行ったらいいですか。

_____

◆ **정답**

1 ① 따르다　② 멋지다　③ 끼다, 사이에 두다　④ 완만하다　⑤ 초보자　⑥ 무리

2 疲れない。山に来たという気がする。
　　힘들지 않다. 산에 왔다는 느낌이 든다.

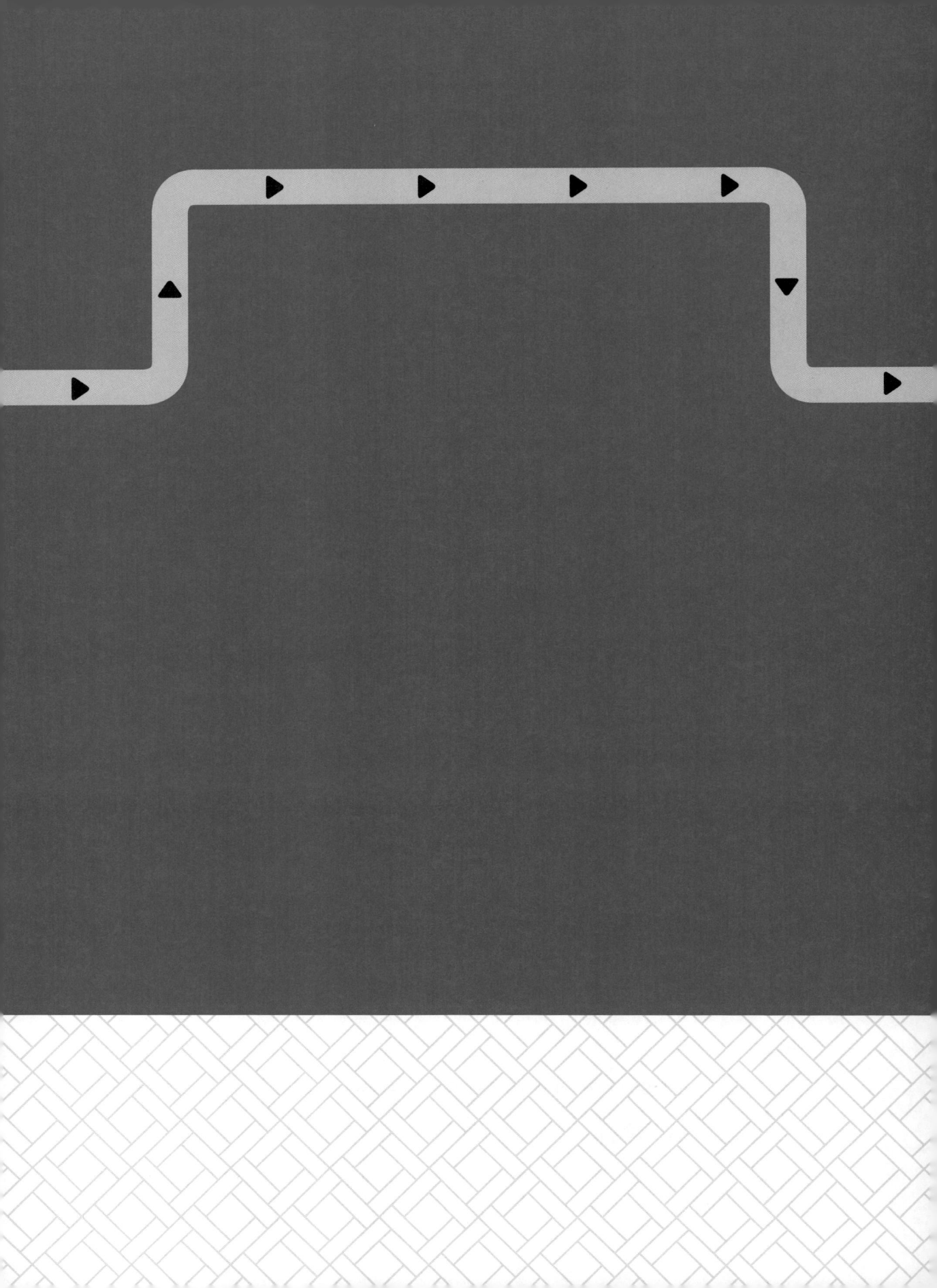

PART 2

합격 공략

問題 4	내용 이해(단문)	40
問題 5	내용 이해(중문)	50
問題 6	내용 이해(장문)	70
問題 7	정보 검색	90

〈PART2 합격 공략〉에서는 각 유형별로 실전 문제를 풀어 봅니다. 실제 시험이라는 마음으로 집중해서 풀며 실전 감각을 기릅니다. 문제를 다 푼 뒤에는 맞은 개수를 표시하고 틀린 문제도 다시 한 번 살펴보세요.

합격 공략 | 問題 4 내용 이해(단문)

問題4　つぎの文章を読んで、質問に答えなさい。答えは、1・2・3・4から最もよいものを一つえらびなさい。

子供と3人でおいしいと評判のラーメン屋に行った。700円のチャーシューめんを3つ頼みたかったがお金が足りなくて私は500円の醤油ラーメンにした。その店では現金しか使えないことを知らなかったのだ。お金を払ったらもう財布の中に100円しか残っていなかった。日本にはまだまだカードが使えない店がある。

1 現金をいくら持っていたか。

1　1,900円
2　2,000円
3　2,100円
4　2,200円

ゆうゆう温泉に入る方へ

① 入れ墨（注1）の方はこちらで用意したシールをはってください。入れ墨を隠してからでないとご入浴（注2）できません。そのままご入浴なさりたい方のために、家族風呂をご用意しております。

② お酒をお飲みの方、体調の悪い方（注3）はご入浴になれません。

③ お年寄りの方はなるべく他の方とご一緒にご入浴ください。

（注1）入れ墨：体に傷をつけて字や絵をかいてそこに色を入れた物
（注2）入浴：風呂に入ること
（注3）体調の悪い方：体の状態が悪い人

2 規則に合っているのはどれか。

1　家族風呂には誰でも入れる。
2　病気の人は誰かと一緒に入る。
3　お年寄りが一人で入ってもいい。
4　入れ墨の人は必ずシールをはる。

「まずい棒」という菓子が売れている。これは人気がある「うまい棒」や「うまか(注1)棒」という菓子に似ている。名前をわざわざ「まずい」と付けたおかげで最初から「これは何だ」、「面白い」、「まずいものを売るのか」などと注目(注2)された。それに値段も安いのでちょっと買ってみようという気になる。この菓子がまずいと言っているわけではない。よく見ると袋に経営状況(注3)がまずいつまりよくないと書いてある。商品の名前が大切なことがよくわかる。

(注1) うまか：うまい。おいしい。九州地方で使われている言葉。
(注2) 注目：よく見ること
(注3) 経営状況：会社の状態がどうであるかということ

3 どうして「まずい棒」という名前を付けたか。

1 お菓子があまりおいしくなかったから
2 会社の経営状況を知らせたかったから
3 人気の菓子と同じような名前にしたかったから
4 菓子の名前が「まずい」だったら注意を引くから

会社の人と昼ご飯を食べに行くことにした。いつもはコンビニでお弁当を買ってきて食べることが多いが、みんながボーナスをもらったからちょっと高い店に行ってゆっくり食事しようと言った。一人が今日は寒いから温かい物がいいと言った。辛い物が苦手な人もいる。太っている人は油っぽい料理じゃないほうがいいと言った。みんなの希望通りの店を探すのは大変だった。

4 みんなで何を食べに行ったか。

1 寿司
2 カレー
3 ラーメン
4 すき焼き

家に帰れる最後の電車の発車時刻（注1）は24時44分だ。間に合わなかった時は1,340円の深夜急行（注2）バスを利用する。発車時刻は25:30で時間はかなり遅いが、座席指定（注3）なので売り切れることもある。タクシーに乗ればいつでも帰れないことはないが、7,500円ぐらいかかる。だから、お金がない時はネットカフェのほうがいい。2,000円ぐらいでシャワーつきのところも多いからとても便利だ。

(注1) 発車時刻：乗り物が出発する時間
(注2) 深夜急行：深夜は夜遅いこと。急行は特別な駅に止まる速いバス
(注3) 座席指定：座るところが決まっていること

5　内容と合っているのはどれか。
1　深夜急行バスの最後の発車は25:30である。
2　お金を気にしないならタクシーに乗ればいい。
3　2,000円出せばシャワーつきの場所に泊まれる。
4　25:30までにバス乗り場に行けばバスに乗れる。

新聞を読まない人が増えている。特に若い人はインターネットにニュースがあるからお金を払ってまで新聞を読むことはないと言う。しかし、ネットでは見出し(注1)しかわからないし、それもわずかな見出しの中から選んで記事(注2)を読むことになる。結局興味があることしか読まないのだ。新聞なら広げれば多くのことが目に入る。ざっと見ただけでも多くを知ることができる。多くの人にもっと新聞を読ませたい。まず知ることが一番大切だと思うからだ。このままでは心配だ。

(注1) 見出し：新聞や雑誌などの最初に書かれている内容がすぐにわかる言葉
(注2) 記事：何かを伝えようとして書いた新聞や雑誌の文章

6 作者は何を心配しているか。

1　新聞が売れないこと
2　ネットと新聞の記事が違うこと
3　ネットには見出ししかないこと
4　限られた記事しか読まないこと

多くの人が眠い時コーヒーを飲むと頭がはっきりすると言っている。しかし、その時だけでなく長い目で見ても体のためにいいそうだ。1日コーヒーカップ3～4杯飲むと心臓や脳(注1)にいいそうだ。また認知症(注2)が飲まない人より65％減るそうだ。食事の後に飲む人が多いが食事の前のほうがよいらしい。朝食の前にそのままか豆乳(注3)を入れて飲むのが一番よいそうだ。しかし、飲めば飲むほどいいのではなく5杯以上飲むとかえって体に悪いそうだ。

(注1)　心臓や脳：体の部分。心臓は血を体に送る部分。脳は考えたり感じたりする部分
(注2)　認知症：頭の働きが悪くなる状態
(注3)　豆乳：豆で作った牛乳のような飲み物

7　長い目で見てもとは何を見るのか。

1　飲み物
2　心臓と脳
3　体の状態
4　コーヒー

11時に池袋から成田空港第二ターミナルに行く時は①JRで日暮里、日暮里から京成スカイライナーなら約1時間で2,640円、②京成の特急なら約1時間半で1,410円、③JR成田エクスプレスなら約1時間半で3,390円、④ホテルからのバスなら約2時間10分で3,100円。①と②は乗り換えが1回ある。時間によっては③と④は出ていない時もある。

8 内容が正しいのはどれか。

1 料金が一番高い乗り物が一番早く着く。
2 一番早く着く方法でも安い料金の2倍はかからない。
3 乗り物の料金が安ければ安いほど一番時間がかかる。
4 乗り換えが嫌なら一番高い料金を払わなければならない。

利用者募集

趣味を仕事にしたい方、新しく仕事を始めたい方、グループの集まりなどに使いたい方、365日いつでも利用できるお部屋をお貸しいたします。

共用スペース(注1)：会議室、トイレ

個室スペース：1.8m × 1.8m

① 事務所、作業所(注2)などに使える5部屋。月 15,000円
② 事務所や作業所、店に使える5部屋。①＋5,000円
③ 共用キッチン、店に使える5部屋。②＋10,000円
④ 会議室のみのご利用は月5,000円。お部屋を借りている方は無料

(注1) 共用スペース：みんなで使うことができるところ
(注2) 作業所：仕事をするところ。特に何かを作ったりするところ

---

9 利用代金が正しいのはどれか。

1 サンドイッチの店を出して 25,000円を払う。
2 事務所を借りている人が会議室代 5,000円を払う。
3 古い服やアクセサリーなどを売るために 20,000円払う。
4 趣味のドライフラワーを売る店を借りて 15,000円を払う。

刺身は温度が上がると汁（注1）が出てまずくなる。だからスーパーなどで無料でくれる氷で冷やしながら持って帰る。その時に空気に触れない（注2）ようにすると冷えたままにできる。食べるまで冷蔵庫に入れておくが、もっとおいしくできる方法がある。まな板（注3）に塩を振ってそこに刺身を置き、上から塩を振ってまな板を斜めにして30分置く。すると刺身からいらない汁が出てくる。それをキッチンペーパーできれいに取る。ついている水分と塩をとるのである。それを30分冷蔵庫で冷やす。考えられないほどおいしくなっているそうだ。

（注1）汁：ここでは物の中にある水のような物
（注2）触れる：さわる
（注3）まな板：食べ物をのせて切る板

[10] 刺身をおいしくする方法はどれか。

1　塩をつけて冷蔵庫に入れておく。
2　買った時からずっと冷やしておく。
3　刺身からいらない汁を取って冷やす。
4　まな板に塩を振って刺身をのせておく。

합격 공략 | 問題 5 内容理解(중문)

問題 5　つぎの文章を読んで、質問に答えなさい。答えは、1・2・3・4から最もよいものを一つえらびなさい。

　　家がなくて公園などにいる人はホームレスと呼ばれる。彼らは公園や川のそばなどに青いテントを立てて暮らしている。しかし、部屋を借りるお金があるのに毎日のように違う場所に泊まっている人がいる。「アドレスホッパー」という。そのほうが安いのだそうだ。生活に必要な物をリュック一つに入れて友達の家、民泊(注1)、シェアハウス(注2)などを泊まり歩いている。まるで旅行者だ。洋服を貸したり、荷物を預かったり、洗濯したりするビジネスを利用しているそうだ。住所がないと持てない健康保険証を持った上でこの生活を選んでいるから困らないらしい。彼らは新しい出会いを求め続けている。ある面ぜいたく(注3)とも言えるがずっと続けられるとは思えない。若者の特権(注4)だろう。

(注1)　民泊:普通の人の家などにお金を払って泊まること

(注2)　シェアハウス:何人かの人と一緒に生活するところ

(注3)　ぜいたく:必要以上に物やお金を使うこと。ここでは気持ちがぜいたくだと言っている。

(注4)　特権:何かをしても良いあるいはしなくてよいという特別な人だけが持っている物

1 なぜ若者の特権だろうと言っているか。

1　若い人ならできるだろうから
2　若い人がしたがることだから
3　若い時しかできないだろうから
4　若い人以外する人がいないから

2 ホームレスとアドレスホッパーの一番違っていることは何か。

1　若いかどうか
2　希望を持っているかどうか
3　同じ場所で暮らしているかどうか
4　自分でその生活を選んでいるかどうか

3 本文の内容を一番よく表しているのはどれか。

1　アドレスホッパーの生活の長所短所は何か
2　アドレスホッパーは何をして暮らしているか
3　ホームレスとアドレスホッパーの違いは何か
4　アドレスホッパーはどんな生活をしているか

160以上の仕事が体験できる旅行が人気を集めている。今の仕事に迷っている人も他の仕事がどんなものか知りたくて参加する人もいる。でも、仕事を選ぶためでなく、子供のころからやってみたかった仕事をしてみたかったり、めったにできない経験をして一日を過ごしたいと言う人も多いそうだ。誰にとっても知らない世界で何かをすることが面白くないはずがないのだ。ほとんどの旅行が一日だけだから安いのもよい点だ。また1人から6人が一緒に同じ体験をするので一般の旅行とは違ってその後関係ができることも多いそうだ。これを社員の研修(注)に使う会社もある。全く違う仕事をすることで、今までに出会ったことがないような人に会うことができるし、物の見方も考え方も変わってくるらしい。現在の仕事にとても役に立つことが多いそうだ。

(注)研修：必要とされる能力をあげるために一緒に勉強すること

[4] 今の仕事に迷っているとはどのような状態か。

1 仕事を選ぼうとしている状態
2 仕事をいつ辞めるか決められない状態
3 仕事で何をしたらよいかわからない状態
4 仕事をどうしたらよいか考えている状態

[5] なぜ仕事旅行に参加するのか。

1 今の仕事に役に立つから
2 仕事を実際にやることに興味を持つから
3 同じことをするので友達になりやすいから
4 仕事旅行ほど興味が持てる旅行がないから

[6] 内容と合っているのはどれか。

1 仕事旅行に参加後は性格が変わる。
2 仕事旅行は誰かと一緒に体験する。
3 仕事旅行に一日以上の旅行はない。
4 仕事旅行は個人だけでなく会社も利用する。

日本の小学生が子供だけで登下校(注1)する様子を見て外国人はショックを受けるようだ。多くの国では大人が連れて行くし迎えにも行く。だから、小学1年の女の子が初めて電車で学校まで行くビデオが世界中で驚きの目で見られている。賛否両論(注2)だ。しかし、日本人にとっては当たり前だ。①自分たちもそうしてきたからだ。日本が安全だからこんなことができるのだろう。それでも今の子は授業が終わったらすぐに家に帰らなければならないなど昔とは違っている。私が子供のころは下校時刻(注3)は冬4時半、夏は5時だったと思うが、それまで校庭で遊んでいてもよかった。今は早く帰りなさいとすぐに学校を出されてしまう。それでも子供だけだから帰り道に②友達とぐずぐずしている時間が持てる。それは大人になった時に懐かしく(注4)なる大事な時間だと思う。

(注1) 登下校：登校下校のこと。登校は学校に行くこと。下校は学校から帰ること
(注2) 賛否両論：賛成も反対もあること
(注3) 下校時刻：学校から帰らなければならない時間
(注4) 懐かしい：昔のことをよかったと思う状態

7 ①自分たちもそうしてきたからだとあるがどうしてきたのか。

1　自分たちは今の子供と違って一人で学校へ行っていた。
2　自分たちは今の子供と違って子供だけで学校に行っていた。
3　自分たちは今の子供と同じように一人だけで学校へ行っていた。
4　自分たちは今の子供と同じように子供だけで学校へ行っていた。

8 ②友達とぐずぐずしている時間とはどんな時間か。

1　ゆっくりと何か言っている時間
2　学校から出ないで遊んでいる時間
3　すぐに帰らないで何かをしている時間
4　早く歩かないでゆっくり歩いている時間

9 作者は子供の登下校についてどう考えているか。

1　子供だけで登下校しない国は危ない国だ。
2　日本は安全だから子供だけで登下校するべきだ。
3　自由に登下校する時間は子供にとって大切な時間だ。
4　子供だけで学校に行くのに反対の意見があるのも当たり前だ。

雑誌は普通興味を引く内容があればよく売れる。しかし、中には内容は関係ないかのように見える女性の雑誌もある。付録（注1）がほしくてすぐに売り切れてしまうのだ。人気があるメーカーの袋やバッグや化粧品などが付いているからだ。①同じやり方で幼稚園（注2）の子供のための雑誌を売る会社もある。雑誌におもちゃを作るキット（注3）を付けた。実際にある機械などにそっくりの小さなおもちゃが作れると評判がよい。それが②大人を喜ばせている。これは作るのが難しくて③とても幼稚園の子の手に負えないからだ。例えば「メダル落しゲーム」はゲームセンターにある機械に似ている。何枚も重ねて置いてあるメダルを外からメダルを入れて落して手に入れるゲームだ。できたおもちゃはゲームセンターにある機械と同じ動きをする。だから子供もとても喜ぶ。

（注1）付録：ここでは雑誌に付いている物。おまけ
（注2）幼稚園：小学校に入る前に子供達が毎日のように通う学校のようなところ
（注3）キット：ここではおもちゃを作る材料のセット

10 ①同じやり方とはどんなやり方か。

1　大人が喜ぶ付録をつける。
2　付録にほしがる品物をつける。
3　付録のほうが内容より大事である。
4　雑誌の付録は内容ほど気にしない。

11 なぜ②大人を喜ばせているのか。

1　キットが実際の機械に似ているものばかりだから
2　実際の機械に似ているおもちゃばかり付いてくるから
3　実際の機械に似ているおもちゃを自分で作るのが楽しいから
4　実際の機械に似ているおもちゃは子供には難しくて作れないから

12 ③とても幼稚園の子の手に負えないとはどういう意味か。

1　小学生でなければ作れない。
2　幼稚園の子が作るのは無理だ。
3　幼稚園の子には手伝いが必要だ。
4　幼稚園の子が作るのには時間がかかる。

私の住んでいる市の9つの中学校の中の6つで「放課後カフェ」が開かれている。「放課後」は授業が終わった後という意味だから放課後に開かれるカフェの意味になる。学校の調理室（注1）や図書館などでボランティアが「カフェ」を開く。子供はお茶やジュースなどが無料で飲めるからカフェがある日が楽しみだと言う子供もいる。ボランティアは子供にいろいろ話しかけるようにしている。多くの子供達はそこでおしゃべりしたりゲームをしたりしている。目的は子供にほっとできる時間を与えることだから①それはもう十分できていることがわかる。助成金（注2）や寄付などでカフェを開いているそうだ。②多くの人の協力でカフェが開かれているが子供も何か協力するようになったらもっといいと思う。

（注1）調理室：料理の道具が置いてあって料理が作れるところ
（注2）助成金：ある目的のために主に国や市区町村などがくれる返さなくてもよいお金。ここでは社会福祉協議会が助成金を出している。

13 なぜ①それはもう十分できていることがわかるのか。

1 そこにいる子供達の様子から
2 子供のジュースなどの飲み方から
3 ボランティアが子供と話しているから
4 楽しみだと言ってくれる子供がいるから

14 ②多くの人の協力でとあるが、どんな協力があるかについて違っているのはどれか。

1 カフェのために必要な助成金をくれる。
2 カフェのためにお金を寄付してくれる。
3 ボランティアが学校でカフェのために働く。
4 ボランティアがお金を出してカフェの材料を持ってくる。

15 この文章からわかることはどれか。

1 放課後カフェを誰が開いているか
2 放課後カフェが何回開かれているか
3 放課後カフェに誰が寄付しているか
4 放課後カフェを開いている学校はどこか

人口3万人ほどのA市に年間62万人の観光客が農業体験(注1)に来る。季節の野菜を収穫する(注2)ことはもちろん自分で育てることもできる。子供が自然の中で遊べる場所、物を作る教室、レストランや野菜売り場などの家族で楽しめる場所がいっぱいあるので人気なのだ。使われなくなった小学校に泊まることもできる。B市には野球ツアーがある。一泊13,000円でボランティアのチームと試合ができる。ピッチャーのボールの速さを示すスピードガン、電光掲示板(注3)、選手(注4)の紹介のアナウンスもあるしチアガールもいる。だから本当にプロの選手になった気分になれる。試合は勝ったり負けたりだが、勝たせてくれる接待(注5)コースがあることが面白い。こちらを選ぶチームが20％ぐらいいるそうだ。2007年に始めた時は340人だったが、今は10倍以上だそうだ。元気な地方にはよいアイディアがあるということだ。

(注1) 農業体験：野菜や果物などを作ったり、できた物をとったりすること
(注2) 収穫する：できた野菜や果物などをとること
(注3) 電光掲示板：ここでは野球場にあって選手の名前や点を電気の光で示す物
(注4) 選手：選ばれて試合に出る人
(注5) 接待：何かでお客さんをよい気分にさせること

[16] なぜ元気な地方はよいアイディアがあるということだと言っているか。

1　2つの市がアイディアを生かして元気になっていると考えたから
2　2つの市のようなアイディアがない地方は元気がないと思ったから
3　2つの市のアイディアを使えば他の地方も元気になると考えたから
4　2つの市のようにアイディアを持っていれば地方は大丈夫だと思ったから

[17] 2つの市の説明で正しいのはどれか。

1　A市は農業に力を入れていて、B市では野球に力を入れている。
2　A市は観光客が人口の20倍以上に、B市は観光客が10倍以上増えた。
3　A市には農業体験できる場所がB市には野球の試合をするツアーがある。
4　A市には農業体験が楽しめる場所が、B市には野球が楽しめる場所が多い。

[18] 本文と合っているのはどれか。

1　農業体験は学校に泊まって行う。
2　農業体験は家族で楽しむものである。
3　野球の試合は必ず勝つこともできる。
4　必ず勝つコースを多くのチームが選ぶ。

アメリカでホームレスに100ドルあげて、そのお金を何に使うかをこっそりとったビデオを見た。彼がもらったお金で食べ物を買って、公園にいた他のホームレスに配り始めたので驚いた。自分のためだけに使ったら何日も食べるのに困らなかっただろう。なぜそんなことをしたのかと聞くと「他の人が喜ぶ顔を見るとハッピーになれるんだ」と答えた。公園のホームレスとは知り合いじゃないと聞いてもっと驚いた。①人間って本当に良いものだと思った。ホームレスになったのは奥さんの父親の病気の世話をするために仕事を辞めたからだそうだ。怠けてばかりいたのではないのにホームレスになった人もたくさんいると彼は言った。夫に話したら②そういう人だからホームレスになったのだろうと言った。③考えさせられたビデオだった。

19 なぜ作者は①人間って本当に良いものだと思ったのか。

1　ホームレスが人が喜ぶと自分もうれしいと言ったから
2　ホームレスが他の人のためにもらったお金を使ったから
3　ホームレスにお金をあげたことが無駄にならなかったから
4　ホームレスが人に感謝されることがうれしいと言ったから

20 ②そういう人だからホームレスになったとあるが、作者の夫はどんな人だからホームレスになったと言ったのか。

1　病気の人の世話を毎日するいい人
2　仕事を辞めてまで病気の世話をするいい人
3　他の人のために何でもやってあげるいい人
4　みんなに食べ物をあげるのが好きないい人

21 作者が③考えさせられたことではないのはどれか。

1　ホームレスに100ドルをあげたこと
2　ホームレスがお金を人のために使ったこと
3　こんないい人がホームレスをしていること
4　他の人のせいでホームレスになることがあること

マラソンは知っていても世界では駅伝を知る人は少ない。駅伝は日本ではとても人気があるが、マラソンと違ってほとんど日本でしか行われていないからだ。駅伝は長い距離(注1)を分けて何人かの選手で走る。もし一人でも選手の調子が悪かったら、チームが勝つことはできない。みんなで頑張るのだ。だから、全員が無事に走りゴールすることが大切だ。それが人々が応援する理由の一つになっている。駅伝で人気があるのは1920年から始まった歴史がある「箱根駅伝」だ。1月2日から3日にかけて選ばれた大学の選手が東京から箱根の芦ノ湖まで行って戻ってくる。道路は応援する人でいっぱいになるし、テレビの視聴率(注2)も30％を超えるほどだ。世界的なスポーツになってほしいが、何人もの良い選手を集められないので難しいと思う。

(注1) 距離：長さ
(注2) 視聴率：テレビの番組をテレビを持っている人のどれぐらいが見ているかという％

[22] それは何を意味しているか。

1 駅伝で走ること
2 応援がすごいこと
3 全員が走り切ること
4 日本のスポーツであること

[23] 駅伝はどんなスポーツか。

1 マラソンと同じようなスポーツ
2 歴史が長く人気があるスポーツ
3 長い距離を10人で走るスポーツ
4 選手が長い距離を分けて走るスポーツ

[24] 内容と合っているのはどれか。

1 駅伝が世界に広まることはないだろう。
2 箱根駅伝は最も長く続いている駅伝だ。
3 日本ではマラソンより駅伝の人気が高い。
4 箱根駅伝は一番人気があるので正月に行われる。

私は東京で育って東京に住んでいて東京のよさをいっぱい知っているが①外国人には大阪に住んだほうがいいよと言いたい。食べ物が安くておいしいこともあるが大阪の人のほうがサービス精神(注1)が旺盛(注2)だと思うからだ。大阪では道に迷っていたら誰かが直ぐに「どこ行きたいの」などと聞いてくれる。その人が知らなくても「誰か○○知らない」と他の人に聞いてくれる。東京の人が不親切なのではないが②東京ではこちらから聞かなければならない。東京では見てもそのまま通り過ぎる人が多い。忙しいこともある。また大阪の人ってよく知らない人にも声をかける。知らない人が面白いことをしても③それを受け止めてくれる。そして笑いが起こる。もちろん全員がそうするわけではないし、嫌な人はどこにもいるが、他人に関心がある人がいっぱいいるところで暮らすことは外国人にとって良い経験になると思うのだ。

(注1) 精神：心。感じたり何かをしようとしたりする気持ち
(注2) 旺盛：ここではとても多いこと

25 ①外国人は大阪に住んだほうがいいよと言う一番の理由は何か。

1　大阪の人はみんな親切だから
2　大阪は食べ物が何でもおいしいから
3　大阪の人は面白いことを言うのが好きだから
4　大阪の人は周りの人に関心がある人が多いから

26 なぜ②東京ではこちらから聞かなければならないのか。

1　東京の人は親切ではないから
2　東京の人は気がつかないから
3　東京の人も頼めばやってくれるから
4　東京の人に気にしてもらいたいから

27 ③それを受け止めてくれるとはここではどういう意味か。

1　見たら笑ってくれるという意味
2　面白いことをしてくれるという意味
3　面白いことに変えてくれるという意味
4　やっていることを止めてくれるという意味

漢字は中国から伝わったが日本で作られた漢字もある。中には中国にあることを知らずに同じ漢字を作ったり、中国とは違う意味にしてしまったりした。有名なのは「畑」だ。中国では米を作るところも野菜などを作るところも同じ「田」の字で表すが、日本では米は「田」で、野菜などは「畑」と書く。昔は草を焼いて畑にしたからこの字になったそうだ。日本人にとっては田と畑は違うものなのだ。中国では「動」で動くことと働くことを表せるが、日本人は「働」という漢字を作った。「動」に「人」を付けたほうが「働く」という気持ちに合うと考えたからだ。礼儀を教えることを「しつけ」というが、「身」と「美」を一緒にしたらぴったりだと考えて「躾」という漢字を作った。漢字は意味が表せることからこのようにしていろいろな漢字を作った。私も昔の人のように自分で漢字を作ってみたくなった。

28 「鰯」という魚はどうしてこの漢字になったと思うか。

1　すぐに悪くなってしまうから
2　水から出すと死んでしまうから
3　食べられるところが少ないから
4　マグロを育てる時のえさだったから

29 どうして日本で中国にない漢字が作られたのか。

1　中国とは違う意味にしたかったから
2　その漢字が中国にあることを知らなかったから
3　漢字がなかったり自分達に合う漢字がほしかったから
4　漢字が足りなかったし自分達で作った漢字のほうがいいから

30 日本でどうやって漢字を作ったか。

1　漢字の形がよいものを合わせた。
2　日本人の気持ちに合うように作った。
3　中国の漢字に足りないものを付けた。
4　中国の漢字に足したり減らしたりした。

합격 공략 | 問題6 內容 이해(장문)

問題6 つぎの文章を読んで、質問に答えなさい。答えは、1・2・3・4から最もよいものを一つえらびなさい。

「エビングハウスの忘却曲線(注1)」によると人間は覚えたことを20分後には58％、1時間後には44％、1日後には26％、1週間後には23％、1か月後には21％しか覚えていないとか。しかし、これは意味がない語を覚えさせた時の実験なので実際にはいろいろなやり方をして覚えようとしているので、もっと記憶している(注2)と言える。

誰もがよい記憶方法を知りたいのは当然だ。単語を何度も書きながら覚える人も多い。それに声を出すことを足したほうがいいという人もいる。長い時間勉強を続けるより寝てしまったほうがよく覚えているという話もある。動きながら、あるいは動いた後はよく覚えられるとも言われている。しかし、どれも努力が必要だ。まだ、なかなか一番いいという方法が見つかっていない。

①そんな中寝ている間に言葉を覚えることができるという研究が発表された。寝ている時に覚えることを聞かせるだけだ。脳は私たちが考えるより寝ている間も起きているそうだ。脳は1秒の半分の速さで寝たり起きたりを繰り返していてその起きている時に記憶するのだそうだ。これなら頑張らなくてもいいので多くの人がやりたがるだろう。しかし②素人(注3)としてはこの方法を使ったら脳が休めないのではないかと心配になる。やってみるのはこれが安全だと証明されて(注4)からでも遅くないのではないだろうか。

(注1) 忘却曲線：エビングハウスが作った覚えたことをどのくらい覚えていられるかを表したもの
(注2) 記憶する：覚えている。
(注3) 素人：あることに経験がない、専門でない人。それが仕事ではない人
(注4) 証明する：あるものを〜であるとはっきりさせる。

/ 40

1　①そんな中とは何を表しているか。

　　1　覚えることが難しい。
　　2　よい記憶法を探している。
　　3　記憶するには努力が必要だ。
　　4　よい記憶法が見つからない。

2　②素人とはこの文章では誰のことか。

　　1　学生
　　2　作者
　　3　みんな
　　4　研究者

3　第二段落には主に何が書かれているか。

　　1　良い記憶方法はないということ
　　2　良い記憶方法を知りたいということ
　　3　記憶方法がいろいろあるということ
　　4　楽に記憶する方法を探したいということ

4　作者の考えはどれか。

　　1　寝ている間に覚える方法はとてもいい。
　　2　やっと一番いい記憶方法が見つかった。
　　3　寝ながら覚える方法は脳のために良くない。
　　4　寝ながら覚える方法がいいかどうかわからない。

犬や猫などのペットは飼い主(注1)を幸せな気分にしてくれるから老人にとってもいいことだ。しかし、ペットの寿命は犬は14.17歳、猫も14.82歳であるから、飼っていた人のほうが先に亡くなることも多い。それで急に飼っていた人に死なれて餌をもらえないでやせたり死んだりしてしまう犬や猫が出ている。①それが心配で死ねないとか年取ったのでペットを飼いたくてももう飼えないという人もいる。特に一人暮らしの老人にとってペットは子供と同じだからペットの幸せを考えるのは当たり前なのだ。だからペットに遺産(注2)を残したい人がいても変ではない。アメリカではペットに遺産を残すことができるから、10億円以上も遺産をもらった犬もいるそうだ。日本では法律で遺産がもらえるのは人だけだから今のところ負担付き遺贈という方法か遺言信託(注3)を利用する方法を使うほかない。②前者は遺産をもらう代わりに何かをしなければならない。つまり、ここではペットの世話をする代わりに遺産がもらえるというわけだ。後者は遺産を預けて管理してもらう。預けた遺産からペットのために使ったお金を払ってもらう。こちらのほうが財産を他人に渡さなくてもいいのでこれから利用者が増えて行くことだろう。しかし、問題は実際にペットの世話をきちんとやってくれる人や団体を見つけることができるかどうかである。お金だけ受け取って世話をしない場合もあるから、その人たちをさらにチェックしてくれる人や団体も必要だ。安心できる方法があれば年を取ってもペットを飼い続ける人が増えるに違いない。

(注1) 飼い主：飼っている人
(注2) 遺産：死んだ人が残した財産
(注3) 遺言信託：遺言は死んだ後のために残した言葉。信託は目的に合うように財産の管理をさせること。ここでは財産を預けてペットの世話をするために使ったお金を払ってもらうこと

5　①それが心配で のそれは何を指すか。

1　ペットがいつか死んでしまうこと
2　自分が死んだらペットも死ぬこと
3　自分がペットより先に死んでしまうこと
4　自分が死んだら世話をする人がいないこと

6　②前者は何を指すか。

1　遺言信託(ゆいごんしんたく)
2　世話をする人
3　負担付き遺贈(ふたんつきいぞう)
4　飼(か)っている人

7　ペットに遺産(いさん)を残したい人の気持ちはどれか。

1　ペットは子供より大事だ。
2　ペットに早く死んでほしい。
3　ペットに幸せに暮らしてほしい。
4　ペットが死んだ後のことが心配だ。

8　ペットの生活を守るために一番問題になっていることは何か。

1　日本ではペットに遺産(いさん)が残せないこと
2　ペットを飼(か)っている人に友達がいないこと
3　飼(か)っている人のほうが先に死んでしまうこと
4　きちんと世話をする人が見つけられないこと

1958年に日本で初めてインスタントラーメンが売り出された。最初に作られたのはチキンラーメンだったが、その後世界中で作られるようになると、その国の人の舌に合わせたラーメンが生まれた。韓国では辛いラーメン、タイでは酸っぱくて辛い味が人気だ。日本からの輸出量は7576万食で世界51ヶ国にもなる。今ではアジアの国では数百種類も作られ、日本に輸出されている物もある。また世界で一番インスタントラーメンを食べている国は中国だが、一人当たりでは韓国が一番多い。これは韓国が日本の次に生産を始めた国だからかもしれない。

　これほど広まった理由の一つは安いことだと思うが、実は最初に売り出された時の値段は35円、その時の大学の卒業者の最初の給料が13,500円ぐらいだったことを考えると決して安くはなかった。うどんの5倍以上だったから今と違ってとても高かった。だから人気が出た理由はお湯さえあれば誰にでもすぐに作れることや置いておけるのでいつでも好きな時に作れるからだと思う。また作り方を秘密にしなかったので世界中に広まった。それでもその会社は大きくなったしインスタントラーメンは世界中に広まり、多くのラーメン会社ができて、世界中で年間1055.9億食も食べられる人気商品に育っている。

⑨ その国の人の舌に合わせるとはどういうことか。

1　その国の人が好きな味に変えること
2　その国の人が日本の味が好きになること
3　その国の人に日本の味に慣れさせること
4　その国の人の好きな味を日本に合わせること

⑩ 最初のころのインスタントラーメンはどんなものだったか。

1　味がいろいろあった。
2　うどんほど高くなかった。
3　値段は今ほど安くなかった。
4　安かったので人気があった。

⑪ インスタントラーメンが世界中に広まった理由でないのはどれか。

1　作り方を秘密にしなかったこと
2　誰でも簡単に短時間で作れること
3　高かったがとてもおいしかったこと
4　買ってきてしばらく置いておけること

⑫ 本文に書かれていないことはどれか。

1　インスタントラーメンが広まった理由
2　インスタントラーメンが好きな国の順番
3　インスタントラーメンの種類が大変多いこと
4　インスタントラーメンを日本が輸入していること

「笑い」は体のためにも心のためにもいいそうです。特に声を出して笑うと体のいろいろな部分がよく動くので、血がよく流れるようになったり、体が温まったりします。また脳の働きをよくしたりストレスを減らしたりするそうです。さらに重要なのは免疫力(注1)を高め、病気になりにくくなったり病気が治ったりすることがあることです。笑うことでＮＫ細胞が増えるからです。ＮＫ細胞というのは natural killer cell のことで体が病気になる原因をなくす働きをします。体の中に悪い物が入ってきたり、悪い物が増えたりするのを防ぐ力があります。ですから、いつも笑っている人は元気なのだと言われているのです。日本には「笑う門には福来る」ということわざ(注2)があります。これはよく笑っている家にはいいことつまり幸せが来るという意味です。昔の人は科学的な理由は知りませんでしたが、笑いが大切だということをよく知っていたのです。笑いは他の人に伝わります。マザーテレサ(注3)は「自分から笑えば、笑顔も伝染します」と言っています。ですから、自分のためだけではなく、周りの人を幸せにするためにもよく笑い、笑顔を忘れないようにしたいです。

(注1)　免疫力：病気の原因となるウイルス、細菌、カビなどから体を守る力
(注2)　ことわざ：昔から多くの人に伝えられている短い生きる時に役に立つ言葉
(注3)　マザーテレサ：貧しい人のために働いた人。ノーベル平和賞をもらった。

13 なぜいつも笑っている人は元気なのだと言われているのか。

1　楽しいから
2　病気にならないから
3　気分がよくなるから
4　免疫力（めんえきりょく）が増えるから

14 ＮＫ細胞（さいぼう）はどんな細胞か。

1　笑うことで減る細胞
2　脳の働きをよくする細胞
3　ストレスが減ると生まれる細胞
4　病気に負（ま）けない力を高める細胞

15 体のためには何がいいと言っているか。

1　よく笑うこと
2　ゆっくり話すこと
3　あまり忙しくしないこと
4　周りの人を幸せにすること

16 この文章全体のテーマは何か。

1　笑いの必要性
2　脳と笑いの関係
3　笑いが持つ効果
4　ＮＫ細胞（さいぼう）の働き

３高から４低へと言っても何のことかわからないだろう。これは女性が結婚したい人の条件だそうだ。好きな男性と結婚できるなら貧乏でもいいという意味の「手鍋下げても」などという言葉はもう①死語(注1)になった。３高はⓐ高身長、ⓑ高学歴、ⓒ高収入を表す。ⓐは背が高いこと、ⓑは大学や大学院を卒業していること、ⓒは収入が多いことの意味だ。今はⓓ低姿勢、ⓔ低依存、ⓕ低リスク、ⓖ低燃費の４低の時代だそうだ。つまりⓓは偉そうにしないこと、ⓔは自分のことは自分ですること、ⓕは仕事が無くなる心配がないこと、ⓖは趣味など自分のためにお金を使わないことだ。３高は経済が良かった時代のことだから②背の高さは別として高収入の若者はいただろうが、４低はほとんどいないだろう。特にⓖ低燃費の条件は男性の結婚しようとする気持ちを失わせるだろう。結婚で趣味を止めなければならないなら結婚しないほうがよいと考える人もいるだろう。しかし、これは「～だったらいいなあ」という希望で、昔も今も実際には条件に合っている人でなければ嫌だという人はそれほど多くないと思う。他のデーターではⓗ優しさ、ⓘ思いやり(注2)、ⓙ価値観(注3)と実際には気持ちや考え方、つまり心のほうが大切だと考えていて、お金や学歴、仕事などは下のほうだった。③ちょっと安心した。

(注1)　死語：使われなくなった言葉
(注2)　思いやり：親切な気持ちで何かをしてあげること
(注3)　価値観：価値はどれぐらい大切かとか役に立つかということ。価値観は何かの価値についての考え方

17 ①死語になったとはここではどういう状態を表すか。

1 「手鍋下げても」という言葉を使ってはいけない状態
2 「手鍋下げても」の代わりに他の言葉が使われる状態
3 「手鍋下げても」という言葉をもっと使ってほしい状態
4 「手鍋下げても」という言葉を使うことがないような状態

18 ②背の高さは別として高収入の若者はいただろうとはどういう意味か。

1 背が高くて高収入の若者はいなかっただろう。
2 背の高さを考えない収入が多い若者はいただろう。
3 背が高いか分からないが収入が多い若者はいただろう。
4 背の高い人はいなかったが高収入の若者はいただろう。

19 作者はどうして③ちょっと安心したのか。

1 お金や学歴、仕事などで選ぶ人はほとんどいなかったから
2 お金や学歴、仕事は大切じゃないと考える人ばかりだったから
3 お金や学歴、仕事に比べて心のほうが大切だと考える人が多かったから
4 お金や学歴、仕事ほど気持ちのほうが大切だと考えない人が多かったから

20 本文の内容と合っているのはどれか。

1 最近は条件を考えて結婚する人はいなくなった。
2 条件と合った人と結婚できる人はほとんどいない。
3 実際には結婚の条件と反対の人と結婚する人が多い。
4 趣味のほうが結婚より大切だと考える人もいるだろう。

子供のころ転んだ時などに「痛いの痛いの飛んでけ〜」などと言って触ってもらったら痛くなくなった気がしたことがあるだろう。気がしただけだと思っていたのに本当に痛みが減っていたのだそうだ。実は触られると脳(注1)に「痛い」ということだけでなく「触られた」ということも伝えなければならないので痛みの伝わり方が減るそうだ。また痛みを減らすホルモン(注2)も出るそうだ。
　このホルモンはストレスも減らせていやす(注3)力もあるそうだ。不安な時、誰かに触ったり触ってもらったりすると安心するのはそのためだ。相手は人間でなくて物でもよいらしい。小さい子供が寝る時にぬいぐるみ(注4)を抱いたり毛布などに触ったりするのは①このためだろう。だからぬいぐるみセラピー、人形セラピー、アニマルセラピーなどがいいのだ。どれも触れることで不安を減らす。パロという名前のロボットもその一つである。パロはかわいくてふわふわしているので見るとつい触ったり抱いたりしたくなる。老人施設でもよく使われている。いつも怒っていて世話をする人を困らせているお年寄りもパロを触った後は静かになるのだそうだ。②触ることがとても良いことがわかる。

(注1)　脳：頭の中の体を動かしたり考えたり感じたりするところ
(注2)　ホルモン：体の状態をよくするための物
(注3)　いやす：病気やケガ、心などを治すこと
(注4)　ぬいぐるみ：布で作った動物の中に柔らかい物などを入れてある物

[21] 痛いところに触られるとどうなるか。

1 痛みが無くなる。
2 痛みが減らせる。
3 痛みが伝わらない。
4 痛いところが治る。

[22] 触れたり抱いたりすることにはどんな力があるか。

1 痛くなくなる。
2 不安でなくなる。
3 気持ちが落ち込む。
4 ストレスが無くなる。

[23] ①このためだろうとは何のためか。

1 物でも触っていると安心するため
2 寂しいから一人で寝たくないため
3 寝るためにぬいぐるみなどが必要なため
4 小さい子供が安心する方法を知っているため

[24] 何から②触ることがとても良いことがわかると言っているか。

1 お年寄りがパロに触りたがることから
2 怒っている人もパロに触ると落ち着くことから
3 パロに触ったお年寄りがみんな幸せになることから
4 パロがいると世話をする人が困ることがなくなることから

レストランの無断キャンセル（注1）が予約客全体の1〜3％になるそうで損失額（注2）は年2,000億円に上るそうだ。キャンセル料がほとんど請求できて（注3）いないからだ。客に必ず払わなければならないという考えがないので、たまに高いキャンセル料を請求されて驚いたとか、学生の無断キャンセルがインターネット上で広まって大学が困っているという話がニュースになる。無断キャンセルの理由は「ⓐ場所を取っておきたいためにいくつかの店を予約した。」「ⓑ予約をうっかり忘れてしまった。」「ⓒ人気店だったのでとりあえず（注4）予約した。」である。①客が甘えすぎている。飛行機やホテルなどと同じようにレストランのキャンセル料も払うという考えが広まれば、よく考えて予約するようになるだろう。これは②すぐに解決する問題ではない。そこで、まだ人気店に限るがレストランの再販（注5）が始まった。これはキャンセルになったレストランを会員にまた売ることである。予約が取りにくいレストランばかりなのでいつでも行きたいという会員がいるので、この商売が成り立っている。また、普通の店に対して損害を補償する（注6）ビジネスも始まったが、ビジネスだからどれもただというわけではない。また、無断キャンセルには他の問題もある。多くの食品を捨てることになるからだ。また、店もそれを考えて値段を決めるから③客のためにもならないのである。

（注1）無断キャンセル：キャンセルすることを伝えないでキャンセルすること
（注2）損失額：失くした利益。損をした金額
（注3）請求する：何かをするように言う。ここでは払うように言うこと
（注4）とりあえず：ここでは後のことは考えないでの意味
（注5）再販：また売ること
（注6）損害を補償する：ここではもらえなかった金がもらえること

25 ①客が甘えすぎているとはどういうことか。

1 無断キャンセルを悪いと思っていない。
2 店のことを考えずに簡単に予約しすぎる。
3 客がレストランを同時に予約しすぎている。
4 無断でキャンセルするつもりで予約している。

26 なぜ②すぐに解決する問題ではないのか。

1 キャンセル料を払わせる方法がないから
2 店がキャンセル料について知らせないから
3 みんなの考えが変わるのに時間がかかるから
4 店がキャンセル料をもらおうとしていないから

27 ③客のためにもならないのはなぜか。

1 どの店も予約が取りにくくなるから
2 インターネットに名前が出てしまうから
3 後でキャンセル料を払わなければならないから
4 店がキャンセルの損を予想して値段をつけるから

28 内容と合っているのはどれか。

1 人気店は無断キャンセルされても大丈夫だ。
2 無断キャンセルがニュースになることもある。
3 無断キャンセルで捨てる食品は 2,000億円になる。
4 普通の店は無断キャンセルの損害を取り戻す方法がない。

ロボットスーツＨＡＬは訓練(注1)ロボットだ。脳の病気やケガが原因で歩けなくなった人を歩けるように訓練する。最初に電極パッド(注2)をはってから14キロのＨＡＬを体に付ける。それほど重さは感じないらしい。付けてもすぐに歩けるようになるわけではなく訓練が必要だ。歩こうという意志は弱い電気信号(注3)になって脳から筋肉(注4)に送られる。その電気信号は体の表にも伝わる。それを体につけた電極パッドで受け取ってコンピューターに伝える。コンピューターはそれをモーター(注5)に伝える。するとモーターが動いて歩ける。ＨＡＬを付けた人の考え通りに歩けるように助けてくれる。そして練習すると歩けるという感じが脳に伝わる。何度も練習しているうちに脳が歩くのに必要な信号の出し方を学習して歩けるようになる。中には絶対に歩けないと医者に言われたのに４回訓練しただけで20日後には足が動き、次の日には立て、２ヶ月後には歩いて退院した人もいるそうだ。人によって効果の表れ方は違っていてあまり効果がない場合もあるが、歩けなくてもそれまで立てなかった人が立てるようになったりするので多くの人が喜んでいる。このすばらしいＨＡＬは貸すだけで今のところ売るつもりはないそうだ。ＨＡＬの研究は続いていて次々と良いものに変わっているからだ。これは<u>会社の良心</u>(注6)かもしれない。

(注1)　訓練：トレーニング。続けて練習すること
(注2)　電極パッド：電極は電気を通す物のはし。パッドは張り付ける物
(注3)　電気信号：電気を使って何かを伝える方法
(注4)　筋肉：体を動かす時に使う体の部分
(注5)　モーター：物を動かす機械
(注6)　良心：よいことをしようとする気持ち

29 会社の良心かもしれないとあるが何を良心だと言っているか。

1　HALを貸していること
2　古いHALを売らないこと
3　HALの研究を続けていること
4　新しいHALを造っていること

30 どうしてHALがなくても歩けるようになるのか。

1　モーターが動いて足を動かすから
2　脳が歩きたいと思うようになるから
3　HALが出す信号を受けるようになるから
4　脳が歩くための信号を出せるようになるから

31 HALの効果はどのようなものか。

1　効果は人によって違っている。
2　すぐに効果があって歩けるようになる。
3　トレーニングの効果で歩けるようになる。
4　誰でも歩けるようになるほど効果がある。

32 本文の内容は何か。

1　HALの研究
2　HALの紹介
3　HALの訓練
4　HALの効果

日本には75歳以上で運転免許証を持つ人が500万人以上いる。だから、高齢者(注1)が起こす交通事故も多い。交通事故で死んだ人は1970年が一番多く16,765人だったが、去年は3,532人に減っている。しかし、その10%以上が75歳以上が起こしている事故だ。今は75歳以上に運転能力検査(注2)をしているがこれで①十分でないことがはっきりした。検査で問題がなくても運転中に急に何かが起きた時にうまく対応(注3)できない老人が多い。危ないので運転を止めてほしいがなかなか止める人がいない。理由の一つに運転免許証を身分証明書(注4)に利用していることがある。そこで警察は代わりに②「運転経歴証明書(注5)」を出している。また免許を返した人のバス代を半分にしたり、タクシー代を安くしたりしている市などもある。「有償(注6)ボランティア輸送制度」を作ったところもある。ボランティアが自分の車に乗せてくれる制度だ。利用料金は安いし運転者も少しお金がもらえる。このようなことで75歳以上で運転を止める人が少しずつ増えている。しかし、車以外に移動(注7)方法がない場合は生活のために運転は止めたくても止められない。③国が何とかしなければならない問題だと思う。

(注1)　高齢者：年を取っている人
(注2)　運転能力検査：運転する力があるかどうか調べること
(注3)　対応：起きたことに対して何かをすること
(注4)　身分証明書：これで名前、住所、生まれた年月日などわかる書類
(注5)　運転経歴証明書：運転免許を取った年月などがわかる書類
(注6)　有償：何かをしてもらったことに対してお金を払うこと
(注7)　移動：動いて行くこと

33 なぜ運転能力検査が①十分でないことがはっきりしたのか。

1 検査を受けているのに死ぬ人が増加しているから
2 検査を受けているのに事故を起こす老人が多いから
3 検査を受けているから運転できる人が増えているから
4 検査を受けているのに交通事故で死ぬ老人が増えているから

34 ②「運転経歴証明書」を出している理由は何か。

1 運転経歴証明書が免許証の代わりになるから
2 運転経歴証明書がないと身分証明ができないから
3 運転経歴証明書があれば名前や住所などがわかるから
4 運転経歴証明書がないとバスなどに安く乗れないから

35 ③国が何とかしなければならない問題は何か。

1 運転を止める人を増やすようにすること
2 どこでも電車やバスが通れるようにすること
3 高齢者が起こす事故を減らすようにすること
4 運転しなくてもどこにでも行けるようにすること

36 この文章のテーマは何か。

1 高齢者と交通事故
2 高齢者と運転免許
3 高齢者の移動方法
4 高齢者の運転能力

イギリスで産業革命が進んでいた1910年代にラッダイト運動が起きた。人間がしていた仕事を機械が始めて、仕事が無くなった労働者が怒って機械を壊したのだ。今では世界中の工場で機械が製品を作っている。人がほとんどいない工場さえある。

　今から10～20年で半分以上の仕事を人間に代ってＡＩ(注1)がするようになるらしい。①それほどは進まないと思うが、もう自動運転の車もあるからいつかはそうなることは間違いない。体を使う仕事だけでなく頭を使う仕事も無くなるだろう。その時代にもう②ラッダイト運動は起きない。どこかで起してもどこかで進んでいくから結局仕事を失うことになるからだ。

　では人間でなければできない仕事とは何だろうか。データーを集めたりそこから何かを探したりするのはＡＩのほうが得意だ。データーから病気の診断をするのは勿論、病気を治す方法を決めることもＡＩができる。弁護士(注2)さえ多くが仕事を失うそうだ。では人間は何をすればよいのか。不安だろう。しかし、いつの時代も新しい仕事が生まれてくるものだから、心配しすぎることはないと③歴史は教えてくれる。ＡＩの仕事が増えるに従って人間がする仕事は減るが考える仕事だけは残るだろう。ＡＩが人間の代わりに何かを新しく作り出すことはできないからだ。人間はデザインなどクリエイティブな仕事をするのだろう。あるいは好きなことだけして生きていける時代になるかもしれない。私としては後者がよいのだが。

(注1)　ＡＩ：人工知能のこと。コンピューターを使って人間の頭の働きと同じようなことをする物
(注2)　弁護士：法律に関係することを頼まれてする人

37 ①それほどと言っているがそれほどとはどれぐらいのことか。

1 今ある全ての仕事が半分なくなるほど
2 今ある仕事の50％以上をＡＩがしているほど
3 将来の仕事の半分以上をＡＩがしているほど
4 ＡＩが今ある仕事のほとんどをするようになるほど

38 どうして②ラッダイト運動は起きないと言っているか。

1 人間は進歩を止めて過去に戻ることはできないから
2 起こしても起こさなくても仕事が無くなるのは同じだから
3 ＡＩと全く同じ仕事を人間が代わりにすることができないから
4 過去のラッダイト運動が失敗に終わったことを知っているから

39 ③歴史は教えてくれるとあるが何を教えてくれるのか。

1 人間が困難に向かう力を持っていること
2 人間がいつも進歩し続けてきていること
3 人間がいつも新しい仕事を生み出してきたこと
4 人間がいつも人間のために機械を利用してきたこと

40 作者はどうなることを望んでいるか。

1 仕事は全くしないで遊んで暮らせること
2 ＡＩができないような好きな仕事をしていくこと
3 仕事はＡＩにやってもらって自由に暮らせること
4 デザインなどのクリエイティブな仕事をすること

합격 공략 | 問題7 정보 검색

問題7　右ページは映画を見るための情報である。これを読んで、下の質問に答えなさい。答えは、1・2・3・4から最もよいものを一つえらびなさい。

1 山田さんの娘はミュージカル、息子はミステリーを見たがっている。山田さんと奥さんは何でもいい。4人が一緒に見に行けるのは何日か。

1　16日
2　22日
3　23日
4　30日

2 その日の昼間映画に行ったらいくらかかるか。

1　6,100円
2　5,400円
3　4,500円
4　4,000円

山田さんの情報

山田さん：52歳　平日(注1)は仕事
奥さん：48歳　火・木・土は仕事
息子：大学1年生。10日から20日まで旅行
娘：中学2年生。24日から29日まで塾(注2)

シネマコンプレックス(注3) 映画のスケジュール

ミュージカル「シンデレラ」：7月23日〜8月14日
アニメ「オリオン」：7月15日〜8月4日
ミステリー「海の底から」：6月30日〜7月28日
ホラー「その日」：7月14日〜8月4日

映画の料金

一般：1,800円　　シニア（60歳以上）：1,100円
学生（大学・専門学校・高校）：1,500円　　中学生以下〜3歳：1,000円
映画の日：1月を除く毎月1日　1,100円
毎週水曜日：女性　1,100円
夫婦(注4) 2人（どちらかが50歳以上）：2,000円
平日朝：1,300円　　平日夜：1,300円

7月　　　　　○祝日

月	火	水	木	金	土	日
				1	2	
3	4	5	6	7	8	9
10	11	12	13	14	15	16
17	○18 海の日	19	20	21	22	23
24	25	26	27	28	29	30

(注1) 平日：日曜日と国が決めた休みの日を入れない日。土曜日は入れないこともある。
(注2) 塾：学校ではないが勉強を教えるところ
(注3) シネマコンプレックス：一つの建物にいくつかのスクリーンがある映画館
(注4) 夫婦：夫と妻

問題7　右ページはカード入会の案内である。これを読んで、下の質問に答えなさい。答えは、1・2・3・4から最もよいものを一つえらびなさい。

3　3月中にためたポイントが31日に950ポイントある時何ができるか。

1　ギフトカードがもらいたいのでそのままためておく。
2　発券機で500円の買い物券をもらって残りはためておく。
3　夫のポイントと合わせて発券機で買い物券を2枚もらう。
4　5,000円の買い物をして発券機でお買い物券を2枚もらう。

4　次の中でできることは何か。

1　アイアイカードを使って支払いをすること
2　4月1日に500ポイントを買い物券に換えること
3　デパートでアイアイモールお買い物券を使うこと
4　5月20日にもらったお買い物券を12月に使うこと

アイアイカード入会のご案内

- 入会金・会費無料
  お買い物、お食事代 100 円ごとに 1 ポイント
  500 ポイントでアイアイモールで使えるお買い物券（500 円券）に換えられます。
  5,000 ポイントで全国のデパートや有名店で使えるギフトカード 5,000 円分（1,000 円券 5 枚）に換えられます。
- アイアイカードはクレジットカードではありません。
- 他のアイアイカードとポイントを一緒にすることはできません。
- アイアイお買い物券が使えるのは交換(注)日より 6 ヶ月間です。
- ポイントは 1 年間ためられます。4 月 1 日から次の年の 3 月 31 日までです。
- 3 月 31 日までにそれまでにためたポイントをお買い物券に交換してください。
  4 月 1 日にはそれまでにためたポイントは 0 になります。
- アイアイお買い物券との交換は 3 階サービスカウンターの「買い物券発券機」で行います。使い方がわからない場合はカウンターの相談係にお訊ねください。
- 「買い物券発券機」やレシートで今お持ちのポイントがわかります。

（注）交換：何かと何かを換えること

問題7　右ページは旅行案内と二人の情報である。これを読んで、下の質問に答えなさい。答えは、1・2・3・4から最もよいものを一つえらびなさい。

5　リンさんは友達と二人で、土曜日に日帰りツアーに参加したい。どのコースに申し込めばいいか。

1　A
2　B
3　C
4　D

6　そのコースに一人小学生の子も連れて行ったら全部でいくらになるか。

1　24,500円
2　17,000円
3　13,600円
4　12,000円

バスの日帰り旅行案内

	出発	料金（円）	出発日	食事	内容
A	6:30	9,800	土・日・祝日・休日	和食	いちご狩り（注1）・ワイン工場・日本酒工場。試飲（注2）、ワインのおみやげ付き
B	7:30	8,800	毎日	イタリア料理	いちご狩り・ワイン工場・日本酒工場。試飲付き
C	9:00	6,800	毎日	和食	ワイン工場・日本酒工場。試飲付き
D	9:00	4,800	毎日	和風弁当（注3）	いちご狩り・ワイン工場。試飲付き

★子供料金：小学生までは半額です。

（注1）いちご狩り：お金を払っていちごを自分でとって食べること
（注2）試飲：無料で飲んでみること
（注3）和風弁当：日本の食べ物が入っている弁当

二人の希望

1. ワインと日本酒を試飲したい。
2. 昼食は日本の物が食べたい。
3. 朝早いコースは無理だ。
4. できれば見学以外のこともしたい。

問題7　右ページはゴミの情報である。これを読んで、下の質問に答えなさい。答えは、1・2・3・4から最もよいものを一つえらびなさい。

|7| 正しくゴミを出しているのはどれか。

1　9日にパソコンを集積所に出す。
2　16日にフライパンを集積所に出す。
3　11日に新聞紙を家のゴミ置き場に出す。
4　28日に食べ残しを家のゴミ置き場に出す。

|8| ゴミはどのように出すか。

1　ゴミは全てお金を払って捨てなければならない。
2　古布は有料ゴミ袋に入れて出さなければならない。
3　エアコンは電話で申し込んで捨てなければならない。
4　瓶・缶・ペットボトルは分けて出さなければならない。

１月ゴミカレンダー

日	月	火	水	木	金	土
		1 休み	2 休み	3 休み	4 △P□U	5
6	7 △B	8 □R	9 △OE	10 △B	11 △P□U	12
13	14 △B	15 □R	16 △ND	17 △B	18 △P□U	19
20	21 △B	22 □R	23 △M	24 △B	25 △P□U	26
27	28 △B	29 □R	30 △OE	31 △B		

△：家ごとに集めます。
□：集積所（ゴミを集める場所）で集めます。
B：可燃ゴミ（燃えるゴミ）
U：古紙・古布（古い紙・布）
P：プラスチック容器包装類（食品などを包んでいるプラスチック）
R：瓶・缶・ペットボトル（リサイクル）
OE：食用油・小型家電（小さい電気製品）
ND：不燃（燃えない）・有害（悪い物・危険物）
M：金属。金 Au，銀 Ag，銅 Cu，鉄 Fe など（ここでは鍋・フライパンなど）

ゴミの出し方

- 可燃ゴミ・不燃ゴミ・プラスチック容器包装類は市の有料（注1）ゴミ袋に入れて出してください。
- ゴミは集める日の朝8時半までに出してください。
- 庭の木や草は普通の袋に入れて可燃ゴミの日に出してください。
- 市で集められない物：テレビ・洗濯機・エアコン・冷蔵庫・パソコンなど。市から専門の会社を紹介することができます。
- 粗大ごみ（注2）：タンス・机・椅子などの家具類は電話でお申し込みください。大きさによって200円から1,000円のシールを買って貼って出します。

（注1）有料：お金を払うこと
（注2）粗大ごみ：ここでは家具などの大きいゴミ

問題7　右ページは社員募集の情報である。これを読んで、下の質問に答えなさい。答えは、1・2・3・4から最もよいものを一つえらびなさい。

9　パート社員と正社員で違うことは何か。
1　交代制かどうか
2　給料が上がるかどうか
3　ボーナスがあるかどうか
4　社会保険に入れるかどうか

10　正社員の場合薬剤師と販売員や事務員とで違うことは何か。
1　研修があるかどうか
2　給料が上がるかどうか
3　働く時間が長いか短いか
4　交通費がもらえるかどうか

販売員(注1)	事務員	薬剤師
パート ・時給(注2)：1,100円～ ・時間：8：00～20：00のうち1日5～8時間 ・週2日からOK ・昇給(注3)：年1回 ・交通費：全額支給(注4)	パート ・時給：1,000円～ ・時間：8：00～18：00のうち1日5～8時間 ・週2日からOK ・昇給：年1回 ・交通費：全額支給	パート ・時給2,000円～ ・時間：9：00～20：00のうち1日4～8時間 ・週2日からOK ・18：00から時給2,500円 ・昇給：年1回 ・ボーナス：年1回 ・交通費：全額支給
正社員(注5) ・月給：20万円～ ・時間：①8：00～16：00と②12：00～20：00の交代制(注6) ・昇給：年1回 ・ボーナス：年2回 ・交通費：全額支給 ・社会保険(注7)あり ・休日：週休2日制	正社員 ・月給：18万円～ ・時間：9：00～17：00 ・昇給：年1回 ・ボーナス：年2回 ・交通費：全額支給 ・社会保険あり ・休日：週休2日制	正社員 ・月給：40万～ ・時間：9：00～17：00 ・昇給：年1回 ・ボーナス：年2回 ・交通費：全額支給 ・社会保険あり ・休日：週休2日制

・給料は経験により決めさせていただきます。
・販売員、事務員は経験がある場合は1週間、経験がない場合は1か月の研修を受けていただきます。研修中はパートは時給800円、正社員は月給100,000円です。

(注1) 販売員：何かを売る人
(注2) 時給：1時間働いたらもらえるお金
(注3) 昇給：給料が上がること
(注4) 全額支給：かかったお金の全部が支払われること
(注5) 正社員：期限を決めずに働ける社員。辞めさせるのが難しい社員
(注6) 交代制：ここでは①②①②の時間のように働くこと
(注7) 社会保険：病気やけが、年取った時の世話や生活のため、仕事を失くした時のためなどにお金がもらえるように会社と社員がお金を出して準備するもの

問題7　右ページは引っ越しの情報である。これを読んで、下の質問に答えなさい。答えは、1・2・3・4から最もよいものを一つえらびなさい。

11　オンさんは一番安い日に引っ越したい。いつ引っ越したらよいか。

1　3月 20日
2　3月 22日
3　3月 24日
4　3月 31日

12　その日の午前中に自分で梱包して引っ越す予定である。2月1日に予約したらいくらかかるか。

1　63,000円
2　68,000円
3　72,000円
4　78,000円

3〜4月　カレンダー　　　　　　　　　　　　　　　　○は祝日

月	火	水	木	金	土	日
17	18	19	20	㉑	22	23
					29	30
					5	6

〜から
〜代の割引はない。

〜日まで旅行。4月1日入社

午後などを決めること

問題7　右ページは祭りの情報である。これを読んで、下の質問に答えなさい。答えは、1・2・3・4から最もよいものを一つえらびなさい。

[13] 1,000円もらってお祭りに行った。ヨーヨー釣りを一回、金魚すくいを二回してジュースを飲んだら何が食べられるか。

1　たこ焼きとたい焼き
2　たこ焼きかたい焼きを2つ
3　たこ焼きかたい焼きを3つ
4　お好み焼きかたこ焼きかたい焼き

[14] ソース焼きそばを食べてジュースを飲んだら何をして遊ぶことができるか。

1　金魚すくいと射的
2　ヨーヨー釣りと射的
3　たい焼きと金魚すくい
4　金魚すくいとヨーヨー釣り

お祭り

A	ソース焼きそば	500円	野菜や肉とそばを炒めて(注1)ソースで味を付けた物
B	お好み焼き	400円	小麦粉(注2)と水を混ぜてパンケーキを焼く時と同じぐらいの柔らかさにした物①に細かく切ったキャベツや肉やイカなどを混ぜて焼く。できたら上にのりやかつおぶし(注3)をかける。ソースやマヨネーズで味をつける。ピザのような形をしている。
C	たこ焼き（8個入り）	300円	①をボールを半分に切った形の中に入れて焼く。少し焼けたら中にたこを切って入れてその上に①を入れて何回もひっくり返して(注4)○の形になるようによく焼く。
D	たい焼き	150円	魚のタイの形の中に①を入れて焼く。半分ぐらい焼けたらそこにあんこ(注5)を入れて①を入れたらひっくり返してよく焼く。
E	ジュース	100円	オレンジ・りんご・サイダー・コーラ
F	ヨーヨー釣り	150円	水を入れたゴムのボールを釣る。釣れたボールはもらえる。
G	金魚すくい	200円	金魚という小さな魚を紙のスプーンでとる。一般的には5匹とったら1匹もらえる。とれなくても1匹はもらえる。
H	射的	300円	おもちゃの銃(注6)を使って商品を台から落とす。落ちた商品がもらえる。

①は小麦粉と水を混ぜて作る。どろっとしている。作る物によって卵を入れたり砂糖を入れたりする。B，C，Dで使う物は違う。

(注1) 炒める：フライパンなどに油を薄く入れてから、材料に熱を入れる。
(注2) 小麦粉：パンなどを作る時に使う粉
(注3) かつおぶし：鰹という魚を干した物を薄い紙のようにした物
(注4) ひっくり返す：上と下を反対にする。
(注5) あんこ：豆を甘く煮たもの
(注6) 銃：鉄(Fe)などで作られた硬くて丸い物を打ち出す道具

問題7　右ページはアルバイト募集の情報である。これを読んで、下の質問に答えなさい。答えは、1・2・3・4から最もよいものを一つえらびなさい。

15　山下さんはどのアルバイトができるか。

1　家事代行と指導員
2　家事代行と塾講師
3　家事代行と指導員と塾講師
4　家事代行と指導員と塾講師と教師補助

16　山下さんが週に働けるだけ働いたら、いくらお金がもらえるか。

1　33,400円
2　30,000円
3　26,400円
4　19,000円

	家事代行 (注1)	指導員 (注2)	塾講師 (注3)	教師補助 (注4)
内容	家事をする。掃除・洗濯・料理	学校の庭で遊ぶ子供を見守る。各学校2名	英語2名 数学2名	教室で先生の手伝いをする。
時間	9:00 ～	10:00 ～ 17:00	16:00 ～ 22:00	14:00 ～ 20:00
日時	週2日以上 ① 9:00 ～ 12:00 ② 13:00 ～ 16:00 ③ 16:00 ～ 19:00	日曜・祝日・春夏冬休みの校庭開放日 (注5)	① 週1回 　月水金の1日 ② 週2回 　月木か火金	月木か火金
場所	各家庭	市の学校	ＸＺ塾教室	ＡＢ英語教室
時給	1,200円から	1,000円	2,000円から	900円
その他	現地集合 (注6)		1年後正社員の可能性あり	自分で教室を開ける可能性あり

（注1）家事代行：掃除・洗濯・料理などの家事を代わりにすること
（注2）指導員：ここでは学校の庭で子供が安全に遊べるようにする人
（注3）塾講師：学校の外で勉強を教える塾というところの先生
（注4）教師補助：先生の手伝いをする人
（注5）校庭開放日：学校の庭で子供が遊んでも良い日
（注6）現地集合：ここでは家事を頼まれた家に行くこと

山下さんの情報

40歳まで中学校で英語を教えていた。月曜日の午前中は母を病院に連れて行かなければならない。子供が3時には帰って来るので、その時間には家にいたい。土曜日は家族のための日にしているので働けない。毎日夜7時からと水曜日、日曜日、祝日は夫が子供の世話をしてくれるので働ける。

問題7　右ページは「どんど焼きのお知らせ」である。これを読んで、下の質問に答えなさい。答えは、1・2・3・4から最もよいものを一つえらびなさい。

[17] できることはどれか。

1　1時に申し込むこと
2　おもちゃを燃やすこと
3　紙の飾りを燃やすこと
4　12時に飾りを燃やすこと

[18] 案内からわかることはどれか。

1　どんど焼きは餅を焼くこともある。
2　どんど焼きは全て同じ日に行われる。
3　どんど焼きは体を温めるためにする。
4　東西市ではどんど焼きを初めて行なう。

どんど焼きのお知らせ

どんど焼きは日本のいろいろなところで行われている「火祭り」です。お正月に使った飾りなどを持って来て焼いて体を温めたり餅を焼いて食べたりして無病息災(注1)を祈るものです。東西市ではボランティアの方々のご協力でこの伝統行事(注2)を行っております。今年は4か所で行います。

〈注意〉
正月飾り以外の物は受け付けできません。
飾りを作っているプラスチック、燃えない物は取ってください。
新聞紙などの軽い紙は飛んで危ないので燃やせません。

〈スケジュール〉

受付:9時半から1時半

火をつける時間:12時半

終わる時間:15時半ごろ

東中学校:1月12日(日曜日)

西中学校:1月12日(日曜日)

南中学校:1月19日(日曜日)

北中学校:1月19日(日曜日)

(注1) 無病息災:病気をしないで元気であること
(注2) 伝統行事:昔から続いて行われていること

問題7　右ページは合唱の会の案内である。これを読んで、下の質問に答えなさい。答えは、1・2・3・4から最もよいものを一つえらびなさい。

19　次の中でできることはどれか。

1　全部の歌を聴くこと
2　9時20分に会場に入ること
3　歌と歌の間に外に出ること
4　入ってきたところから出ること

20　案内書から分かることはどれか。

1　みどり市の小学生の数
2　合唱の会が終わる時間
3　同じ歌を歌う学校がないこと
4　合唱団がない学校があること

みどり市小学校合唱(注1)の会　午前の部の案内

日時：1月17日（土）　開場(注2) 9:30　開演(注3) 9:45
会場：みどりホール
参加校：みどり市の全小学校

プログラム
挨拶：みどり市立東小学校校長　山田花子
1　北小学校　　5年生：　グリーングリーン　　世界へ
2　南小学校　　合唱団：　あの素晴らしい愛をもう一度　　手紙
・・・・入れ替え(注4)・・・・
3　東小学校　　合唱団：　夏の日の贈り物　　千の風になって
4　西小学校　　合唱団：　語りあおう　　コスモス
・・・・入れ替え・・・・
5　第一小学校　6年生：　ふるさと　　花の街
6　第二小学校　合唱団：　コスモス　　花は咲く

音楽会のエチケット
- 声や音を出さないように、静かに聴きましょう。
- 歌っている間は出たり入ったりしないでください。歌が終わるまで待ちましょう。
- 客席やロビーでは走らないようにしましょう。

お願い
- ご家庭に1枚ずつお配りしてあるチケット1枚で大人2人まで入れます。
- ホールへ入る場合は右の入口、出る時は左の出口をお使い下さい。
- ビデオ・写真はとらないでください。
- 携帯電話はお切りください。また小さなお子さんがうるさくしないようにお願いいたします。
- 会場が狭いために入れ替えをいたしますのでよろしくお願いいたします。

(注1)　合唱：大勢で歌うこと
(注2)　開場：会場に入れる時間
(注3)　開演：始まる時間
(注4)　入れ替え：ここでは今まで聴いていた人を出して新しい人を入れること

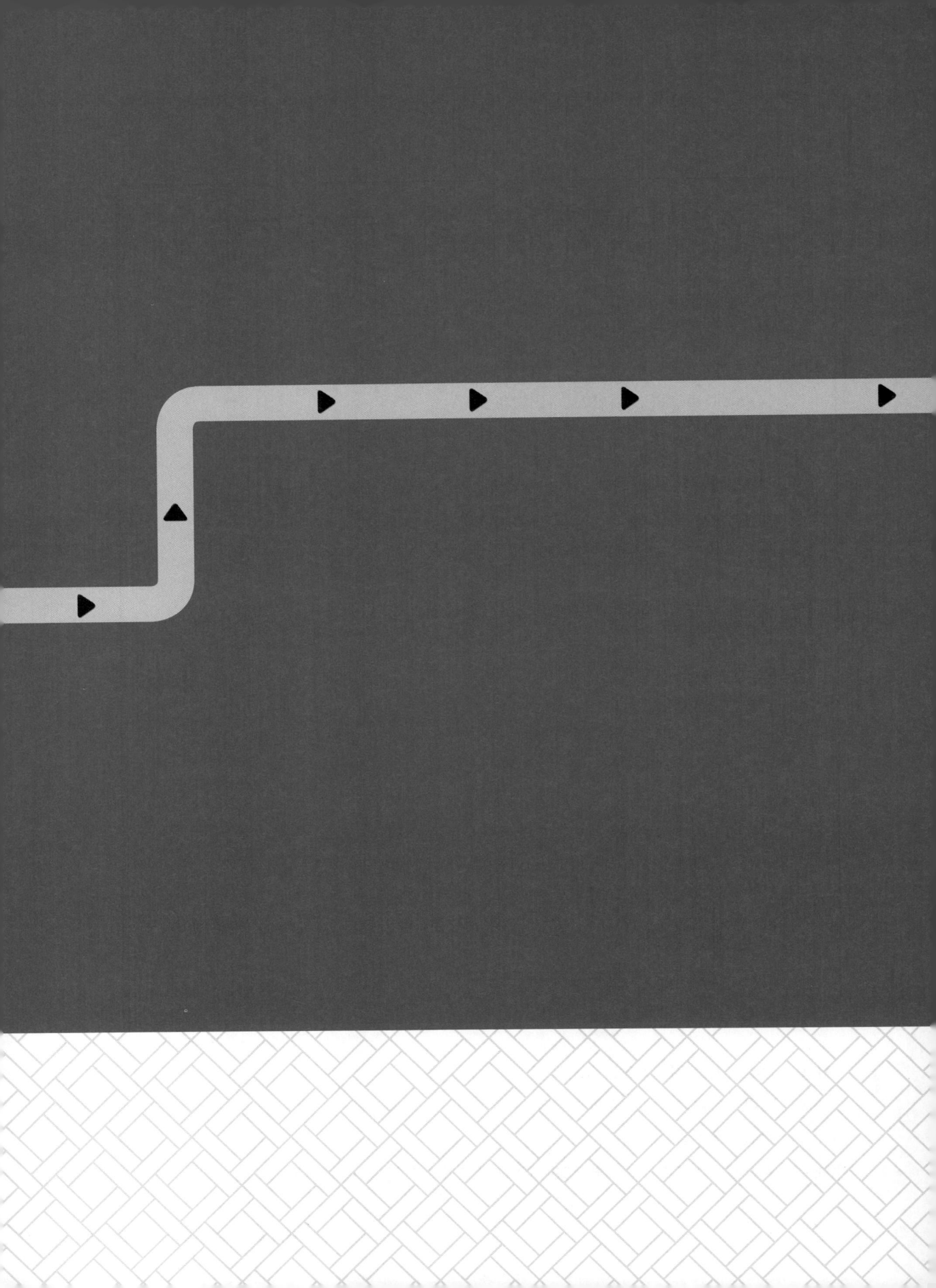

PART 3

실전 공략

모의고사 01 ········· 112
모의고사 02 ········· 124
모의고사 03 ········· 136

〈PART3 실전 공략〉에서는 독해 문제로 구성된 모의고사 3회분을 풀이합니다. 실제로 시험을 보는 것처럼 시간을 정해 두고 문제를 풀이하세요. 문제를 다 푸는 데 걸린 시간과 정답의 개수를 기록하면서 시험을 보기 전 마지막으로 실력을 점검합니다.

실전 공략 | 모의고사 01

問題 4　つぎの(1)から(4)の文章を読んで、質問に答えなさい。答えは、1・2・3・4から最もよいものを一つえらびなさい。

(1)

パン屋開店のお知らせ

　日本の米粉(注1)を使ったパンだけを売っています。卵、牛乳、白砂糖(注2)も使っていませんから普通のパンが食べられない小麦アレルギーのある方ばかりでなく他のアレルギーの方も安心して食べられます。プレーン(注3)：400円。レーズン：470円。イチジク：500円。くるみ：530円。4月1日より7日まで1,000円以上お買い上げの場合は10%引きとさせていただきます。火曜日は全てのパンが5%引きですが、10%引きパンをさらに5%引きすることはできませんのでよろしくお願いいたします。

(注1)　米粉：米の粉。普通のパンは小麦粉で作る。
(注2)　白砂糖：普通の白い砂糖
(注3)　プレーン：ここでは普通のパン。ここではレーズン、イチジク、くるみが入っていないパン

1　4月2日の火曜日にレーズンとイチジクを一つずつ買ったらいくらか。

1　970円
2　921円
3　873円
4　829円

(2)

空飛ぶ車の研究が進んでいる。今でも飛行機が通るたびにうるさい。車が空のあちこちを飛ぶと音だけでなく落ちてくる心配もある。どこに住んでいても恐ろしいことになりそうだ。また荷物を運ぶのに利用されているドローン(注1)で人間を運ぶ計画もある。技術が進んで子供のころに漫画の世界で見た世界が現実(注2)になりそうだが、よいことばかりではなさそうだ。

(注1) ドローン：外からコントロールされる空を飛ぶ機械
(注2) 現実：考えるだけでなく実際にある状態

2 漫画の世界で見た世界とはここではどんな世界か。

1 危険がいっぱいの恐ろしい世界
2 ドローンが荷物を運んでいる世界
3 車が空を走るなど進んでいる世界
4 漫画にしかなかった今のような世界

(3)

子供達の新年の楽しみはお年玉(注)だ。私達はお世話になっている人の子供には多くあげがちだが、小さい子にたくさんお金をあげるのには反対だ。普通は小学1〜3年生2,000円、4〜6年生3,000円、中学生5,000円、高校生には5,000円か10,000円あげるらしい。私は小学1年は1,000円、その後1年に1,000円ずつ増やしている。一緒に住んでいる息子は小学1年から3年までは3,000円、4年から中学生までは5,000円、高校生以上には10,000円あげている。

(注)お年玉:新年に主に子供がもらうお金

3 この家に来た小学4年生の子供はいくらもらえるか。

1　7,000円
2　8,000円
3　9,000円
4　10,000円

(4)

世界で一番短い手紙は「？」と「！」だそうだ。「売れている」と「とっても」の意味でビクトル・ユーゴー(注1)と出版社(しゅっぱんしゃ)の手紙だそうだ。日本にも短い会話がある。「どさ？」「湯さ！」「だど？」「など！」「わど？」などの方言(ほうげん)(注2)である。「さ」は方向を、「わ」は私を、「な」はあなたを表している。つまり、「どこへ行く？」「（　　　）」「誰と？」「お前と」「私と？」となる。方言(ほうげん)ばかりだと何を言っているのかよくわからないが、それを考えるのも面白(おもしろ)い。

(注1)　ビクトル・ユーゴー：フランスの作家。「？」「！」は「レ・ミゼラブル」
　　　　　が売れているかどうかについての質問と返事だそうだ。
(注2)　方言(ほうげん)：ある地方だけで使われている言葉

4 （　　　）の中には何が入るか。
1　郵便局(ゆうびんきょく)へ
2　遊園地(ゆうえんち)へ
3　喫茶店(きっさてん)へ
4　風呂屋(ふろや)へ

실전 공략 | 모의고사 01

問題5 つぎの(1)と(2)の文章を読んで、質問に答えなさい。答えは、1・2・3・4から最もよいものを一つえらびなさい。

(1)

「怒り(注1)の部屋」と呼ばれるテレビ、家具、瓶などに①怒りをぶつける(注2)ことで怒りを消すことができる「部屋」が中国やアメリカなどにある。野球のバットやハンマー(注3)などで物を壊す。壊れた物が飛んできて危ないので特別な服を着て、ヘルメットをかぶり、顔の全体も隠すようにする。自分で壊す物を持ってくる人もいる。ここで物を壊すとストレスが無くなるのだそうだ。中国では23ドルぐらいで30分間壊し続けることができる。毎月600人ほどの人が訪れ、瓶は15,000本ぐらい割られるそうだ。こんなにストレスだらけの人がいるとは今は誰にとっても生きづらい社会なのだろう。ビデオでは部屋の中は割れた瓶や壊れた物が山になっていた。部屋から出てきた女の子がすっきりしたという顔で笑っていた。日本にもこんな部屋ができそうだ。いいや、②できるのは日本だけではなさそうだ。

(注1) 怒り:怒ること
(注2) ぶつける:強く当てる
(注3) ハンマー:物をたたく時に使う道具

5 ①怒りをぶつけるとはここではどういうことか。

1 怒っているということ
2 怒って瓶などを壊すこと
3 怒って瓶などを投げること
4 怒ってバットなどを振ること

6 なぜ②できるのは日本だけではなさそうなのか。

1 安い値段でストレスを無くせるから
2 みんなが何かを壊すことが好きだから
3 他の国にもストレスいっぱいの人がいるから
4 何かを壊しても安全なところが他にないから

7 内容と合っているのはどれか。

1 怒りの部屋の全てを壊すことができる。
2 怒りの部屋に入るとストレスが無くなる。
3 怒りの部屋ほどストレスを無くせる方法はない。
4 怒りの部屋ができるのは生きにくい社会だからだ。

(2)

　普通蛇口(注1)からは水かお湯が出るが、お茶の生産地として有名な静岡県のほとんどの小中学校ではお茶が出る。これは子供の時からお茶に親しんでもらいたいと島田市が始めたことで、2020年までに全部の小中学校に取り付けられるそうだ。蛇口から特別な物が出てくるのは静岡ばかりでなく香川の空港では出汁(注2)が出てくるそうだ。香川は「うどん」で有名だ。そのうどんの出汁を無料で飲ませてくれる。でも一日の量が決まっているから、飲めないこともある。これはうどん屋さんが香川のうどんの宣伝のためにしている。とてもおいしいので観光客にも評判がよく、うどんにも興味を持ってもらえている。だから十分その役を果たしている(注3)。この他たまにミカンのジュースが出てくる蛇口が作られることもある。なんと面白いことか。

(注1) 蛇口：水道管の先で水などを出したり止めたりする部分
(注2) 出汁：かつおぶしや昆布を煮て料理のおいしさを増やすために作られた物。スープのような物
(注3) 果たす：しなければならないことやしようと思っていたことをし終える。

[8] 十分その役を果たしていると言えるのはなぜか。

1 出汁を飲むとうどんのおいしさがわかるから
2 出汁がおいしいと観光客にも評判がいいから
3 出汁でうどんにも興味を持ってもらえているから
4 蛇口から出る出汁は珍しいので興味を持ってもらえるから

[9] 静岡県の小中学校にお茶の蛇口があるのはなぜか。

1 お茶が子供の体のために一番よいから
2 県が全部の学校に付けることを決めたから
3 子供にお茶をいつも飲んでもらいたいから
4 お茶の生産地としてもっと有名にしたいから

[10] この文章の題に合っているのはどれか。

1 蛇口の利用方法
2 蛇口から出てくる物
3 面白い蛇口のいろいろ
4 蛇口からお茶が出る学校

실전 공략 | 모의고사 01

問題6 つぎの文章を読んで、質問に答えなさい。答えは、1・2・3・4から最もよいものを一つえらびなさい。

　健康のために毎日1万歩(注1)歩いたほうがよいとよく言われるが、1万歩に科学的な理由はないらしい。歩数計(注2)の会社がよく売れるようにと考えたそうだ。でも歩くことは体のためによいのでいつの間にか広まったらしい。1万歩歩くのはなかなか大変だし、ゆっくり歩いても効果(注3)はない。1日に3回10分急いで歩いたら1万歩歩いたのと同じ以上の効果があるそうだ。さらに1日に30分も歩けない人のためにはもっと短い週に2分ほどでいい運動もある。フィットネスバイク(注4)に乗って20秒間できるだけたくさん足で回す。それを2回続ける。これなら運動の前と後の軽い運動を入れても10分ぐらいで終わる。45分走った場合と同じ効果があるそうだ。これを週に3回するだけでよい。この自転車がない時は軽い運動の後で5分間の激しい(注5)運動をする。やり方は①1分間できるだけたくさん手と足を開いたり閉じたりする。②1分間できるだけ多くスクワット(注6)をする。③1分間できるだけ多く早く止まったまま走るように足を上下に動かす。また②と①をする。5分ぐらいのことだがとても大変だ。このセットを週に3回すれば同じ効果があるそうだ。時間がない人はこれがよいと思う。でも友達と話しながら歩くのも悪くない。またどの運動を選ぶにしてもその前に健康であるかどうか調べたほうがよい。そしてここに書かれていることを（　A　）

(注1)　1万歩：足を一回出すことを一歩と言う。10,000歩歩くこと
(注2)　歩数計：何歩歩いたかわかる道具
(注3)　効果：よい結果。〜の後よい状態になること
(注4)　フィットネスバイク：足で回すことだけができる運動のための自転車
(注5)　激しい：とても強い
(注6)　スクワット：立って膝を曲げたり伸ばしたりする運動

11 1万歩はどうして広まったのか。

1　特別な理由はない
2　体のために1万歩必要だから
3　歩数計の会社が言い出したから
4　歩くことが健康のためによいから

12 （　A　）に入れる文はどれがよいか。

1　選べば体のためになるだろう。
2　読めば一番良い運動がわかると思う。
3　参考にして自分に合った運動を選んでください。
4　考えながらいろいろな運動をしてみてください。

13 自転車を使わない激しい運動はどうやるのか。

1　3つの違った運動を繰り返す。
2　①と②を2回、③を一回する。
3　5つの違った運動を組み合わせる。
4　軽い運動の後激しい運動を3回続ける。

14 　内容と合っているのはどれか。

1　激しい運動ほどやる時間が少なくてすむ。
2　違う運動でもやり方で効果が同じ場合がある。
3　時間がかかる運動より短い運動のほうがよい。
4　激しい運動の前には健康チェックをしたほうがいい。

問題7　右ページは「ボートの利用案内」である。これを読んで、下の質問に答えなさい。答えは、1・2・3・4から最もよいものを一つえらびなさい。

[15] 次のうち無料で乗れるのはどれか。

1　中学生1人と小学生2人
2　保育園(ほいくえん)に行っている子供2人
3　中学生2人と保育園(ほいくえん)の子供2人
4　75歳のおばあさんと高校生1人

[16] 利用案内と合っているのはどれか。

1　月曜日はいつも休みである。
2　雨の日はいつも休みである。
3　1時間以上乗ることはできない。
4　4時半前なら受け付けてもらえる。

ボート利用案内

期間：3月15日～11月30日まで

受付：午前9時30分から午後4時まで

　　　午後4時30分に全て終わります。

　　　（季節によって短くなることがあります。）

　　　雨、強い風の場合は中止することがあります。

休み：毎週月曜日

　　　（ただし、月曜日が祝日(注1)・休日の場合は次の日）

＊利用時間は1時間以内とします。

ボート利用料金（一隻(注2)の料金）

定員：3名

小学校入学前の子供だけで乗ることはできません。

利用者	30分	60分
高校生～64歳の方のみでご利用になる場合	200円	400円
小学校入学前の子供や75歳以上の人がいなくて小・中学生または65歳から74歳の方が一緒に乗る場合	100円	200円
小学校入学前の子供や75歳以上の人が一緒に乗っている場合	無料	無料

（注1）祝日：国が決めた休み
（注2）隻：船の数え方

실전 공략 | 모의고사 02

問題4　つぎの(1)から(4)の文章を読んで、質問に答えなさい。答えは、1・2・3・4から最もよいものを一つえらびなさい。

(1)

> 最近コンビニでは深夜(注1)から早朝にかけては時給(注2)がいいためか外国人が働いています。ワンさんもコンビニで働きたいです。平日(注3)は毎日9時から1時まで日本語学校で勉強します。勉強が大事ですから仕事は4時間まで24時過ぎまで働きたくないです。スーパーの時給は6:00～9:00：1,200円、9:00～11:00：1,000円、11:00～17:00：1,100円、17:00～23:00：1,200円、23:00～6:00：1,500円です。
>
> (注1) 深夜：夜遅い時間
> (注2) 時給：ここでは1時間にもらえるアルバイト代
> (注3) 平日：日曜日と国が決めた休みの日を入れない普通の日

1 内容と合っているのはどれか。

1　一番高い時給で働くことができる。
2　一日に5,100円もらうことができる。
3　朝の仕事を3時間することができる。
4　授業の後すぐに働いたほうが時給が高い。

(2)

セールのお知らせ

　毎度当店（とうてん）をご利用ありがとうございます。春のお客様感謝（かんしゃ）セールを3月1日から3月10日まで行います。タバコ、商品券以外の全商品をミナミカードでお支払いの場合、銀行引き落とし（注）の時に10％引きとさせていただきます。ただし、食料品は5％となります。是非（ぜひ）ご来店くださいますようにお願いいたします。

（注）引（ひ）き落（お）とし：ここでは銀行からお金を払うこと

2 セール中ミナミカードを使ってできることは何ですか。

1　タバコを10％安くしてもらうこと
2　1,000円の肉を買って950円払うこと
3　パンと牛乳を1,000円で買って10％引いてもらうこと
4　2,000円のシャツを買って2,000円のレシートをもらうこと

실전 공략 | 모의고사 02

(3)

> 日本ではお正月には福袋(注1)が売り出される。福袋の中の品物は見えないがお得(注2)なので人気がある。例えば1,000円の福袋なら全部で2,000円ぐらいの品物が入っている。だから買うために前の日から並ぶ人もいる。いらない物が入っていても気にしない。そこで袋から出して交換する(注3)人もいる。それに今はインターネットで売れるから結局得をするというのだ。
>
> (注1) 福袋：中にいくつかの商品を入れてある袋
> (注2) 得：ここでは利益があること
> (注3) 交換する：何かと何かを換えること

3 どうして福袋を買うのか。

1　いろいろな品物が入っているから
2　中の品物がわからないので面白いから
3　値段の2倍以上の品物が入っているから
4　値段に比べて中の品物のほうが高いから

(4)

　今アメリカで「片(かた)づけ」の番組に出ているＡさんは、英語が得意(とくい)ではないがとても人気がある。英語は下手でも彼女の言いたいことが十分伝わっている。彼女を見ていると言葉が何のためにあるのかよくわかる。言葉はコミュニケーションのための手段であるのは当然(とうぜん)だから、上手なほうがいい。しかし、言葉ができれば良いというわけではない。伝えることを持たなければ<u>言葉は死んでいる</u>のと同じなのだ。

4 <u>言葉は死んでいる</u>とはここではどういうことか。

1　言葉が上手ではないということ
2　言葉は下手でもよいということ
3　伝わらなければだめだということ
4　言葉ができるだけではだめだということ

실전 공략 | 모의고사 02

問題5 つぎの(1)と(2)の文章を読んで、質問に答えなさい。答えは、1・2・3・4から最もよいものを一つえらびなさい。

(1)

　マンホールは下水道管(注1)やガス管などに出たり入ったりするところのふただ。日本には花や動物、最近ではその地方にある有名な建物などをデザインしたふたもある。安い物は1,000円ぐらいだが、デザインの物は6万ぐらい、カラーなら10万もするらしい。だから①税金の無駄づかいだと批判されることもある。しかし、今では10％ほどだが、ご当地(注2)マンホールがあって人気がある。2016年から各地(注3)でマンホールカードを配り始めるとさらに人気が高まった。今までに100万枚以上も無料で配られていて、中には売れているカードまであるそうだ。カードをもらったり、ふたを見たりするために人が集まってくる。観光にも役に立っているのだ。そのため②仙台市では英語のマンホールを造ったそうだ。これから他でも英語のマンホールが増えるような気がする。

(注1)　下水道管：汚い水が流れている管
(注2)　ご当地：その場所
(注3)　各地：ここではいろいろな場所

[5] なぜ①税金の無駄づかいだと批判されるのか。

1 高いマンホールに合う利益がないと考えるから
2 マンホールに税金を使うのは無駄だと考えるから
3 90％の自治体が安いマンホールを使っているから
4 マンホールの値段がいろいろあると知っているから

[6] なぜ②仙台市は英語のマンホールを造ったのか。

1 外国人は日本語が読めないから
2 外国人の観光客のほうが多いから
3 外国人に観光に来てもらいたいから
4 外国人にもマンホールだと知らせるため

[7] ご当地マンホールの人気を表しているのはどれか。

1 数が増えていること
2 カードが作られたこと
3 売れるカードがあること
4 英語のカードがあること

실전 공략 | 모의고사 02

(2)

　「孫は優しい」は体に良い食べ物のリストだ。マは豆類で豆腐や納豆など。ゴはごまなど。ナッツもよい。ワはわかめなどの海藻(注1)。昆布、のりなど。ヤは野菜。サは魚。シはしいたけなどのきのこ類。イはいも類(注2)。リストの食べ物はもちろん食べたほうがよい。しかし、①リストにないから肉や卵を食べないというのはよくない。筋肉(注3)を作るために肉も卵も食べたほうがよいのだ。このリストがよいとなるとこればかり食べる。同じように〇〇が体によいと紹介されると、あっという間にスーパーからそれがなくなる。しかし、しばらくすると熱が冷める。すると、今度は違う物が紹介される。すると、それがよく売れる。また、売れなくなる。②その繰り返しである。食べ物はよいと言われる物ばかり食べても健康になるとは限らない。バランスよく食べたらどうかといつも思うのである。

(注1) 海藻：海の草のような物。昆布、のりなど
(注2) いも類：ジャガイモ、サツマイモなど
(注3) 筋肉：体を動かす時に使う物

8 なぜ①リストにないから肉や卵を食べないというのはよくないと言っているのか。

1 肉や卵は体を作るものだから
2 しばらくすると熱が冷めるから
3 リストが正しいとは限らないから
4 肉や卵を食べないと健康に悪いから

9 ②その繰り返しであるとあるが何を繰り返すのか。

1 いつも健康に良い新しい食べ物が紹介されること
2 何かが紹介されるたびにそれだけが良く売れること
3 紹介された物が良く売れたり売れなくなったりすること
4 新しく紹介された物がよく売れ、しばらくすると売れなくなること

10 一番言いたいことは何か。

1 良いと言われた食べ物は食べ続けたほうがよい。
2 健康によい食べ物が紹介されても食べないほうがよい。
3 食べ物はよいと言われる物ばかり食べると体を悪くする。
4 良い食べ物だけでなくバランスよく何でも食べるのがよい。

실전 공략 | 모의고사 02

問題6 つぎの文章を読んで、質問に答えなさい。答えは、1・2・3・4から最もよいものを一つえらびなさい。

　　ノーベル賞は誰でも知っているが、イグ・ノーベル賞を知る人はあまりいないだろう。これは1991年につくられた「人々を笑わせ、そして考えさせてくれる研究」に対して与えられる賞である。その研究が社会のために「なるかどうか」は重要ではない。だから変な研究が受賞する(注1)ことが多い。賞金もなければ、授賞式に参加する費用も自分で払うのに多くの人が喜んで授賞式に参加する。実は受賞後講師(注2)を頼まれてお礼をもらう機会が増える人も多いらしいが①それは目的ではなく結果である。授賞式は紙飛行機を飛ばして始まる。スピーチが1分過ぎると女の子が「もう飽きちゃった(注3)からスピーチを止めて」と言いに来るので、受賞者はお菓子をあげたりして女の子に頼んでスピーチを続けさせてもらわなければならない。受賞者も「笑わせよう」という気持ちで参加する人が多いので授賞式は②お笑いのショーのようになる。この賞は日本人の受賞者が多い。「バウリンガル(注4)」「カラオケ」など知られている物もあるが、「バナナの皮を踏んだ時の滑りやすさ」など多くの研究はなぜそんなことを研究しているのかと普通の人が変だとか疑問に思うようなものばかりだ。しかし③この賞をもらい続けている間は日本の科学力は大丈夫だと思う。役に立たないことが研究できる余裕(注5)があるからだ。

(注1)　受賞する：賞をもらうこと
(注2)　講師：何かを教えたり知らせたりする人
(注3)　飽きる：多すぎたり長すぎたりで嫌になる
(注4)　バウリンガル：犬が何を言っているかわかる機械
(注5)　余裕：ゆとり。まだいっぱいになっていない状態

11 イグノーベル賞とは何か。

1 笑わせるために選ばれた賞
2 面白い研究に与えられる賞
3 役に立たない研究に与えられる賞
4 笑わせるための研究に与えられる賞

12 ①それは目的ではなく結果であるとあるが、それは何を指すか。

1 受賞後に利益を得る機会があること
2 受賞後に手に入れる利益が多いこと
3 受賞後に講師になれる利益があること
4 受賞後に十分な利益を得るようになること

13 ②お笑いのショーのようになるとあるが、なぜそうなるか。

1 面白い受賞者ばかり参加するから
2 笑わせるように計画されているから
3 受賞者が笑わせようとしているから
4 受賞者は笑わせなければならないから

14 ③日本の科学力は大丈夫だと思うのはなぜか。

1 どんな研究でもいつか必ず役に立つから
2 研究がいろいろなことに広がっているから
3 役に立たない研究というのは一つもないから
4 変な研究のほうが認められることがあるから

실전 공략 | 모의고사 02

問題7　右ページは「母の日のプレゼントの案内」である。これを読んで、下の質問に答えなさい。答えは、1・2・3・4から最もよいものを一つえらびなさい。

15　子供が2人で5千円ずつお金を出してお母さんにプレゼントする。忙しいので子供は行けない。珍しいことが大好きなお母さんが一人で月曜日に出かけたい時どれを選べばよいか。

1　A
2　B
3　C
4　D

16　説明からわかることはどれか。

1　どれもレストランで食事をする。
2　どれもその中に色々なコースがある。
3　どれも2名で参加しなければならない。
4　どれも自分で考えられないコースである。

母の日のプレゼントのご案内

母の日が近づいて参りました。皆様プレゼントのご準備はお済でしょうか。何を贈ろうかとお悩みの皆様に素敵なアイディアをお届けいたします。

A：劇とお食事　2名様3万円より
　　劇の後お食事を召し上がっていただきます。劇とレストランのリストをご覧になってお選びください。

B：美術館と昼食　月曜日を除く　2名様2万円より
　　美術館とレストランのリストをご覧になってお選びください。

C：日帰り(注1)温泉：2名様2万円より　バス代、昼食代込み(注2)
　　素晴らしい10か所の温泉からお選びになれます。

D：日帰り旅行：お弁当付き2名様1万6千円より
　　水陸両用(注3)バス利用の旅など他では経験できない10コースをご用意いたしました。リストをご覧ください。

☆ お一人様参加の場合半額になります。
☆ どのコースも花束とカードをつけることができます。
☆ AとBは車での送り迎えもできます。料金表をご覧ください。
☆ お体がご不自由な(注4)お母様やお忙しくてお母様とご一緒できない方のために付き添い(注5)を頼むこともできます。料金表をご覧ください。

(注1)　日帰り：泊まらない一日の旅行
(注2)　込み：入っていること
(注3)　水陸両用：道路でも水の上でも使えること
(注4)　不自由：自分の思うようにできないこと
(注5)　付き添い：一緒にいて世話をしてくれる人

실전 공략 | 모의고사 03

問題4　つぎの(1)から(4)の文章を読んで、質問に答えなさい。答えは、1・2・3・4から最もよいものを一つえらびなさい。

(1)

大学の卒業生で南市に住んでいる200人の会員の新年会を計画している。100人の人が出席するとしてその日に体調(注1)が悪かったりしてキャンセルする人を5％と考えている。会費は5,000円でその日に集める。ホールを借りるために70,000円、プレゼント代50,000円。残りは飲食代(注2)だ。でも残りのお金を全部使ってしまうと足りなくなるかもしれないので、いつも飲食代の10％を残している。

(注1)　体調：体の状態
(注2)　飲食代：飲んだり食べたりするお金

[1] 飲食代にいくら使うことができるか。

1　380,000円
2　355,000円
3　342,000円
4　319,500円

(2)

チョコレート20個入り1袋、クッキー15枚入り2箱がありました。1つずつ子供達に配っていましたが、途中でチョコレートがなくなってしまいました。それで、その後はクッキーだけを2枚あげることにしました。最後にクッキーが2枚残りました。チョコレートがない子に持っている子がちょっぴり分けてあげていたのを見てうれしかったです。

2 子供は何人いますか。

1　20人
2　22人
3　24人
4　26人

실전 공략 | 모의고사 03

(3)

　「ゆるキャラ(注1)」とは「ゆるいキャラクター」を短くしたもので、のんびりした感じなのでこう呼ばれるようになったらしい。ゆるキャラはかわいい物が多くて人気がある。しかし、人気がある物がある一方(いっぽう)で、あまり知られていない物もある。全ての地方を元気にするためには、ポケモンゲーム(注2)のようにキャラクターを集めるゲームを作ったらよいと思う。地方に行かなければ集められなければそこに行くはずだ。うまくいくと考えすぎだろうか。

(注1) ゆるキャラ：ここでは市区町村(しくちょうそん)などが作ったその地方のキャラクター
(注2) ポケモンゲーム：いろいろな場所へ行ってキャラクターを集めるゲーム

3 うまくいくと考えすぎだろうかとあるが、何がうまくいくのか。

1　ゲームをする人が増えること
2　ゆるキャラのゲームが作られること
3　ゲームで全ての地方が元気になること
4　ゆるキャラが知られるようになること

(4)

　　ビジネスでは「①ほうれんそう」が大事だと教わる。これは「報告・連絡・相談」の頭の漢字を続けたものだ。元の使い方とは違ってしまったそうだが、今は部下(注1)が上司(注2)にすることの意味で使われている。ではこれを受けた上司はどうしたらいいか。「②おひたし(注3)」がいいそうだ。お→怒らない、ひ→否定しない(注4)、た→助ける、し→指示する(注5)のだそうだ。両方必要なことだが、特に②ができたら素晴らしい。なかなかできないことだからである。

(注1) 部下：仕事で下にいる人
(注2) 上司：仕事で上にいる人
(注3) おひたし：野菜をお湯で煮た物
(注4) 否定する：駄目だ、違うなどと言う。
(注5) 指示する：〜するように、あるいは〜しないように言う。

4 内容と合っているのはどれか。

1　①より②のほうが大事だ。
2　①をして②されないことのほうが多い。
3　①は部下から上司へ②は上司から部下へする。
4　①は簡単にできることだが②はなかなかできない。

실전 공략 | 모의고사 03

問題5　つぎの(1)と(2)の文章を読んで、質問に答えなさい。答えは、1・2・3・4から最もよいものを一つえらびなさい。

(1)

　寿司屋や天ぷら屋などではカウンター席に座ると料理をしているのを見ることができる。料理ができあがっていくのを見るのは楽しいし料理人と話をすることもできる。このような店がない国から来た人はとても喜ぶそうだ。だから特に外国人に見せることを目的にしたレストランが開店したのも①不思議(注1)ではない。ステージのようなキッチンで一流(注2)の料理人が料理を作っているのを見ながら食事をする。まるでショーを見るようだ。20か国語の翻訳サービスもあるから、日本語がわからない外国人も楽しめる。和食を中心にいろいろな国の料理を合わせたコース料理を出す。サービス料を入れて1万5千円でおつりが少し来るぐらいだから高いことは高いが②外国人に受けることは間違いない。

(注1) 不思議：そうであることの原因がわからず、なぜだろうと考えさせられること
(注2) 一流：その世界で一番、あるいはそれに近いこと

5 なぜ①不思議ではないのか。

1 外国には料理を作っているのが見られる店はないから
2 外国人は料理を作っているところを見るのが好きだから
3 外国人は料理を作っているレストランを見ると喜ぶから
4 外国人はレストランで料理を作っているのを見たがるから

6 ②外国人に受けるとはここではどういう意味か。

1 外国人に与える
2 外国人にもらう
3 外国人が気に入る
4 外国人が興味を持つ

7 内容と合っているのはどれか。

1 開店した店はカウンター席しかない。
2 開店した店では好きな料理が注文できる。
3 開店した店に外国人のためのサービスがある。
4 開店した店ではステージで料理を作っている。

(2)

　中国から漢字が伝わるまで日本には文字がなかったので、伝える時はいつも人に会わなければならなかった。だから多くの人に伝わるまでには時間がかかったし、間違って伝わることも多かった。漢字を知り、カタカナやひらがなを作ったので日本人の生活は便利になった。江戸時代（1603年〜1867年）には一般の子供達が読み書きなどを習うために寺子屋(注1)に通うようになった。ドーア(注2)によると、明治元年（1868年）の日本の識字率(注3)は男子が43％女子が10％あったそうだ。もっと多いと言う人もいるが①多いかどうかは問題ではない。かなりの人が読み書きができていたので明治時代(1868年〜1912年)に西洋の文化や技術を取り入れる時に困らなかったことがわかっているからだ。今の状態がよくないとしても教育に力を入れている国の未来は明るいはずだ。②日本の未来が心配だ。

(注1) 寺子屋：学校のようなところ
(注2) ドーア：イギリスの社会学者
(注3) 識字率：字の読み書きができる人の％

[8] なぜ①多いかどうかは問題ではないのか。

1　昔のことだからはっきりわからなかったから
2　文字で技術などを伝える時に困らなかったから
3　％はいろいろあるがドーアの％が一番低かったから
4　文字で知識を伝えるのに43％あれば十分だったから

[9] なぜ作者は②日本の未来が心配だと言っているのか。

1　他の国のほうが未来が明るいと考えているから
2　日本が教育を大事にしていないと考えているから
3　他の国のほうが教育に力を入れていると考えているから
4　日本が技術などを学ぶのに困っていると考えているから

[10] 文字はなぜ大事だと言っているか。

1　文字は知識を伝えるためのものだから
2　文字がないと知識が伝えられないから
3　文字で知識が早く正しく伝えられるから
4　文字が読めたら知識を得るのに困らないから

실전 공략 | 모의고사 03

問題6 つぎの文章を読んで、質問に答えなさい。答えは、1・2・3・4から最もよいものを一つえらびなさい。

　　入学試験を受ける時や試合の時に「ゲンを担ぐ」人が多くいます。「ゲンを担ぐ」というのは、以前に良い結果が出たので、それを繰り返せばまた良い結果が得られると考えることです。試合に勝った時に使っていた物を使い続けたり、その時と同じ物を食べ続けたりします。また、日本人は「言霊(注1)」と言って言葉には力があると考えていました。ですから、受験生(注2)に「落ちる」とか「すべる」という言葉を使いません。結婚式で「わかれる、きる、はなれる、われる」などの言葉を言わなかったり、病気の人のお見舞いに鉢植えの花などを持って行かないのと同じです。鉢植えの物には根が付いているので「寝付く」というイメージになるからです。

　　反対に頑張ろうという時にはとんかつ、タコの形をしたウインナー、納豆やおくらやとろろ、チョコレートのキットカットなどを食べます。とんかつは「勝つ」、たこは英語で「オクトパス」なので「置くとパス」つまり「合格する」、納豆やおくらやとろろはねばねばしている(注3)ので「ねばり強く」、キットカットは「きっと勝つ」のイメージがあるからです。

　　このように言葉と物をイメージで結び付けるのが好きなので、昔からおめでたい時は魚の「鯛」、喜ぶをイメージさせる海草の「昆布」などをよく食べてきました。魚ではなくお菓子の「たい焼き」を食べる人も出てきたそうで、面白いなあと思いました。

(注1)　言霊：言葉が持っている力
(注2)　受験生：試験を受ける人
(注3)　ねばねばする：何かがついて離そうとしてもできない状態

11 「それ」は何をさすか。

1 受験や試合の結果がよいこと
2 よい結果の時にしていたこと
3 勉強や練習で良い結果を出すこと
4 よい結果を出すためにするべきこと

12 次の中で試合の時にゲンを担いでいるのはどれか。

1 試合に勝った時に鯛を食べてお祝いをする。
2 勝った日と同じ道を歩いて試合の場所に行く。
3 好きな子からもらったハンカチを試合で使う。
4 勝った人がはいた靴下と同じ靴下で試合に出る。

13 この文の主な内容は何か。

1 言葉には力があること
2 ゲンがいい言葉と悪い言葉
3 ゲン担ぎと言葉のイメージ
4 試験や試合の前にすること

14 内容と合っているのはどれか。

1 ゲンを担ぐといい結果になる。
2 たい焼きを食べると面白くなる。
3 作者は言葉には力があると考えている。
4 物の名前が特別なイメージになることがある。

실전 공략 | 모의고사 03

問題7　右ページは旅行するための情報である。これを読んで、下の質問に答えなさい。答えは、1・2・3・4から最もよいものを一つえらびなさい。

15　スミスさんは奥さんと2泊3日で、温泉がある日本的な場所に泊まって、日本らしいところが見たい。奥さんは日本が感じられることをやってみたい。食べ物はおいしければ何でもいいが、日本の物も食べたい。どのコースを選んだらいいか。

1　A
2　B
3　C
4　D

16　スミスさんはなるべく安い日にそこに行きたい。何日に出発したらよいか。

1　3日
2　4日
3　5日
4　8日

2泊3日の旅（スケジュール）

A	温泉の旅館に泊まって、和食を食べる。桜を見たり、いちご狩り(注1)を楽しむ。	63,000 円
B	有名な温泉の旅館に泊まる。夕食はステーキや寿司などを中心としたビュッフェスタイル(注2)。桜で有名な公園や城、川などを回る。	58,000 円
C	有名なレストランがある場所に泊まる。温泉もある。夕食は一泊目はフランス料理、二泊目はイタリア料理が食べられる。寺や神社を見て回る。	65,000 円
D	温泉の旅館に泊まる。食事は洋食と和食どちらも楽しめるビュッフェスタイル。城を見たり寿司を作って食べたりする。	62,000 円

（注1）いちご狩り：いちごを自分で採って食べる。
（注2）ビュッフェスタイル：いろいろな料理が並べられていて自分で好きな物を取って食べる食事の方法

旅行費用

金・土・日出発：10%高い
火・水出発：10%安い

日	月	火	水	木	金	土
	1	2	3	4	5	6
7	8	9	10	11	12	13

スミスさんの情報

スミスさん：仕事は月曜日から金曜日まで。2日間なら年休が取れる。
奥さん：10日から11日まで仕事で留守

N3 독해 실전 공략 해답 용지

모의고사 01

	問題 4			
1	①	②	③	④
2	①	②	③	④
3	①	②	③	④
4	①	②	③	④
	問題 5			
5	①	②	③	④
6	①	②	③	④
7	①	②	③	④
8	①	②	③	④
9	①	②	③	④
10	①	②	③	④
	問題 6			
11	①	②	③	④
12	①	②	③	④
13	①	②	③	④
14	①	②	③	④
	問題 7			
15	①	②	③	④
16	①	②	③	④

모의고사 02

	問題 4			
1	①	②	③	④
2	①	②	③	④
3	①	②	③	④
4	①	②	③	④
	問題 5			
5	①	②	③	④
6	①	②	③	④
7	①	②	③	④
8	①	②	③	④
9	①	②	③	④
10	①	②	③	④
	問題 6			
11	①	②	③	④
12	①	②	③	④
13	①	②	③	④
14	①	②	③	④
	問題 7			
15	①	②	③	④
16	①	②	③	④

모의고사 03

	問題 4			
1	①	②	③	④
2	①	②	③	④
3	①	②	③	④
4	①	②	③	④
	問題 5			
5	①	②	③	④
6	①	②	③	④
7	①	②	③	④
8	①	②	③	④
9	①	②	③	④
10	①	②	③	④
	問題 6			
11	①	②	③	④
12	①	②	③	④
13	①	②	③	④
14	①	②	③	④
	問題 7			
15	①	②	③	④
16	①	②	③	④

일본어능력시험

일단 합격
JLPT
N3 독해

JLPT 교재개발연구회 저
J-cert 日本語検定委員会 감수

해설서

동양북스

일본어능력시험

일단 합격
JLPT
N3 독해

JLPT 교재개발연구회 저
J-cert 日本語検定委員会 감수

해설서

동양북스

차례

PART 1 유형 공략

問題 4 내용 이해(단문) 04
問題 5 내용 이해(중문) 04
問題 6 내용 이해(장문) 05
問題 7 정보 검색 06

PART 2 합격 공략

問題 4 내용 이해(단문) 07
問題 5 내용 이해(중문) 15
問題 6 내용 이해(장문) 28
問題 7 정보 검색 44

PART 3 실전 공략

모의고사 01~03 정답 58
모의고사 01 59
모의고사 02 68
모의고사 03 77

* PART1 유형 공략 워밍업 문제의 정답은 해당 페이지 아래에서 확인할 수 있습니다.

PART 1 유형 공략 정답 및 해석

問題 4 내용 이해(단문)

워밍업 ▶ p.13

문제 다음 문장을 읽고 질문에 답하시오.

> 지하 **1 주륜장** 요금 및 이용 시간 **2 변경** 알림
>
> 4월 1일부터 2시간 **3 무료**, **4 이후** 5시간마다 100엔의 요금이, 3시간 무료, 이후 8시간마다 100엔으로 바뀌었습니다. 이용 시간도 지금까지 미키 슈퍼의 **5 영업 시간**인 10:00부터 22:00까지였습니다만, 6:30부터 23:30까지로 길어졌습니다. 여러분 매우 편리해졌으니 **6 부디** 이용해 주시기 바랍니다.

단어

地下 지하 | 駐輪場 주륜장 | 料金 요금 | および 및 | 利用 이용 | 時間 시간 | 変更 변경 | お知らせ 알림 | ~より ~부터 | 無料 무료 | 以後 이후 | ~ごとに ~마다 | 無料 무료 | 変わる 바뀌다, 변하다 | 今 지금 | スーパー 슈퍼마켓 | 営業 영업 | ~のみ ~만 | 皆様 여러분 | 大変 매우 | 便利だ 편리하다 | 是非 부디 | ご~くださる ~해 주시다 | ~ように ~도록 | お願い致す 부탁드리다

問題 5 내용 이해(중문)

워밍업 ▶ p.19

문제 다음 글을 읽고 질문에 답하시오.

> 겨울이 되면 독감에 걸리는 사람이 늘어납니다. 독감에는 A형, B형, C형이 있습니다. 사람이 걸리는 것은 A형과 B형입니다. A형은 사람뿐 아니라 돼지나 말 등의 **1 포유류**나 닭 등의 조류에도 **2 감염됩니다**. 한편, B형은 사람에게만 전염됩니다.
>
> 독감은 기침이나 목의 통증뿐만 아니라 고열, 전신의 **3 나른함**, **4 식욕 부진** 등 여러 가지 강한 증상이 몸 전체에 나타납니다. 머리가 아파지거나 온몸이 아파지는 경우도 많습니다. 가장 주의해야 할 증상은 **5 급성 뇌질환**이나 **6 중증 폐렴**입니다. 만일 독감인 것 같은 증상이 있으면 가능한 한 빨리 병원에서 진찰을 받도록 합시다.
>
> 보통 감기는 목의 통증, 콧물, 재채기, 기침 등이 주요 증상이며 독감처럼 몸 전체에 여러 가지 강한 증상은 별로 나타나지 않습니다. 열도 독감만큼 높지 않기 때문에 중증이 되지는 않습니다.

단어

インフルエンザ 독감 | 増える 늘다 | ~型 ~형 | 人間 인간 | かかる 걸리다 | ~だけでなく ~뿐 아니라 | 豚 돼지 | 馬 말 | 哺乳類 포유류 | にわとり 닭 | 鳥類 조류 | 感染する 감염되다 | 一方 한편 | うつる 옮다 | 咳 기침 | のど 목. 인후 | 痛み 통증 | 熱 열 | 全身 전신 | だるさ 나른함 | 食欲不振 식욕 부진 | 症状 증상 | 全体 전체 | 体中 온몸 | 最も 가장 | 気を付ける 조심하다. 주의하다 | 急性脳症 급성 뇌질환 | 重症肺炎 중증 폐렴 | もし 만일 | ~かな ~일까 | 気が付く 눈치를 채다. 자각하다 | できるだけ 가능한 한 | 病院 병원 | 診察 진찰 | 受ける 받다 | 普通 보통 | 鼻水 콧물 | くしゃみ 재채기 | 中心 중심 | ~のように ~처럼 | ~ほど ~만큼 | 重症 중증

問題 6 내용 이해(장문)

워밍업 ▶ p.28

문제 다음 글을 읽고 질문에 답하시오.

　최근 스마트 스피커를 사용하는 사람이 늘어났다고 한다. 스마트 스피커는 이쪽에서 말을 걸면 다양한 것들을 해준다. 대부분의 사람들이 컴퓨터나 스마트폰 등으로 음악을 듣거나 검색을 하거나 쇼핑을 하거나 하고 있는데, 스마트 스피커라면 말만 하면 그것이 가능하다. 컴퓨터나 스마트폰으로는 화면을 ⓵ 만지거나 키보드를 치거나 할 필요가 있다. '말만 하면' 된다면 정말 빠르고 쉬워서 누구나 할 수 있다. 또, 뉴스를 읽거나 음악을 듣거나 영화 등의 ⓶ 재생이나 ⓷ 가전을 켜거나 끄거나, 메모를 입력하거나 하는 등 다양한 일을 아주 쉽게 할 수 있다.

　하지만 가장 좋은 점은 '지금 하고 있는 일에 ⓸ 집중할 수 있게 된다', '계속해서 날아오는 메시지에 초조해하지 않아도 된다'는 것이라고 생각한다. 작동시키기 위해서는 이쪽에서 말을 걸어야 하기 때문이다. 미국에서는 보급률이 2018년에 41%가 되었다는데 더 많이 ⓹ 보급될지는 다음과 같은 점에 달렸다. ①'기계와 이야기하는' 것에 대한 거부감이 있다는 점 ②대부분의 일을 스마트폰으로 할 수 있다는 점 ③ ⓺ 제자리에 놓여 있다는 점이다. 특히 ③은 사용하기 불편하다. 그곳으로 가야 하거나 좀 떨어져 있으면 큰 소리로 말해야 하기 때문이다.

　하지만 이 문제들은 결국 해결될 것이다. 그렇게 되면 노인들이 기꺼이 사용하게 될 것이라고 생각한다.

단어

最近 요즘. 최근 | スマートスピーカー 스마트 스피커 | 増える 늘다 | ~そうだ ~라고 하다 | 話しかける 말을 걸다 | 様々だ 다양하다 | 多くの 많은 | パソコン 컴퓨터 | 調べ物 조사함 | ~なら ~라면 | 画面 화면 | 触る 만지다. 손대다 | 打つ 치다 | 必要 필요 | 簡単だ 간단하다. 쉽다 | 読み上げる 소리를 내어 읽다 | 映画 영화 | 再生 재생 | 家電 가전 | 付ける 켜다 | 消す 끄다 | 入力する 입력하다 | 長所 장점 | やる 하다 | 集中する 집중하다 | 次々 차례차례로. 계속해서 | 送る 보내다 | メッセージ 메시지 | いらいらする 짜증 나다. 초조해하다 | すむ 끝나다 | 動かす 움직이다 | ~ためには ~하기 위해서는 | 普及率 보급률 | 更に 그 위에. 더욱 더 | 普及する 보급하다 | 次 다음 | 点 점 | 機械 기계 | 抵抗感 거부감 | ほとんどの 대부분의 | 据え置き 제자리에 놓여 있음 | 特に 특히 | ~にくい ~하기 어렵다 | 離れる 떨어지다 | しかし 그러나 | いずれ 어쨌든. 결국 | 解決する 해결되다 | (お)年寄り 노인 | 喜んで 기꺼이

問題 7 정보 검색

워밍업 ▶ p.36

문제 다음 문장을 읽고 질문에 답하시오.

> 박 씨는 친구와 함께 산에 가기로 했습니다. 여성도 있고 다리가 별로 튼튼하지 않은 사람도 있습니다. 산에 처음 오르는 사람도 있습니다. 가능하면 짐은 적게 해서 즐거운 등산이 되도록 하고 싶습니다.

A코스	물건을 나르는 자동차 도로이므로 힘들지 않지만, 아스팔트 도로를 걷기 때문에 등산을 한다는 느낌이 들지 않는다.
B코스	케이블카를 **1** 따라 있는 가파른 산길을 올라간다. **2** 멋진 경치가 보이지만 길에 큰 돌이 많아 걷기 나쁘기 때문에 다치지 않도록 주의할 필요가 있다.
C코스	산에 **3** 끼인 계곡을 따라 **4** 완만하게 올라가기 때문에 힘들지 않다. 산에 왔다는 느낌이 든다.
D코스	골짜기와 골짜기 사이에 있는 산의 가장 높은 곳을 걷는다. 경치는 좋지만 **5** 초보자에게는 **6** 무리일지도 모른다.

단어

女性 여성 | 初めて 처음으로 | 登る (산에) 오르다 | できるだけ 가능한 한 | 荷物 짐 | 山登り 등산 | 運ぶ 옮기다 | 自動車 자동차 | 道路 도로 | 疲れる 피곤해지다. 지치다 | アスファルト 아스팔트 | 気がする 기분이 들다 | ケーブルカー 케이블카 | 〜に沿う 〜를 따르다 | 急だ 가파르다 | 山道 산길 | 素晴らしい 멋지다. 훌륭하다 | 景色 경치 | 見える 보이다 | 石 돌 | ケガをする 다치다 | 注意する 주의하다 | 必要 필요 | 挟まれる 끼이다 | 谷川 골짜기를 흐르는 내 | なだらかだ 완만하다 | 谷 산골짜기 | 初心者 초보(자) | 無理 무리 | 〜かもしれない 〜일지도 모른다

PART 2 합격 공략 정답 및 해석

問題 4 내용 이해(단문)

실전 연습 ▶ p.40

1	2	2	3	3	4	4	4	5	2	6	4	7	3	8	2
9	3	10	3												

문제4 다음 문장을 읽고 질문에 답하시오. 답은 1·2·3·4 중에서 가장 알맞은 것을 하나 고르시오.

> 아이와 셋이서 맛있기로 소문난 라면집에 갔다. 700엔짜리 차슈멘을 세 개 주문하고 싶었는데 돈이 부족해서 나는 500엔짜리 쇼유라멘으로 했다. 그 가게에서는 현금밖에 쓸 수 없다는 것을 몰랐던 것이다. 돈을 지불했더니 지갑 안에 100엔밖에 남아 있지 않았다. 일본에는 아직까지 카드를 사용할 수 없는 가게가 있다.

1 현금을 얼마 가지고 있었나?

1 1,900엔
2 2,000엔
3 2,100엔
4 2,200엔

단어

つぎ 다음 | 文章(ぶんしょう) 글 | 子供(こども) 아이. 어린이. 자식 | 3人(にん)で 셋이서 | 評判(ひょうばん) 잘 알려져 화제에 오름. 인기가 있음 | ラーメン屋(や) 라면집. 라멘집 | チャーシューめん 차슈멘(중국식 돼지고기 구이 차슈가 올려진 라멘) | 頼(たの)む 부탁하다. 주문하다 | 足(た)りない 부족하다 | 醤油(しょうゆ)ラーメン 쇼유라멘(일본식 간장인 쇼유를 이용한 라멘) | 現金(げんきん) 현금 | ~しか ~밖에 | 知(し)る 알다 | 払(はら)う 지불하다 | ~たら ~했더니. ~하자. ~하면 | もう 이제 | 財布(さいふ) 지갑 | 残(のこ)る 남다 | まだまだ 아직도(まだ의 힘줌말)

해설

700엔짜리 차슈멘을 세 개 주문하고 싶었으나 현금이 부족하여 셋 중 하나는 500엔짜리 쇼유라멘을 주문했다. 주문한 금액은 700+700+500=19000이고 지갑에 남은 돈이 100엔이므로 가지고 있던 것은 2,000엔이다. 따라서 정답은 2번이다.

> ### 유유 온천에 들어가시는 분들에게
>
> ① 문신(注1)을 하신 분은 이곳에서 준비한 스티커를 붙여 주십시오. 문신을 가리지 않으면 입욕(注2)할 수 없습니다. 그대로 입욕하시길 원하는 분을 위해 가족탕을 준비해 두었습니다.
> ② 음주하신 분, 몸 상태가 안 좋으신 분(注3)은 입욕할 수 없습니다.
> ③ 어르신께서는 가능한 한 다른 분과 함께 입욕하시기 바랍니다.
>
> (注1) 入れ墨 : 몸에 상처를 내서 글씨나 그림을 그려 그곳에 색깔을 넣은 것
> (注2) 入浴 : 목욕탕에 들어가는 것. 목욕하는 것
> (注3) 体調の悪い方 : 몸 상태가 나쁜 사람

2 규칙에 맞는 것은 어느 것인가?

1 가족탕에는 누구든지 들어갈 수 있다.
2 아픈 사람은 누군가와 함께 들어간다.
3 노인이 혼자서 들어가도 된다.
4 문신을 한 사람은 반드시 스티커를 붙인다.

단어

温泉 온천 | 入れ墨 문신 | 用意する 준비하다 | シール 스티커 | はる 붙이다 | 隠す 감추다. 숨기다 | (ご)入浴 입욕 | そのまま 그대로 | (ご)~なさる ~하시다 | ~のために ~를 위해 | 家族風呂 가족탕 | おる 있다(いる의 겸양 표현) | お酒 술 | お飲みの方 음주하신 분 | 体調 몸의 상태. 컨디션 | ご~になる ~하시다 | お年寄り 노인. 어르신 | なるべく 가능한 한. 되도록 | ご~ください ~해 주시기 바랍니다 | 傷をつける 상처를 내다 | 字 글씨 | 絵 그림 | かく 쓰다. 그리다 | 色 색(깔) | 風呂 목욕탕. 욕조 | 状態 상태 | 規則 규칙 | 合う 맞다. 일치하다 | 必ず 반드시

해설

가족 온천에 대해서는 공지 사항 ①번에 문신을 한 사람이 문신에 스티커를 붙이기 싫은 경우 이용하도록 쓰여 있으며, ②번에 술을 마시거나 몸이 안 좋은 사람은 입욕을 금하고 있으므로, 1, 2번은 답이 될 수 없고, 문신을 한 사람은 스티커로 가리기 싫은 경우 가족탕을 이용하라고 되어 있으므로 반드시 스티커를 붙여야 하는 것은 아니므로 4번도 정답이 아니다. 노인의 입욕에 대해서는 '가능한 한' 다른 사람과 입욕하기를 권하고 있으므로 혼자 들어가도 괜찮다. 따라서 3번이 정답이다.

> '마즈이보'라는 과자가 잘 팔리고 있다. 이것은 인기가 있는 '우마이보'나 '우마카(注1)보'라는 과자와 비슷하다. 이름을 일부러 '마즈이(=맛없다)'라고 붙인 덕분에 처음부터 '이건 뭐지', '재미있다', '맛없는 걸 파는 거야?' 등의 주목(注2)을 받았다. 게다가 가격도 싸서 좀 사 보자 하는 마음이 든다. 이 과자가 맛있다고 하는 것은 아니다. 잘 보면 봉지에 경영 상황(注3)이 어렵다, 즉 좋지 않다고 쓰여 있다. 상품의 이름이 중요하다는 것을 알 수 있다.
>
> (注1) うまか : 맛있다. 규슈 지방에서 사용되는 말
> (注2) 注目 : 잘 보는 것
> (注3) 経営状況 : 회사의 상태가 어떤가 하는 것

3 왜 '마즈이보'라는 이름을 붙였는가?

1 과자가 별로 맛있지 않기 때문에
2 회사의 경영 상황을 알리고 싶었기 때문에
3 인기 있는 과자와 비슷한 이름으로 하고 싶었기 때문에
4 과자 이름이 '마즈이'라면 주의를 끌기 때문에

단어

棒 봉. 막대기 | ～という ～라는 | 菓子 과자 | 売れる (잘) 팔리다. 인기가 있다 | 人気 인기 | うまか 맛있다 (うまい의 사투리) | 似る 닮다. 비슷하다 | わざわざ 굳이. 일부러 | 付ける 붙이다 | おかげで 덕분에 | 最初 처음에 | 注目される 주목받다 | それに 게다가 | 値段 가격 | ～気になる ～할 마음이 생기다 | ～わけではない ～것은 아니다 | 袋 봉지 | 経営状況 경영 상황 | つまり 즉. 다시 말해 | 商品 상품 | 大切だ 중요하다 | 九州〈지명〉 규슈 | 地方 지방 | 言葉 말 | 知らせる 알리다 | 同じような 비슷한 | ～だったら ～라면 | 注意を引く 주의를 끌다

해설

세 번째 문장을 보면 이름을 'まずい'라고 지은 덕분에 주목을 받았다는 내용이 나와 있다. 과자의 이름을 정하는 상황에서 인기 있는 과자와 비슷하게 하고 싶었던 것도 있겠지만, 결국 소비자의 주의를 끌기 위한 것이기 때문에 궁극적인 목적을 생각한다면 정답은 4번이다.

회사 사람과 점심을 먹으러 가기로 했다. 평소에는 편의점에서 도시락을 사다가 먹는 일이 많지만 모두 보너스를 받았기 때문에 좀 비싼 식당에 가서 여유롭게 식사를 하자고 했다. 한 명이 오늘은 추우니까 따뜻한 것이 좋겠다고 했다. 매운 것을 잘 못 먹는 사람도 있다. 살이 찐 사람은 기름진 요리가 아닌 것이 좋다고 했다. 모두의 희망대로 식당을 찾는 것은 힘들었다.

4 다 같이 무엇을 먹으러 갔을까?

1 초밥
2 카레
3 라멘
4 스키야키

단어

～に行く ～하러 가다 | ～ことにする ～하기로 하다 | いつも 여느 때. 보통 때 | コンビニ 편의점 | (お)弁当 도시락 | もらう 받다 | 食事 식사 | 温かい 따뜻하다 | 苦手だ 잘하지 못하다 | 太る 살찌다 | 油っぽい 기름지다. 기름기가 많다 | ～ほうがいい ～편이 좋다 | 希望 희망 | ～通り ～대로 | 探す 찾다 | 大変だ 힘들다 | すき焼き 스키야키

해설

세 번째 문장부터 나오는 조건을 보면 따뜻한 것, 맵지 않은 것, 기름지지 않은 것을 먹으러 가려고 한다. 따라서 차가운 초밥, 매운 카레, 기름기가 있는 라멘보다는 스키야키를 먹으러 가는 것이 좋기 때문에 정답은 4번 스키야키이다. 스키야키라는 음식에 대해 잘 모르더라도 다른 선택지가 답이 아니라는 것을 알 수 있다.

집에 돌아갈 수 있는 마지막 전철의 발차 시각(注1)은 24시 44분이다. 시간에 대지 못했을 때는 1,340엔의 심야 급행(注2) 버스를 이용한다. 발차 시각은 25:30으로 시간은 꽤 늦지만 좌석 지정(注3)이기 때문에 매진이 되는 일도 있다. 택시를 타면 언제든지 돌아갈 수는 있지만 7,500엔 정도 든다. 그래서 돈이 없을 때는 인터넷 카페가 더 좋다. 2,000엔 정도면 샤워 시설이 갖춰진 곳도 많아서 아주 편리하다.

(注1) 発車時刻 : 탈것이 출발하는 시간
(注2) 深夜急行 : 심야는 늦은 밤. 급행은 특별한 역에 정차하는 빠른 버스
(注3) 座席指定 : 앉는 자리가 정해진 것

5 내용과 맞는 것은 어느 것인가?

1 심야 급행 버스의 마지막 발차는 25:30이다.
2 돈을 신경 쓰지 않는다면 택시를 타면 된다.
3 2,000엔 내면 샤워 시설이 딸린 장소에 묵을 수 있다.
4 25:30까지 버스 정류장으로 가면 버스를 탈 수 있다.

단어

最後 마지막 | 発車 발차 | 時刻 시각 | 間に合う 시간에 대다 | 深夜 심야 | 急行 급행 | 利用する 이용하다 | かなり 상당히, 꽤 | 座席 좌석 | 指定 지정 | 売り切れる 매진되다 | いつでも 언제든지 | ～ないことはないが ~않는 것은 아니지만 | かかる 걸리다, 들다 | だから 그래서 | ネットカフェ 인터넷 카페 | ～つき ~이 딸림 | 出発する 출발하다 | 特別だ 특별하다 | 止まる 정차하다 | 決まる 정해지다 | 内容 내용 | バス乗り場 버스 정류장 | 場所 장소 | 泊まる 묵다 | 気にする 신경 쓰다 | ～なら ~라면

해설

세 번째 문장에 매진되는 경우도 있다고 나와 있고, 심야 급행 버스의 발차 시각은 나와 있지만 '마지막'이라는 말은 없으므로 1, 4번은 정답이 아니며, 2,000엔을 내면 샤워 시설이 딸린 곳에서 지낼 수 있으나 그곳은 인터넷 카페이므로 묵는 곳이 아니기 때문에 3번도 정답이 아니다. 네 번째 문장, 택시에 대한 내용을 보면 택시를 타면 언제든지 돌아갈 수 있지만 7,500 정도가 든다고 나와 있다. 따라서 정답은 2번이다.

　신문을 읽지 않는 사람이 늘고 있다. 특히 젊은 사람은 인터넷에 뉴스가 있으니까 돈을 내고까지 신문을 읽는 일은 없다고 말한다. 하지만 인터넷으로는 표제(注1)밖에 알 수 없고 그것도 얼마 안 되는 표제 중에서 선택해 기사(注2)를 읽게 된다. 결국 흥미가 있는 것만 읽는 것이다. 신문이라면 펼치면 많은 것이 눈에 들어온다. 대충 훑어보기만 해도 많은 것을 알 수 있다. 많은 사람들에게 더 신문을 읽게 하고 싶다. 우선 아는 것이 가장 중요하다고 생각하기 때문이다. 이대로는 걱정스럽다.

(注1) 見出し : 신문이나 잡지 등의 처음에 적힌, 내용을 금방 알 수 있는 말
(注2) 記事 : 무언가를 전하기 위해 쓴 신문이나 잡지의 글

6 글쓴이는 무엇을 걱정하고 있나?

1 신문이 팔리지 않는 것
2 인터넷과 신문 기사가 다른 것
3 인터넷에는 표제밖에 없는 것
4 한정된 기사밖에 읽지 않는 것

단어

増える 늘다 | 特に 특히 | 若い 젊다 | しかし 그러나. 하지만 | ネット 인터넷 | 見出し 표제(어) | わずかだ 얼마 안 되다 | 選ぶ 고르다. 선택하다 | 記事 기사 | 結局 결국 | 興味 흥미 | 広げる 펴다. 펼치다 | 多く 많음. 많은 것 | 目に入る 눈에 들어오다 | ざっと 대충. 대강 | まず 우선. 먼저 | 大切だ 중요하다 | このまま 이대로 | 心配だ 걱정되다 | 最初 처음 | すぐに 금방 | 伝える 전달하다. 전하다 | 作者 글쓴이 | 心配する 걱정하다 | 売れる 팔리다 | 違う 다르다 | 限る 제한하다

해설

세 번째, 네 번째 문장을 보면 '인터넷으로는 표제밖에 알 수 없고 그것도 얼마 안 되는 표제 중에서 선택해 기사를 읽게 된다. 결국 흥미가 있는 것만 읽는 것이다'라고 했다. 이것은 한정된 기사만 읽는 것을 의미한다. 따라서 정답은 4번이다.

많은 사람들이 졸릴 때 커피를 마시면 머리가 맑아진다고 말한다. 그러나 그때뿐만 아니라 긴 안목으로 보아도 몸을 위해 좋다고 한다. 하루에 커피 잔으로 3~4잔을 마시면 심장이나 뇌(注1)에 좋다고 한다. 또 치매(注2)가 마시지 않는 사람보다 65% 줄어든다고 한다. 식사 후에 마시는 사람이 많은데 식사 전이 더 좋다는 것 같다. 아침 식사 전에 그대로 혹은 두유(注3)를 넣어서 마시는 것이 가장 좋다고 한다. 하지만 마시면 마실수록 좋은 것이 아니라 5잔 이상 마시면 오히려 몸에 나쁘다고 한다.

(注1) 心臓や脳 : 몸의 부분. 심장은 피를 몸으로 보내는 부분. 뇌는 생각하거나 느끼거나 하는 부분
(注2) 認知症 : 머리의 움직임이 나빠지는 상태
(注3) 豆乳 : 콩으로 만든 우유 같은 음료

7 긴 안목으로 보아도란 무엇을 보는 것인가?

1 음료
2 심장과 뇌
3 몸의 상태
4 커피

단어

眠い 졸리다 | はっきりする 명쾌해지다. 분명해지다 | ~だけでなく ~뿐만 아니라 | 長い目で見る 긴 안목으로 보다 | ~そうだ ~라고 하다 | コーヒーカップ 커피 잔 | ~杯 ~잔 | 心臓 심장 | 脳 뇌 | 認知症 치매 | 減る 줄다. 적어지다 | 食事 식사 | ~らしい ~인 것 같다. ~인 모양이다 | 朝食 아침 식사 | そのまま 그대로 | ~か ~또는 | 豆乳 두유 | ~ば~ほど ~하면 ~할수록 | 以上 이상 | ~と ~하면 | かえって 오히려 | 部分 부분 | 血 피 | 送る 보내다 | 考える 생각하다 | 感じる 느끼다 | 働き 역할. 기능 | 豆 콩 | ~のような ~같은

해설

밑줄 친 부분 바로 뒤에 '몸을 위해 좋다'고 나와 있다. 따라서 정답은 3번이다.

11시에 이케부쿠로에서 나리타공항 제2터미널에 갈 때는 ①JR로 닛포리, 닛포리에서 게이세이 스카이라이너라면 약 1시간이 걸리며 2,640엔, ②게이세이 특급이라면 약 1시간 반이 걸리며 1,410엔, ③JR 나리타 익스프레스라면 약 1시간 반이 걸리며 3,390엔, ④호텔에서 출발하는 버스라면 약 2시간 10분이 걸리며 3,100엔. ①과 ②는 환승이 한 번 있다. 시간에 따라서는 ③과 ④는 없을 때도 있다.

---

8 내용이 맞는 것은 어느 것인가?

1 요금이 가장 비싼 교통수단이 가장 빨리 도착한다.
2 제일 빨리 도착하는 방법이라도 싼 요금의 두 배는 들지 않는다.
3 교통수단의 요금이 싸면 쌀수록 가장 시간이 걸린다.
4 갈아타는 것이 싫다면 가장 비싼 요금을 지불해야 한다.

단어

池袋〈지명〉이케부쿠로 | 成田空港 나리타 공항 | 第二ターミナル 제2터미널 | JR 일본 철도(Japan Railway(s)) | 日暮里〈지명〉닛포리 | 京成スカイライナー (고속 열차 이름) 게이세이 스카이라이너 | 特急 특급 | 成田エクスプレス (고속 열차 이름) 나리타 익스프레스 | 乗り換え 환승 | ~回 ~회, ~번 | 着く 도착하다 | 正しい 옳다, 알맞다 | 料金 요금 | 乗り物 탈 것, 교통수단 | ~ば~ほど ~하면 ~할수록 | 方法 방법 | ~倍 ~배

해설

주요 내용을 정리하면 다음과 같다.
①게이세이 스카이라이너: 약 1시간 / 2,640엔
②게이세이 특급: 약 1시간 반 / 1,410엔
③JR 나리타 익스프레스: 약 1시간 반 / 3,390엔
④호텔에서 출발하는 버스: 약 2시간 10분 / 3,100엔
※①과 ②는 환승 있음. ③과 ④는 없을 때도 있음
소요 시간과 비용이 비례하지 않기 때문에 선택지 1, 3은 오답이며, 가장 빨리 도착하는 것은 ①게이세이 스카이라이너(2,640엔)인데 가장 싼 가격 1,410엔의 두 배는 2,820엔이므로 정답은 2번이다.

이용자 모집

취미를 일로 하고 싶은 분, 새로운 일을 시작하고 싶은 분, 그룹 모임 등에 사용하고 싶은 분, 365일 언제든지 이용할 수 있는 방을 임대합니다.
공용 공간(注1) : 회의실, 화장실
개인 공간 : 1.8m×1.8m
 ① 사무실, 작업실(注2) 등에 사용할 수 있는 방 5개. 월 15,000엔
 ② 사무실이나 작업실, 가게로 사용할 수 있는 방 5개. ①+5,000엔

③ 공용 주방, 가게로 사용할 수 있는 방 5개. ②+10,000엔
④ 회의실만 이용하는 것은 월 5,000엔. 방을 임대하고 계신 분은 무료

(注1) 共用スペース : 다 같이 사용할 수 있는 곳
(注2) 作業所 : 일을 하는 곳. 특히 무언가를 만들거나 하는 곳

9 이용 대금이 알맞은 것은 어느 것인가?

1 샌드위치 가게를 내고 25,000엔을 지불한다.
2 사무실을 빌린 사람이 회의실 사용료 5,000엔을 지불한다.
3 낡은 옷이나 액세서리 등을 팔기 위해 20,000엔을 지불한다.
4 취미인 드라이플라워를 파는 가게를 빌리고 15,000엔을 지불한다.

단어

利用者 이용자 | 募集 모집 | 趣味 취미 | ~にする ~로 하다 | 始める 시작하다 | 集まり 모임 | ~など ~등 | ~日 ~일 | 共用 공용 | スペース 스페이스. 공간 | 会議室 회의실 | 個室 독실. 개인용 방 | 事務所 사무실. 사무소 | 作業所 작업실. 작업소 | 月~ 월~ | キッチン 주방 | ~のみ ~만 | 借りる 빌리다 | 無料 무료 | みんなで 다 같이 | 代金 대금 | ~代 ~대. ~요금 | ~ために ~하기 위해

해설

기본적인 임대료가 ① 15,000엔이니 그것을 기준으로 생각한다. 샌드위치 가게를 빌린다면 주방과 가게가 필요하므로 ②+10,000엔, 즉 30,000엔이므로 1번은 정답이 아니다. 방을 임대하고 있는 사람은 회의실 사용료가 무료이므로 2번도 정답이 아니다. 무언가를 파는 가게를 빌린다면 ①+5,000엔, 즉 20,000엔이므로 4번도 정답이 아니다. 낡은 옷이나 액세서리 등을 팔기 위해서는 ①+5,000엔, 즉 20,000엔을 지불하면 되므로 3번이 정답이다.

회는 온도가 높아지면 물(注1)이 나와 맛이 없어진다. 그래서 슈퍼마켓 등에서 무료로 주는 얼음으로 차게 하면서 집에 가지고 온다. 그때 공기에 접촉되지(注2) 않도록 하면 차가워진 채로 유지할 수 있다. 먹을 때까지 냉장고에 넣어 두는데, 더 맛있게 할 수 있는 방법이 있다. 도마(注3)에 소금을 뿌리고 거기에 회를 놓고, 위에서 소금을 뿌려 도마를 기울여 30분 놔둔다. 그러면 회에서 필요 없는 수분이 나온다. 그것을 키친타월로 깨끗이 제거한다. 묻어 있는 수분과 소금을 제거하는 것이다. 그것을 30분 냉장고에서 차게 한다. 생각할 수 없을 만큼 맛있어져 있다고 한다.

(注1) 汁 : 여기서는 무언가의 안에 있는 물 같은 것
(注2) 触れる : 닿다
(注3) まな板 : 먹을 것을 놓고 자르는 판

10 회를 맛있게 하는 방법은 어느 것인가?

1 소금을 찍어 냉장고에 넣어 둔다.
2 샀을 때부터 계속 차게 해 둔다.
3 회에서 불필요한 수분을 빼고 차게 한다.
4 도마에 소금을 뿌리고 회를 얹어 둔다.

단어

刺身 회 | 温度 온도 | 汁 즙. 물 | 無料 무료 | くれる 주다 | 氷 얼음 | 冷やす 차게 하다. 식히다 | ～ながら ~하면서 | 空気 공기 | 触れる 닿다. 접촉하다 | 冷える 차가워지다. 식다 | ～(た)まま ~(한) 채 | 冷蔵庫 냉장고 | まな板 도마 | 塩を振る 소금을 뿌리다 | 斜め 기욺. 비스듬함 | いる 필요하다 | キッチンペーパー 키친타월 | 取る 제거하다 | つく 묻다. 붙다 | 水分 수분 | ～ほど ~정도(로) | さわる 닿다. 손을 대다 | のせる 위에 놓다. 얹다 | 切る 자르다 | 板 판. 판자 | ずっと 쭉. 계속 | つける 묻히다

해설

글의 중반부인 다섯 번째 문장부터 중요한 내용이 나온다. 내용을 요약해 보면 '도마에 소금을 뿌리고 그 위에 회를 놓고, 위에서 소금을 뿌린 뒤 도마를 기울여 30분 놔둔다. 회에서 필요 없는 수분이 나오면 키친타월로 수분과 소금을 깨끗이 제거. 그것을 30분 냉장고에서 차게 한다.'라고 되어 있다. 따라서 가장 중요한 핵심을 말하고 있는 3번이 정답이다.

問題 5 내용 이해(중문)

실전 연습 ▶ p.50

1	3	2	3	3	4	4	4	5	2	6	4	7	4	8	3
9	3	10	2	11	3	12	2	13	1	14	4	15	1	16	1
17	3	18	3	19	2	20	2	21	1	22	3	23	4	24	1
25	4	26	3	27	1	28	1	29	3	30	2				

문제5 다음 글을 읽고 질문에 답하시오. 답은 1·2·3·4 중에서 가장 알맞은 것을 하나 고르시오.

> 집이 없어서 공원 등에 있는 사람은 홈리스라고 불린다. 그들은 공원이나 강변 등에 파란 텐트를 치고 살고 있다. 하지만 방을 얻을 돈이 있는데 매일같이 다른 장소에 묵고 있는 사람이 있다. '어드레스 호퍼'라고 한다. 그 편이 저렴하다고 한다. 생활에 필요한 물건을 배낭 하나에 넣고 친구네 집, 민박(注1), 셰어하우스(注2) 등을 전전하며 묵고 있다. 마치 여행자 같다. 옷을 대여하거나 짐을 맡아 주거나 세탁하거나 하는 비즈니스를 이용하고 있다고 한다. 주소가 없으면 가질 수 없는 건강보험증을 가지고 있는 상태에서 이 생활을 선택하고 있기 때문에 곤란할 것이 없는 모양이다. 그들은 새로운 만남을 끊임없이 원하고 있다. 어떤 면에서 사치스럽다(注3)고도 할 수 있지만 지속할 수 있을 거라고는 생각되지 않는다. <u>젊은이들의 특권(注4)</u>일 것이다.
>
> (注1) 民泊 : 일반인의 집 같은 곳에 돈을 내고 묵는 것
> (注2) シェアハウス : 몇 명의 사람과 함께 생활하는 것
> (注3) ぜいたく : 필요 이상으로 물건이나 돈을 쓰는 것. 여기에서는 마음이 사치스럽다고 말하고 있다.
> (注4) 特権 : 무언가를 해도 좋다거나 하지 않아도 된다는, 특별한 사람만이 가지고 있는 것

1 왜 젊은이의 특권일 것이다라고 말하고 있는가?
　1　젊은 사람이라면 할 수 있을 것이기 때문에
　2　젊은 사람이 하고 싶어 하는 일이기 때문에
　3　젊을 때밖에 할 수 없을 것이기 때문에
　4　젊은 사람 말고는 하는 사람이 없기 때문에

2 홈리스와 어드레스 호퍼의 가장 다른 점은 무엇인가?
　1　젊은지 아닌지
　2　희망을 갖고 있는지 아닌지
　3　같은 장소에서 생활하고 있는지 아닌지
　4　스스로 그 생활을 선택하고 있는지 아닌지

3 본문의 내용을 가장 잘 표현하고 있는 것은 어느 것인가?
　1　어드레스 호퍼의 생활의 장점과 단점은 무엇인지
　2　어드레스 호퍼는 무엇을 하며 살고 있는지
　3　홈리스와 어드레스 호퍼의 차이는 무엇인지
　4　어드레스 호퍼는 어떤 생활을 하고 있는지

단어

ホームレス 홈리스 | 呼ぶ 부르다 | 彼ら 그들 | そば 옆 | 立てる 세우다 | 暮らす 살다. 생활하다 | 泊まる 묵다 | アドレスホッパー 어드레스 호퍼(정착하지 않고 이곳 저곳 옮겨 다니며 생활하는 사람) | 生活 생활 | 必要だ 필요하다 | リュック 배낭(リュックサック의 줄임말) | 民泊 민박 | シェアハウス 셰어하우스 | 泊まり歩く 숙소를 옮겨 다니다 | まるで 마치 | 旅行者 여행자 | 荷物 짐 | 預かる 맡다 | 洗濯する 세탁하다 | 利用する 이용하다 | 住所 주소 | 健康保険証 건강보험증 | ~上で ~하고 나서. ~한 후에 | 出会い 만남 | 求める 구하다. 원하다 | ~続ける 계속해서 ~하다 | ある~ 어떤~ | 面 면 | ぜいたくだ 사치스럽다 | 続ける 계속하다 | 思える 생각되다 | 若者 젊은이. 청년 | 特権 특권 | 普通 보통 | 気持ち 기분. 마음 | あるいは 혹은 | 特別だ 특별하다 | ~たがる ~싶어 하다 | 以外 이외(에) | 希望 희망 | 自分で 스스로. 직접 | 本文 본문 | 表す 나타내다 | 違い 차이 | 長所 장점 | 短所 단점

해설

[1] 밑줄 친 부분이 무엇에 대한 의견인지 알려면 우선 전체적인 내용을 파악해야 하지만, 여기서는 '특권'이라는 말의 뜻만 알아도 정답을 찾을 수 있다. '특권'이란 그 사람만이 할 수 있는 것을 말하므로 정답은 3번이다.

[2] 시작 부분에 홈리스는 집이 없어서 공원이나 강가 등에 파란 텐트를 치고 지낸다고 했기 때문에 홈리스는 주로 한 곳에서 지낸다는 것을 알 수 있고, 세 번째 문장을 보면 어드레스 호퍼는 방을 얻을 돈이 있지만 매일 다른 장소에 묵는다고 했다. 따라서 정답은 3번이다.

[3] 본문 전체의 내용 중에서 가장 많은 비중을 차지하고 있는 것은 어드레스 호퍼의 구체적인 생활 방식이다. 따라서 정답은 4번이다.

160가지 이상의 일(직업)을 체험할 수 있는 여행이 인기를 모으고 있다. <u>지금 하고 있는 일에 망설이고 있는 사람</u>도 있고 다른 일이 어떤 것인지 알고 싶어서 참가하는 사람도 있다. 하지만 일을 선택하기 위해서가 아니라 어릴 때부터 해 보고 싶었던 일을 해 보고 싶거나 좀처럼 할 수 없는 경험을 하며 하루를 보내고 싶다는 사람도 많다고 한다. 누구에게 있어서나 모르는 세계에서 무언가를 하는 것이 재미없을 리가 없다. 대부분의 여행이 하루 코스이기 때문에 저렴한 것도 좋은 점이다. 또 1명부터 6명이 함께 같은 체험을 하기 때문에 일반 여행과는 달리 그후 관계가 이어지는 경우도 많다고 한다. 이것을 사원 연수(注)로 사용하는 회사도 있다. 전혀 다른 일을 함으로써 지금까지 만나 본 적 없는 사람들을 만날 수 있고, 사물에 대한 견해도 사고방식도 달라지는 모양이다. 현재의 일에 아주 도움이 되는 경우가 많다고 한다.

(注) 研修：요구되는 능력을 높이기 위해 함께 공부하는 것

[4] 지금 하고 있는 일에 망설이고 있다는 것은 어떤 상태인가?

1 일을 선택하려고 하고 있는 상태
2 일을 언제 그만둘지 결정하지 못하는 상태
3 일로 무엇을 하면 좋을지 모르겠는 상태
4 일을 어떻게 하면 좋을지 생각하고 있는 상태

5 왜 직업 여행에 참가하는가?
   1 지금의 일에 도움이 되기 때문에
   2 일(직업)을 실제로 (체험)하는 것에 흥미를 느끼기 때문에
   3 같은 것을 하기 때문에 친구가 되기 쉽기 때문에
   4 직업 여행만큼 흥미를 가질 수 있는 여행이 없기 때문에

6 내용과 맞는 것은 어느 것인가?
   1 직업 여행에 참가 후에는 성격이 바뀐다.
   2 직업 여행은 누군가와 함께 체험한다.
   3 직업 여행에 하루 이상인 여행은 없다.
   4 직업 여행은 개인뿐 아니라 회사도 이용한다.

단어

体験 체험 | 旅行 여행 | 集める 모으다 | 迷う 망설이다 | 参加する 참가하다 | ~ため ~를 위함. ~때문 | ~のころ ~때 | めったに 좀처럼 | 経験 경험 | 過ごす 보내다 | ~にとって ~에게 있어서 | 世界 세계 | ~はずがない ~할 리 없다 | ほとんどの 대부분의 | 点 점 | 一般の 일반의 | 関係 관계 | 社員 사원 | 研修 연수 | 全く 전혀 | 出会う 만나다 | 見方 견해 | 考え方 사고방식 | 変わる 바뀌다. 변하다 | 現在 현재 | 役に立つ 도움이 되다. 쓸모가 있다 | 必要とされる 요구되다. 필요시 되다 | 能力 능력 | 辞める 그만두다 | 決める 결정하다 | 実際に 실제로 | 興味 흥미 | 性格 성격 | 個人 개인

해설

4 밑줄 친 부분만 보아도 알 수 있는 문제이다. '지금 하고 있는 일'이라고 했기 때문에 현재 하고 있는 일, 현재 가지고 있는 직업에 대해 고민하고 있는 것이다. 1번과 3번은 직업을 선택하기 전의 고민이고, 2번은 그만두기로 결정은 했지만 그 시기를 고민하는 것이기 때문에 정답은 4번이다.

5 직업을 체험할 수 있는 여행에 참가하는 이유는 여러 가지가 언급되고 있는데, 그중 많은 비중을 차지하는 것이 세 번째 문장에 나온다. 나머지 사항은 부수적으로 따라오는 좋은 점이다. 따라서 정답은 2번이다.

6 전체 내용을 파악하며 선택지를 하나씩 체크해 나가는 문제이다. '호とんど(대부분)' '~ことが多い(~경우가 많다)' 등 전체가 다 그런 것이 아님을 나타내는 말에 주의하자. 정답은 4번이다.

일본의 초등학생들이 아이들끼리 등하교(注1)하는 모습을 보고 외국인들은 충격을 받는 것 같다. 대부분의 나라에서는 어른이 데리고 가고 데리러도 간다. 그래서 초등학교 1학년 여자아이가 처음 전철을 타고 학교까지 가는 비디오가 전세계로부터 놀라움의 시선을 받고 있다. 찬반 양론(注2)이다. 하지만 일본인에게 있어서는 당연하다. ①자신들도 그렇게 해 왔기 때문이다. 일본이 안전하기 때문에 이런 일이 가능할 것이다. 그래도 요즘 아이들은 수업이 끝나면 곧장 집으로 돌아가야 하는 등 옛날과는 다르다. 내가 어릴 때는 하교 시간(注3)은 겨울 4시반, 여름은 5시였던 것 같은데, 그때까지 교정에서 놀아도 됐다. 지금은 빨리 집으로 돌아가라고 학교에서 내보내 버린다. 그래도 아이들끼리 있기 때문에 집에 가는 길에 ②친구들과 굼적거리고 있는 시간을 가질 수 있다. 그것은 어른이 되었을 때 그리워(注4)지는 소중한 시간이라고 생각한다.

(注1) 登校(とうげこう) : 등교와 하교를 말함. 등교는 학교에 가는 것. 하교는 학교에서 돌아가는 것
(注2) 賛否両論(さんぴりょうろん) : 찬성도 있고 반대도 있는 것
(注3) 下校時刻(げこうじこく) : 학교에서 (집으로) 돌아가야 하는 시간
(注4) 懐(なつ)かしい : 옛날 일에 대해 좋았다고 생각하는 상태

7 ①자신들도 그렇게 해 왔기 때문이다라고 되어 있는데 어떻게 해 왔나?
　1　자신들은 지금의 아이들과 달리 혼자서 학교에 갔었다.
　2　자신들은 지금의 아이들과 달리 아이들끼리 학교에 갔었다.
　3　자신들은 지금의 아이들과 마찬가지로 혼자서 학교에 갔었다.
　4　자신들은 지금의 아이들과 마찬가지로 아이들끼리 학교에 갔었다.

8 ②친구들과 꾸물거리고 있는 시간이란 어떤 시간인가?
　1　천천히 뭔가를 말하고 있는 시간
　2　학교에서 나가지 않고 놀고 있는 시간
　3　곧장 돌아가지 않고 무언가를 하고 있는 시간
　4　빨리 걷지 않고 천천히 걷고 있는 시간

9 글쓴이는 아이들의 등하교에 대해 어떻게 생각하고 있는가?
　1　아이들끼리 등하교하지 않는 나라는 위험한 나라이다.
　2　일본은 안전하기 때문에 아이들끼리 등하교하는 것이 마땅하다.
　3　자유롭게 등하교하는 시간은 아이들에게 소중한 시간이다.
　4　아이들끼리 학교에 가는 것에 반대의 의견이 있는 것도 당연하다.

단어

小学生(しょうがくせい) 초등학생 | 登下校(とうげこう)する 등하교하다 | 様子(ようす) 모습 | ショックを受(う)ける 충격을 받다 | ~ようだ ~것 같다 | 連(つ)れて行(い)く 데리고 가다 | 迎(むか)え 마중 | 小学(しょうがく) 초등학교 | ~年(ねん) ~학년 | 初(はじ)めて 처음 | 世界中(せかいじゅう) 전 세계, 온세상 | 驚(おどろ)き 놀라움 | 賛否両論(さんぴりょうろん) 찬반 양론 | 当(あ)たり前(まえ)だ 당연하다 | 安全(あんぜん)だ 안전하다 | それでも 그래도 | 授業(じゅぎょう) 수업 | すぐに 곧장, 바로 | 昔(むかし) 옛날 | 下校(げこう) 하교 | 時刻(じこく) 시각 | ~半(はん) ~반 | 校庭(こうてい) 교정 | 帰(かえ)り道(みち) 집으로 돌아가는 길 | ぐずぐず 느리고 굼뜬 모양 | 懐(なつ)かしい 그립다 | 大事(だいじ)だ 소중하다, 중요하다 | 登校(とうこう) 등교 | 賛成(さんせい) 찬성 | 反対(はんたい) 반대 | 同(おな)じように 마찬가지로 | ~について ~에 대해 | ~するべきだ ~해야 한다, ~하는 것이 마땅하다 | 自由(じゆう)に 자유롭게 | 意見(いけん) 의견

해설

7 앞부분을 보면 일본의 초등학생이 혼자서 또는 친구와 등하교하는 것에 대한 이야기와 이것에 대한 외국인의 반응이 나오고 있다. 따라서 자신들도 그렇게 해 왔다는 것은 혼자서 또는 친구와 등하교해 온 것을 말한다. 따라서 정답은 4번이다.

8 ぐずぐずしている 라는 표현은 단순히 천천히 무언가를 하는 것이 아니라 우물쭈물하거나 꾸물거리는 모습을 나타내기 때문에 정답은 3번이다.

9 글쓴이는 아이들이 혼자 등하교하는 것은 안전한 일본에서는 예전부터 당연한 일이며 친구들과 보내는 시간이 소중하다고 생각하고 있다. 따라서 정답은 3번이다.

잡지는 보통 흥미를 끄는 내용이 있으면 잘 팔린다. 하지만 그중에는 내용은 관계 없는 것처럼 보이는 여성 잡지도 있다. 부록(注1)이 갖고 싶어 금방 매진되는 것이다. 인기가 있는 메이커 주머니나 가방, 화장품 등이 붙어 있기 때문이다. ①같은 방법으로 유치원(注2) 어린이를 위한 잡지를 파는 회사도 있다. 잡지에 장난감을 만드는 키트(注3)를 붙였다. 실제로 있는 기계 등과 똑같은 작은 장난감을 만들 수 있다고 평이 좋다. 그것이 ②어른들을 신나게 하고 있다. 이것은 만드는 것이 어려워서 ③도저히 유치원 아이가 감당할 수 없기 때문이다. 예를 들면, '메달 떨어뜨리기 게임'은 게임 센터에 있는 기계와 비슷하다. 여러 장이 겹쳐 놓인 메달을, 밖에서 메달을 넣어 떨어뜨려 손에 넣는 게임이다. 완성된 장난감은 게임 센터에 있는 기계와 똑같이 움직인다. 그래서 아이들도 무척 기뻐한다.

(注1) 付録 : 여기서는 잡지에 붙어 있는 것. 덤
(注2) 幼稚園 : 초등학교에 들어가기 전에 아이들이 매일 다니는 학교 같은 곳
(注3) キット : 여기서는 장남감을 만드는 재료 세트

10 ①같은 방법이란 어떤 방법인가?
1　어른이 좋아하는 부록을 붙인다.
2　부록에 갖고 싶어 하는 물건을 붙인다.
3　부록이 내용보다 더 중요하다.
4　잡지의 부록은 내용만큼 신경 쓰지 않는다.

11 왜 ②어른을 기쁘게 하는가?
1　키트가 실제 기계와 비슷한 것들뿐이기 때문에
2　실제 기계와 비슷한 장난감들만 딸려 오기 때문에
3　실제 기계와 비슷한 장난감을 자신이 만드는 것이 즐겁기 때문에
4　실제 기계와 비슷한 장난감은 어린이에게는 어려워서 만들 수 없기 때문에

12 ③도저히 유치원 아이가 감당할 수 없다는 어떤 의미인가?
1　초등학생이 아니면 만들지 못한다.
2　유치원 아이가 만드는 것은 무리다.
3　유치원 아이에게는 도움이 필요하다.
4　유치원 아이가 만드는 데는 시간이 걸린다.

단어

興味を引く 흥미를 끌다 | 関係ない 관계 없다 | ~かのように ~인 것처럼 | 見える 보이다 | 女性 여성 | 付録 부록 | ほしい 갖고 싶다 | 売り切れる 품절되다 | メーカー 메이커 | 袋 주머니 | バッグ 가방 | 化粧品 화장품 | 付く 붙다 | やり方 하는 방법 | 幼稚園 유치원 | ~のための ~을 위한 | おもちゃ 장난감 | キット 키트 | 付ける 붙이다 | 実際に 실제로 | 機械 기계 | そっくりの 꼭 닮은 | 評判がよい 평이 좋다 | 喜ぶ 기뻐하다 | とても 도저히 | 子 아이 | 手に負えない 감당할 수가 없다 | 例えば 예를 들면 | 落し 떨어뜨리기 | ゲームセンター 게임 센터 | ~に似ている ~와 비슷하다 | ~枚 ~장 | 重ねる 포개다. 쌓아 올리다 | 落す 떨어뜨리다 | 手に入れる 손에 넣다 | 動き 움직임 | おまけ 덤 | 通う 다니다 | 材料 재료 | ほしがる 갖고 싶어 하다 | 品物 물건. 상품 | 気にする 신경 쓰다 | ~ばかり ~만 | 意味 의미 | 無理だ 무리다 | 手伝い 도움

> **해설**
>
> **10** 처음부터 네 번째 문장까지를 보면 어떤 잡지는 인기 있는 상품이 부록으로 딸려 있어 품절이 된다고 했다. '같은 방법'이란 이 방법을 말한다. 따라서 정답은 2번이다.
>
> **11** 왜 어른들이 좋아하는지 유추해 보아야 한다. 바로 앞 문장을 보면 실제로 있는 기계와 비슷한 장난감을 만들 수 있어서 호평이라고 했지만 더 본질적인 이유는 밑줄 친 부분의 뒤에 있는 문장에 있다. 잡지의 대상인 유치원 어린이는 도저히 만들기 어려운 장난감이기 때문에 이것을 어른들이 만들고 있음을 유추할 수 있다. 따라서 정답은 3번이다.
>
> **12** 手に負えない(감당할 수가 없다)라는 표현을 몰라도 바로 앞 문장에 '어른을 기쁘게 하고 있다'고 했고, 밑줄 친 문장 앞쪽에 '만들기 어렵다'고 나와 있으므로 유치원 어린이가 만들기는 어렵다는 내용을 유추할 수 있다. 따라서 정답은 2번이다.

내가 살고 있는 시의 아홉 개의 중학교 중 여섯 군데에서 '방과 후 카페'가 열리고 있다. '방과 후'는 수업이 끝나고 난 후라는 뜻이기 때문에 방과 후에 열리는 카페라는 뜻이 된다. 학교의 조리실(注1)이나 도서관 등에서 자원봉사자가 '카페'를 연다. 아이들은 차나 주스 등을 무료로 마실 수 있기 때문에 카페가 있는 날이 기다려진다고 하는 아이도 있다. 자원봉사자는 아이들에게 이런저런 이야기를 건네도록 하고 있다. 대부분의 아이들은 그곳에서 이야기를 나누거나 게임을 하거나 하고 있다. 목적은 아이들에게 한숨 돌릴 수 있는 시간을 주는 것이기 때문에 ①그것은 벌써 충분히 이루어지고 있는 것을 알 수 있다. 조성금(注2)이나 기부 등으로 카페를 열고 있다고 한다. ②많은 사람들의 협력으로 카페가 열리고 있지만 아이들도 뭔가 협력하게 된다면 더 좋을 거라고 생각한다.

(注1) 調理室 : 요리 도구가 놓여 있어서 요리를 할 수 있는 곳
(注2) 助成金 : 어떤 목적을 위해 주로 국가나 시구읍면(市区町村) 등이 주는, 갚지 않아도 되는 돈. 여기서는 사회복지협의회가 조성금을 내고 있다.

13 왜 ①그것은 벌써 충분히 이루어지고 있는 것을 알 수 있는 것인가?

1. 그곳에 있는 아이들의 모습을 보고
2. 아이들이 주스 등을 마시는 방법을 보고
3. 자원봉사자가 아이들과 이야기하고 있기 때문에
4. 기다려진다고 말해 주는 아이가 있기 때문에

14 ②많은 사람들의 협력으로라고 되어 있는데, 어떤 협력이 있는지에 대해 잘못 말하고 있는 것은 어느 것인가?

1. 카페를 위해 필요한 조성금을 준다.
2. 카페를 위해 돈을 기부해 준다.
3. 자원봉사자가 학교에서 카페를 위해 일한다.
4. 자원봉사자가 돈을 내고 카페의 재료를 가지고 온다.

15 이 글에서 알 수 있는 것은 무엇인가?

1. **방과 후 카페를 누가 열고 있는가**
2. 방과 후 카페가 몇 번 열리고 있는가
3. 방과 후 카페에 누가 기부하고 있는가
4. 방과 후 카페를 열고 있는 학교는 어디인가

단어

住む 살다 | 市 시 | 中学校 중학교 | 放課後 방과 후 | 開く 열다 | 調理室 조리실 | 図書館 도서관 | ボランティア 자원봉사(자) | 無料 무료 | 楽しみだ 기대가 되다 | 話しかける 말을 걸다 | おしゃべりする 수다를 떨다. 잡담을 하다 | 目的 목적 | ほっとする 긴장이 풀려 안심하다 | 与える 주다. 제공하다 | 十分 충분히 | 助成金 조성금 | 寄付 기부 | 協力 협력 | 料理 요리 | 道具 도구 | ある 어떤 | 主に 주로 | 市区町村 시구읍면 | 返す 돌려주다. 갚다 | 社会福祉協議会 사회복지협의회 | 様子 모습 | ～方 ~하는 방법 | 働く 일하다 | 材料 재료

해설

13 여섯 번째 문장(밑줄 친 부분의 바로 앞 문장)을 보면 대부분의 아이들이 그곳에서 수다를 떨거나 게임을 하고 있다고 했다. 밑줄 친 문장의 밑줄 앞 부분을 보면 카페 운영의 목적은 아이들이 한숨 돌릴 수 있는 시간을 주기 위해서라고 했기 때문에 정답은 1번이다.

14 끝에서 두 번째 문장을 보면 조성금이나 기부 등으로 카페를 열고 있다고 했고, 세 번째 문장에서 자원봉사자가 카페를 연다고 했다. 따라서 정답은 4번이다.

15 이 글은 방과 후 카페를 누가 열며 어떤 목적으로 어떻게 운영되고 있는지에 대한 글이다. 정답은 1번이다.

인구 3만 명 정도의 A시에 연간 62만 명의 관광객이 농업 체험(注1)을 하러 온다. 계절 채소를 수확하는(注2) 것은 물론 직접 기를 수도 있다. 아이들이 자연 속에서 놀 수 있는 장소, 만들기 교실, 레스토랑이나 채소 매장 등의 가족과 함께 즐길 수 있는 장소가 많이 있어 인기인 것이다. 사용하지 않게 된 초등학교에 묵을 수도 있다. B시에는 야구 투어가 있다. 1박 13,000엔으로 자원봉사 팀과 시합을 할 수 있다. 투수의 볼의 속도를 나타내는 스피드 건, 전광판(注3), 선수(注4)를 소개하는 방송도 있고 치어걸도 있다. 그래서 진짜로 프로 선수가 된 기분이 될 수 있다. 시합은 이기기도 하고 지기도 하지만 이기게 해 주는 접대(注5) 코스가 있다는 점이 재미있다. 이쪽을 선택하는 팀이 20% 정도 있다고 한다. 2007년에 시작했을 때는 340명이었지만 지금은 10배 이상이라고 한다. <u>건강한 지방에는 좋은 아이디어가 있다는 것이다.</u>

(注1) 農業体験 : 채소나 과일 등을 기르거나 열린 것을 따거나 하는 것
(注2) 収穫する : 익은 채소나 과일 등을 따는 것
(注3) 電光掲示板 : 여기서는 야구장에서 선수의 이름이나 점수를 전기 빛으로 나타내는 것
(注4) 選手 : 선발되어 시합에 나가는 사람
(注5) 接待 : 무언가로 손님을 기분 좋게 하는 것

16 왜 건강한 지방은 좋은 아이디어가 있다는 것이라고 말하고 있나?
  1 두 개의 시가 아이디어를 활용하여 건강해졌다고 생각했기 때문에
  2 두 개의 시 같은 아이디어가 없는 지방은 활기가 없다고 생각했기 때문에
  3 두 개의 시의 아이디어를 사용하면 다른 지방도 건강해질 거라고 생각했기 때문에
  4 두 개의 시처럼 아이디어를 가지고 있으면 지방은 괜찮다고 생각했기 때문에

17 두 개의 시에 대한 설명으로 알맞은 것은 어느 것인가?

1 A시는 농업에 주력하고 있고, B시에서는 야구에 주력하고 있다.
2 A시는 관광객이 인구의 20배 이상, B시는 관광객이 10배 이상 늘었다.
3 A시에는 농업 체험을 할 수 있는 장소가 B시에는 야구 시합을 하는 투어가 있다.
4 A시에는 농업 체험을 즐길 수 있는 장소가, B시에는 야구를 즐길 수 있는 장소가 많다.

18 본문과 맞는 것은 어느 것인가?

1 농업 체험은 학교에 묵으며 한다.
2 농업 체험은 가족과 함께 즐기는 것이다.
3 야구 시합은 반드시 이길 수도 있다.
4 반드시 이기는 코스를 대부분의 팀이 선택한다.

단어

人口 인구 | 年間 연간 | 観光客 관광객 | 農業 농업 | 体験 체험 | 季節 계절 | 収穫する 수확하다 | もちろん 물론 | 育てる 기르다 | 自然 자연 | 売り場 매장 | 楽しむ 즐기다 | 泊まる 묵다 | 野球 야구 | ツアー 투어 | 一泊 1박 | 試合 시합 | ピッチャー 투수 | 速さ 속도 | 示す 나타내다 | スピードガン 스피드 건 | 電光掲示板 전광판 | 選手 선수 | 紹介 소개 | アナウンス 아나운스. 방송함 | チアガール 치어걸 | 気分 기분 | 勝つ 이기다 | 負ける 지다 | 接待 접대 | 地方 지방 | できる 되다. 완성되다 | とる 따다 | 野球場 야구장 | 点 점 | 光 빛 | お客さん 손님 | 生かす 살리다. 활용하다 | 他の 다른 | 説明 설명 | 力を入れる 주력하다 | 行う 행하다 | 多くの 많은. 대부분의

해설

16 글쓴이는 지역 활성화에 성공한 두 시의 예를 들며 건강한 지방은 좋은 아이디어가 있다고 생각하기 때문에 정답은 1번이다.
17 A시는 농업 체험을 할 수 있는 곳이 있고, B시에는 야구 시합을 하는 투어가 있다. 따라서 정답은 3번이다.
18 ~こともできる(~하는 것도 가능하다) 등의 표현에 주의하자. 농업 체험은 학교에 묵을 수도 있고, 가족과 함께 즐길 수 있다. 또한 야구 시합 투어 중에는 반드시 이길 수 있는 접대 코스를 선택할 수 있다. 접대 코스를 선택하는 것은 20%이므로 많은 チーム(대부분의 팀)라고 할 수는 없다. 따라서 정답은 3번이다.

미국에서 홈리스에게 100달러를 주고 그 돈을 무엇에 쓰는지를 몰래 찍은 비디오를 보았다. 그가 받은 돈으로 먹을 것을 사서 공원에 있던 다른 홈리스에게 나누어 주기 시작해서 놀랐다. 자신을 위해서만 쓰면 며칠 동안이나 먹는 데 어려움이 없었을 것이다. 왜 그런 일을 했는지 묻자 '다른 사람이 기뻐하는 얼굴을 보면 행복해질 수 있다'고 답했다. 공원의 홈리스와는 아는 사이가 아니라는 말을 듣고 더 놀랐다. ①인간이란 정말로 괜찮은 존재라고 생각했다. 홈리스가 된 것은 장인을 간병하기 위해 일을 그만두었기 때문이라고 한다. 게으름만 피우고 있던 것이 아닌데 홈리스가 된 사람도 많다고 그는 말했다. 남편에게 말했더니 ②그런 사람이니까 홈리스가 된 것이겠지 하고 말했다. ③생각하게 하는 비디오였다.

19 왜 글쓴이는 ①인간이란 정말 괜찮은 존재라고 생각했는가?
1 홈리스가 남이 기뻐하면 자신도 기쁘다고 말했기 때문에
2 홈리스가 남을 위해 받은 돈을 썼기 때문에
3 홈리스에게 돈을 준 것이 헛일이 되지 않았기 때문에
4 홈리스가 남이 고마워하는 것이 기쁘다고 말했기 때문에

20 ②그런 사람이니까 홈리스가 된 것이라고 되어 있는데, 글쓴이의 남편은 어떤 사람이라서 홈리스가 되었다고 말한 것인가?
1 아픈 사람을 매일 돌보는 좋은 사람
2 일을 그만두고서까지 간병을 하는 좋은 사람
3 다른 사람을 위해 무엇이든 해 주는 좋은 사람
4 모두에게 음식을 주는 것을 좋아하는 좋은 사람

21 글쓴이를 ③생각하게 하는 것이 아닌 것은 어느 것인가?
1 홈리스에게 100달러를 준 것
2 홈리스가 돈을 남을 위해 쓴 것
3 이런 좋은 사람이 홈리스인 것
4 다른 사람 때문에 홈리스가 되는 경우가 있는 것

단어

ホームレス 홈리스 | ~ドル ~달러 | あげる 드리다, 주다 | こっそり 몰래 | とる 찍다 | 公園(こうえん) 공원 | 配(くば)る 나누어 주다 | ~始(はじ)める ~하기 시작하다 | 驚(おどろ)く 놀라다 | ~だけ ~만 | 困(こま)る 난처하다 | 聞(き)く 묻다 | ハッピー 해피 | 答(こた)える 대답하다 | 知(し)り合(あ)い 아는 사이, 아는 사람 | 人間(にんげん) 인간 | ~って ~이란 | 奥(おく)さん 부인 | 父親(ちちおや) 부친 | 世話(せわ)をする 돌보다 | 辞(や)める 그만두다 | 怠(なま)ける 게으름 피우다 | ~てばかりいる ~하고만 있다 | 夫(おっと) 남편 | 考(かんが)えさせる 생각하게 하다 | 無駄(むだ)だ 쓸데없다, 헛되다 | 感謝(かんしゃ)する 감사하다 | うれしい 기쁘다 | ~のせいで ~때문에, ~탓에

해설

19 홈리스에게 100달러를 주었더니 그것으로 음식을 사서 알지 못하는 다른 홈리스와 나눈 일에 대해 '인간이란 정말 괜찮은 존재'라고 생각한 것이기 때문에 정답은 2번이다.

20 글쓴이의 남편이 말한 속뜻을 유추해야 한다. 첫 번째 밑줄 바로 뒤에 있는 문장을 보면 홈리스가 된 이유는 장인을 간병하기 위해 회사를 그만두었기 때문이다. 이 문장을 근거로 '일을 그만두면서까지 간병을 하는 좋은 사람'이라는 뜻으로 말했다는 것을 유추할 수 있다. 따라서 정답은 2번이다.

21 옳지 않은 것을 고르면 된다. 선택지 2, 3, 4번 모두 실험을 통해 알게 된, 또는 생각하게 된 것이며, 1번은 단지 실험을 위한 행위였으므로 정답은 1번이다.

마라톤은 알아도 세계에서는 에키덴(역전경주)을 아는 사람은 적다. 에키덴은 일본에서는 매우 인기가 있지만 마라톤과 달리 거의 일본에서밖에 열리지 않기 때문이다. 에키덴은 긴 거리(注1)를 나누어 몇 명인가의 선수(注2)가 달린다. 만일 한 명이라도 선수의 컨디션이 나쁘면 팀이 이기는 것은 불가능하다. 다 같이 노력하는 것이다. 그래서 전원이 무사히 달려 골인하는 것이 중요하다. <u>그것</u>이 사람들이 응원하는 이유 중 하나가 되었다. 에키덴 중 인기가 있는 것은 1920년부터 시작된 역사가 있는 '하코네 에키덴'이다. 1월 2일부터 3일에 걸쳐 선발된 대학의 선수가 도쿄에서 하코네의 아시노코까지 갔다가 돌아온다. 도로는 응원하는 사람으로 꽉 차게 되고 TV의 시청률(注2)도 30%를 넘을 정도다. 세계적인 스포츠가 되길 바라지만 여러 명이나 되는 좋은 선수를 모을 수 없기 때문에 어려울 거라고 생각한다.

(注1) 距離 : 길이
(注2) 視聴率 : 텔레비전 프로그램을, 텔레비전을 갖고 있는 중 어느 정도가 보고 있는지에 대한 퍼센트

[22] 그것은 무엇을 의미하고 있나?

1. 에키덴에서 달리는 것
2. 응원이 대단한 것
3. **전원이 다 달리는 것**
4. 일본의 스포츠라는 것

[23] 에키덴은 어떤 스포츠인가?

1. 마라톤과 비슷한 스포츠
2. 역사가 길고 인기가 있는 스포츠
3. 긴 거리를 10명에서 달리는 스포츠
4. **선수가 긴 거리를 나누어 달리는 스포츠**

[24] 내용과 맞는 것은 어느 것인가?

1. 에키덴이 세계에 확산되는 일은 없을 것이다.
2. 하코네에키덴은 가장 오랫동안 계속되고 있는 에키덴이다.
3. 일본에서는 마라톤보다 에키덴의 인기가 높다.
4. 하코네에키덴은 가장 인기가 있어 정월에 열린다.

단어

マラソン 마라톤 | 駅伝(えきでん) 에키덴 | 距離(きょり) 거리 | 分(わ)ける 나누다 | 走(はし)る 달리다 | もし 만일 | 調子(ちょうし) 상태. 컨디션 | みんなで 다 같이 | 頑張(がんば)る 힘내다 | 全員(ぜんいん) 전원 | 無事(ぶじ)に 무사히 | ゴールする 골인하다 | 応援(おうえん)する 응원하다 | 理由(りゆう) 이유 | 歴史(れきし) 역사 | 箱根(はこね) 〈지명〉하코네 | ～にかけて ~에 걸쳐 | 芦ノ湖(あしのこ) 〈지명〉아시노코 | 戻(もど)ってくる (되)돌아오다 | 道路(どうろ) 도로 | 視聴率(しちょうりつ) 시청률 | 超(こ)える 넘다 | 世界的(せかいてき) 세계적 | ～てほしい ~하기를 바라다 | 集(あつ)める 모으다 | 長(なが)さ 길이 | 意味(いみ)する 의미하다 | すごい 대단하다 | 走(はし)り切(き)る 다 달리다. 완주하다 | 広(ひろ)まる 확산되다. 퍼지다 | 続(つづ)く 계속되다 | 正月(しょうがつ) 정월. 설

해설

[22] 밑줄 친 부분의 바로 앞 문장을 보면 전원이 무사히 달려 골인하는 것이 중요하다고 나와 있다. 따라서 정답은 3번이다.

23	에키덴에 대한 설명으로 맞는 것을 찾으면 된다. 두 번째 문장에 마라톤과는 다르다고 나와 있고, 세 번째 문장에 긴 거리를 나누어 몇 명의 선수가 달린다고 했다. 역사가 있고 인기가 있는 것은 에키덴 중에서 하코네 에키덴에 대한 설명이므로 정답은 4번이다.
24	첫 번째, 두 번째 문장과 맨 마지막 문장을 보면 에키덴은 일본에서만 열리고 있으며 좋은 선수를 모으기도 어려워 세계적인 스포츠가 되기는 어려울 것 같다는 말이 나와 있다. 따라서 정답은 1번이다.

나는 도쿄에서 자라 도쿄에 살고 있고 도쿄의 좋은 점을 많이 알고 있지만 ①외국인에게는 오사카에 사는 것이 좋다고 말하고 싶다. 음식이 싸고 맛있는 것도 있지만 오사카 사람이 더 서비스 정신(注1)이 왕성(注2)하다고 생각하기 때문이다. 오사카에서는 길을 헤매고 있으면 누군가가 금방 '어디 가고 싶은 거야?' 하는 식으로 물어봐 준다. 그 사람이 모르더라도 '누구 ○○ 몰라?' 하고 다른 사람에게 물어봐 준다. 도쿄 사람들이 불친절한 것은 아니지만 ②도쿄에서는 이쪽에서 물어봐야 한다. 도쿄에서는 보고도 그대로 지나가는 사람이 많다. 바쁜 것도 있다. 또 오사카 사람은 잘 모르는 사람에게도 말을 건다. 모르는 사람이 재밌는 행동을 해도 ③그것을 받아 준다. 그리고 웃음이 인다. 물론 모든 사람이 그렇게 하는 것도 아니고 싫은 사람은 어디에나 있지만 타인에게 관심이 있는 사람이 많은 곳에서 지내는 것은 외국인에게 좋은 경험이 될 거라고 생각하는 것이다.

(注1) 精神 : 마음. 느끼거나 무언가를 하려고 하거나 하는 기분
(注2) 旺盛 : 여기서는 아주 많은 것

25	①외국인에게는 오사카에 사는 것이 좋다고 하는 가장 큰 이유는 무엇인가?
	1 오사카 사람은 모두 친절하기 때문에
	2 오사카는 음식이 뭐든지 맛있기 때문에
	3 오사카 사람은 재미있는 말을 하는 것을 좋아하기 때문에
	4 오사카 사람은 주위 사람에게 관심이 있는 사람이 많기 때문에

26	왜 ②도쿄에서는 이쪽에서 물어봐야 하는가?
	1 도쿄 사람은 친절하지 않기 때문에
	2 도쿄 사람은 눈치를 채지 못하기 때문에
	3 도쿄 사람도 부탁하면 들어주기 때문에
	4 도쿄 사람이 신경 써 주었으면 하기 때문에

27	③그것을 받아 준다라는 것은 여기서는 어떤 의미인가?
	1 보면 웃어 준다는 의미
	2 재미있는 행동을 해 준다는 의미
	3 재미있는 것으로 바꿔 준다는 의미
	4 하고 있는 일을 멈춰 준다는 의미

단어

育つ 자라다 | よさ 좋은 점 | 精神 정신 | 旺盛 왕성하다 | 道に迷う 길을 헤매다 | 直ぐに 곧. 즉시 | 不親切だ 불친절하다 | そのまま 그대로 | 通り過ぎる 지나가다 | 声をかける 말을 걸다 | 受け止める 받아들이다 | 笑い 웃음 | 起こる 일어

나다. 발생하다 | 全員(ぜんいん) 전원 | ～わけではない (반드시) ~하는 것은 아니다 | 嫌(いや)だ 싫다 | 他人(たにん) 타인 | 関心(かんしん)がある 관심이 있다 | 暮(く)らす 살다. 지내다 | ～にとって ~에게 있어서 | 経験(けいけん) 경험 | 心(こころ) 마음 | 感(かん)じる 느끼다 | 親切(しんせつ)だ 친절하다 | 周(まわ)り 주위. 주변 | 気(き)がつく 알아채다. 눈치채다 | 頼(たの)む 부탁하다 | 気(き)にする 신경 쓰다 | 笑(わら)う 웃다 | 変(か)える 바꾸다 | 止(と)める 멈추다

해설

[25] 두 번째 문장을 보면 '음식이 싸고 맛있기도 하지만'이라고 말하면서 뒤에 더 중요한 이유가 나온다는 것을 암시하고 있다. 오사카 사람들이 도쿄보다 서비스 정신이 왕성하며, 마지막 문장 후반부에서 타인에게 관심 있는 사람이 많다고 했다. 따라서 정답은 4번이다.

[26] 밑줄 친 부분이 속한 문장에서도 말하고 있듯이 도쿄 사람들이 불친절한 것은 아니다. 오사카 사람들은 누군가가 길을 찾고 있는 것처럼 보이면 물어보지 않아도 먼저 말을 걸어오는 데 비해 도쿄 사람들은 먼저 말을 걸어오는 일은 없으므로 이쪽에서 먼저 물어봐야 한다는 것이므로 정답은 3번이다.

[27] 모르는 사람이 재미있는 행동을 해도 그것을 받아 준다는 것은 웃어 준다는 뜻이므로 정답은 1번이다.

한자는 중국에서 전해졌지만 일본에서 만들어진 한자도 있다. 그중에는 중국에 있는 것을 모르고 같은 한자를 만들기도 하고, 중국과는 다른 의미로 바꾸거나 했다. 유명한 것은 '畑'이다. 중국에서는 쌀을 재배하는 곳과 채소 등을 재배하는 곳을 모두 같은 '田'이라는 글자로 나타내지만 일본에서는 쌀은 '田'으로, 채소 등은 '畑'라고 쓴다. 옛날에는 풀을 태워 밭으로 만들었기 때문에 이 글자가 되었다고 한다. 일본인에게 있어서는 田과 畑는 다른 것이다. 중국에서는 '動'으로 움직이는 것과 일하는 것을 나타내지만 일본인은 '働'라는 한자를 만들었다. '動'에 '人'을 붙이는 편이 '일하다(働く)'라는 느낌에 맞다고 생각했기 때문이다. 예의를 가르치는 것을 'しつけ'라고 하는데 '身'과 '美'를 같이 쓰면 딱 맞다고 생각해서 '躾'라는 한자를 만들었다. 한자는 의미를 나타낼 수 있기 때문에 이런 식으로 다양한 한자를 만들었다. 나도 옛날 사람처럼 직접 한자를 만들어 보고 싶어졌다.

[28] '鰯(정어리)'라는 생선은 왜 이 한자가 되었다고 생각하는가?

1 금방 상태가 안 좋아지기 때문에
2 물에서 꺼내면 죽어 버리기 때문에
3 먹을 수 있는 부분이 적기 때문에
4 다랑어를 기를 때의 먹이였기 때문에

[29] 왜 일본에서 중국에 없는 한자가 만들어졌는가?

1 중국과는 다른 의미로 하고 싶었기 때문에
2 그 한자가 중국에 있다는 것을 몰랐기 때문에
3 한자가 없거나 자신들에게 맞는 한자를 갖고 싶었기 때문에
4 한자가 부족했고 자신들이 만든 한자가 더 좋기 때문에

[30] 일본에서 어떻게 해서 한자를 만들었나?

1 한자의 모양이 좋은 것을 조합했다.
2 일본인의 마음에 맞도록 만들었다.
3 중국의 한자에 부족한 것을 덧붙였다.
4 중국의 한자에 보태거나 줄이거나 했다.

단어

漢字 한자 | 中国 중국 | 伝わる 전해지다 | 有名だ 유명하다 | 畑 밭 | 米 쌀 | 田 논 | 字 글씨, 글자 | 表す 나타내다, 표현하다 | 草 풀 | 焼く 태우다 | 動 동 | 動く 움직이다 | 働く 일하다 | 付ける 붙이다 | 礼儀 예의 | 教える 가르치다 | しつけ 예의범절을 가르침 | 身 신 | 美 미 | ぴったりだ 딱 맞다, 꼭 알맞다 | ~のように ~와 같이 | 鰯 정어리 | 魚 생선, 물고기 | マグロ 다랑어 | 育てる 기르다, 키우다 | えさ 먹이, 모이 | ほしい 갖고 싶다 | 足りない 부족하다 | 形 모양 | 合わせる 맞추다 | 足す 더하다, 보태다 | 減らす 줄이다

해설

28 한자를 만들 때 뜻을 조합하여 만들었기 때문에 물고기 어(魚) 자에 약하다는 뜻을 나타내는 약(弱) 자를 붙였다는 것은 그 물고기가 약한 물고기라는 것을 유추해 볼 수 있는데, 그 약하다는 뜻은 금방 죽거나 금방 상하는 것을 의미한다고 볼 수 있다. 물에서 꺼내면 죽는 것은 모든 물고기가 마찬가지이므로 정답은 1번이다.

29 두 번째 문장과 그 이후에 나오는 내용을 보면 일본의 상황에 맞도록 새로 만든 한자도 있고, 끝에서 네 번째 문장을 보면 의미를 더 잘 표현하기 위해 글자를 만들었다는 내용이 나온다. 따라서 정답은 3번이다.

30 여섯째 줄의 中国では(중국에서는)로 시작하는 문장부터 보면, 일본의 상황에 맞게 뜻을 잘 표현할 수 있도록 한자를 조합한 내용이 나온다. 따라서 정답은 2번이다.

問題 6 내용 이해(장문)

실전 연습 ▶ p.70

1	4	2	3	3	3	4	4	5	4	6	3	7	3	8	4
9	1	10	3	11	3	12	2	13	4	14	4	15	1	16	3
17	4	18	3	19	3	20	4	21	2	22	2	23	1	24	2
25	2	26	3	27	2	28	2	29	1	30	3	31	1	32	2
33	2	34	3	35	4	36	2	37	2	38	2	39	3	40	3

문제6 다음 글을 읽고 질문에 답하시오. 답은 1·2·3·4 중에서 가장 알맞은 것을 하나 고르시오.

'에빙하우스의 망각곡선(注1)'에 따르면 인간은 외운 것을 20분 후에 58%, 1시간 후에는 44%, 1일 후에는 26%, 1주일 후에는 23%, 1개월 후에는 21%밖에 기억하고 있지 않다든가. 하지만 이것은 의미가 없는 말을 외우게 했을 때의 실험이기 때문에 실제로는 다양한 방법을 통해 외우려 하고 있기 때문에 더 많이 기억하고 있다(注2)고 할 수 있다.

누구나 좋은 기억 방법을 알고 싶은 것은 당연하다. 단어를 몇 번이고 쓰면서 외우는 사람도 많다. 거기에다가 소리를 내는 것을 더하는 것이 좋다는 사람도 있다. 오랜 시간 공부를 계속하는 것보다 자는 편이 잘 기억난다는 이야기도 있다. 움직이면서 혹은 움직인 다음에는 잘 외워진다고도 한다. 하지만 어느 것이든 노력이 필요하다. 아직 좀처럼 가장 좋다는 방법을 찾지 못했다.

①그런 중에 자고 있는 동안에 단어를 외울 수 있다는 연구가 발표되었다. 자고 있을 때 외울 것을 들려주기만 하면 된다. 뇌는 우리가 생각하는 것보다 자고 있는 동안에도 깨어 있다고 한다. 뇌는 1초의 반의 속도로 자다 깨다를 반복하고 있어 그 깨어 있을 때에 기억하는 것이라고 한다. 이것이라면 애쓰지 않아도 되니까 대부분의 사람들이 하고 싶어 할 것이다. 하지만 ②초심자(注3)로서는 이 방법을 사용하면 뇌가 쉬지 못하는 게 아닐까 하고 걱정이 된다. 해 보는 것은 이것이 안전하다고 증명되고(注4) 난 후에라도 늦지 않지 않을까?

(注1) 忘却曲線(ぼうきゃくきょくせん) : 에빙하우스가 만든 외운 것을 어느 정도 기억하고 있을 수 있는지를 나타낸 것
(注2) 記憶(きおく)する : 기억하다
(注3) 素人(しろうと) : 어떤 일에 경험이 없는, 전문이 아닌 사람. 그것이 직업이 아닌 사람
(注4) 証明(しょうめい)する : 어떤 것을 ~라고 분명하게 하다

1 ①그런 중이란 무엇을 나타내고 있는가?

1 외우는 것이 어렵다.
2 좋은 기억법을 찾고 있다.
3 기억하려면 노력이 필요하다.
4 좋은 기억법을 찾지 못하다.

2 ②초심자란 이 글에서는 누구를 말하는가?

1 학생
2 글쓴이
3 모두
4 연구자

3 　둘째 단락에는 주로 무엇이 쓰여 있는가?

　　1　좋은 기억 방법은 없다는 것
　　2　좋은 기억 방법을 알고 싶다는 것
　　3　기억 방법이 다양하게 있다는 것
　　4　편하게 기억하는 방법을 찾고 싶다는 것

4 　글쓴이의 생각은 어느 것인가?

　　1　자고 있는 사이에 외우는 방법은 아주 좋다.
　　2　겨우 가장 좋은 기억 방법을 찾았다.
　　3　자면서 외우는 방법은 뇌를 위해 좋지 않다.
　　4　자면서 외우는 방법이 좋은지 어떤지 모르겠다.

단어

エビングハウス 〈인명〉 에빙하우스 | 忘却曲線 망각곡선 | ～によると ~에 따르면 | 覚える 외우다. 기억하다 | 語 언어. 단어 | 実験 실험 | 実際 실제 | やり方 하는 방법 | 記憶する 기억하다 | 当然だ 당연하다 | 単語 단어 | それに 게다가. 그것에다가 | 声を出す (목)소리를 내다 | 足す 더하다 | あるいは 혹은. 또는 | 努力 노력 | 見つかる 발견하다. 찾다 | 間 동안 | 研究 연구 | 発表する 발표하다 | 聞かせる 들려주다 | 脳 뇌 | ～秒 ~초 | 半分 반. 절반 | 繰り返す 반복하다 | 頑張る 열심히 하다. 분발하다 | 素人 아마추어. 비전문가 | ～として ~로서 | 心配になる 걱정이 되다 | 安全だ 안전하다 | 証明する 증명하다 | 表す 나타내다 | 経験 경험 | 専門 전문 | はっきりさせる 분명하게 하다 | 記憶法 기억법 | 探す 찾다 | みんな 모두 | 研究者 연구자 | 第二 두 번째. 둘째 | 段落 단락 | 楽に 편하게 | やっと 겨우. 간신히

해설

1　そんな(그런), その(그) 등의 말이 나오면 그 앞의 내용을 살펴봐야 한다. 바로 앞 문장을 보면 '아직 가장 좋다는 방법을 찾지 못했다'는 내용이 나온다. 따라서 정답은 4번이다.

2　이 부분이 포함된 셋째 단락을 보면 연구를 발표한 사람들을 전문가라고 볼 때 나머지는 모두 아마추어, 초심자라고 볼 수 있다. 따라서 정답은 3번이다.

3　한 단락의 주제를 묻는 문제이다. 둘째 단락의 내용은 저마다 사용하고 있는 기억 방법의 예를 네 가지 들고 있다. 따라서 정답은 3번이다.

4　글쓴이의 생각을 묻는 문제이다. 마지막 두 문장, 그러나로 시작되는 부분부터 보면 이 방법에 대한 우려를 나타내고 있으므로 정답은 4번이다.

개나 고양이 등의 애완동물은 주인(注1)을 행복한 기분으로 만들어 주기 때문에 노인에게도 좋은 일이다. 하지만 애완동물의 수명은 개는 14.17세, 고양이도 14.82세이기 때문에 기르고 있던 사람이 더 먼저 죽는 일도 많다. 그래서 갑자기 기르고 있던 사람이 죽어 먹이를 받지 못하고 야위거나 죽거나 하는 개나 고양이가 생기고 있다. ①그것이 걱정이 되어 죽지 못한다든지 나이가 들어서 애완동물을 기르고 싶어도 이제 못 기른다는 사람도 있다. 특히 혼자 사는 노인에게 애완동물은 자식과 마찬가지이기 때문에 애완동물의 행복을 생각하는 것은 당연하다. 그래서 애완동물에게 유산(注2)을 남기고 싶은 사람이 있어도 이상하지 않다. 미국에서는 애완동물에게 유산을 남길 수 있기 때문에 10억 엔도 넘게 유산을 받은 개도 있다고 한다. 일본에서는 법률로 유산을 받을 수 있는 것은 사람뿐이기 때문에 현재 조건부 유증이라는 방법이나 유언 신탁(注3)을 이용하는 방법을 사용할 수밖에 없다. ②전자는 유산을 받는 대신에 뭔가를 해야 한다. 즉, 여기서는 애완동물을 돌보는 대신 유산을 받을 수 있는 것이다. 후자는 유산을 맡겨 관리받는다. 맡긴 유산에서 애완동물을 위해 사용한 돈을 지불하도록 한다. 이 편이 재산을 남에게 넘기지 않아도 되기 때문에 앞으로 이용자가 늘어날 것이다. 하지만 문제는 실제로 애완동물을 제대로 돌봐 줄 사람이나 단체를 찾을 수 있느냐 하는 것이다. 돈만 받고 돌보지 않는 경우도 있기 때문에 그 사람들을 또 체크해 줄 사람이나 단체도 필요하다. 안심할 수 있는 방법이 있다면 나이가 들어도 애완동물을 계속 기르는 사람이 분명히 늘어날 것이다.

(注1) 飼い主 : 기르고 있는 사람
(注2) 遺産 : 죽은 사람이 남긴 재산
(注3) 遺言信託 : 유언은 죽은 후를 위해 남긴 말. 신탁은 목적에 맞도록 재산의 관리를 시키는 것. 여기서는 재산을 맡겨 애완동물을 돌보기 위해 사용한 돈을 지불받는 것

5 ①그것이 걱정이 되어의 그것은 무엇을 가리키는가?

1 애완동물이 언젠가 죽는 것
2 자신이 죽으면 애완동물도 죽는 것
3 자신이 애완동물보다 먼저 죽는 것
4 자신이 죽으면 돌볼 사람이 없는 것

6 ②전자는 무엇을 가리키는가?

1 유언 신탁
2 돌보는 사람
3 조건부 유증
4 기르고 있는 사람

7 애완동물에게 유산을 남기고 싶은 사람의 마음은 어느 것인가?

1 애완동물이 자식보다 중요하다.
2 애완동물이 빨리 죽었으면 좋겠다.
3 애완동물이 행복하게 지냈으면 좋겠다.
4 애완동물이 죽은 후의 일이 걱정이다.

8 애완동물의 생활을 지키기 위해 가장 문제가 되고 있는 것은 무엇인가?

1. 일본에서는 애완동물에게 유산을 남길 수 없는 것
2. 애완동물을 기르고 있는 사람에게 친구가 없는 것
3. 기르고 있는 사람이 먼저 죽는 것
4. **제대로 돌봐 줄 사람을 찾을 수 없는 것**

단어

ペット 애완동물 | 飼い主 기르는 주인 | 幸せだ 행복하다 | 老人 노인 | 寿命 수명 | 飼う 기르다 | 亡くなる 죽다 | それで 그래서 | 急に 갑자기 | 餌 먹이 | やせる 마르다. 야위다 | 年(を)取る 나이를 먹다. 나이들다 | 特に 특히 | 一人暮らし 혼자 생활함 | 当たり前だ 당연하다 | 遺産 유산 | 残す 남기다 | 変だ 이상하다 | ~億 ~억 | 法律 법률 | 負担 부담 | ~付き ~이 딸림 | 遺贈〈법률용어〉유증 | 遺言信託 유언 신탁 | ~ほかない ~밖에 없다 | 前者 전자 | ~代わりに ~대신에 | つまり 즉. 다시 말해 | 世話をする 돌보다 | ~わけだ ~셈이다 | 後者 후자 | 預ける 맡기다 | 管理する 관리하다 | 財産 재산 | 他人 타인. 남 | 渡す 넘기다 | 利用者 이용자 | 実際に 실제로 | きちんと 제대로 | 団体 단체 | 見つける 찾다. 발견하다 | 受け取る 받다. 수취하다 | 場合 경우 | さらに 더. 한층 | 安心 안심 | ~に違いない ~이 틀림없다 | 目的 목적 | させる 시키다 | 指す 가리키다 | 守る 지키다

해설

5 それ(그것), その(그) 등의 말이 나오면 그 앞의 내용을 살펴봐야 한다. 바로 앞 두 문장을 보면 애완동물의 수명에 대해 말하며 기르던 사람이 먼저 죽는 경우 애완동물이 돌봄을 받지 못해 야위거나 죽는 경우를 걱정하고 있다. 따라서 정답은 4번이다.

6 '전자' 또는 '후자'라고 표현된 것은 반드시 이전에 그 내용이 언급되어 있다는 뜻이다. 바로 앞 문장을 보면 '일본에서는 법적으로 유산을 받을 수 있는 것은 사람으로 제한되므로 지금으로서는 조건부 유증이라는 방법이나 유언 신탁을 이용하는 방법밖에 없다'고 했다. '전자'란 두 방법 중 앞에 나온 방법이므로 정답은 3번이다.

7 본문에 나오는 사람의 심리를 유추하는 문제이다. 다섯 번째 문장을 보면 '혼자 사는 노인에게 애완동물은 자식과 마찬가지이기 때문에 애완동물의 행복을 생각하는 것은 당연하다'라고 나와 있다. 따라서 정답은 3번이다.

8 여러 사항 중 가장 중요한 내용을 찾는 문제이다. 끝에서 세 번째 문장을 보면 しかし問題は~(그러나 문제는 ~)로 시작하며 가장 중요한 문제점을 말하고 있다. 따라서 정답은 4번이다.

1958년에 일본에서 처음으로 인스턴트 라면이 판매되기 시작했다. 가장 처음 만들어진 것은 치킨라면이었는데, 그 후 전 세계에서 만들어지게 되자 그 나라 사람들의 혀에 맞춘 라면이 생겨났다. 한국에서는 매운 라면, 태국에서는 시고 매운 맛이 인기다. 일본에서 수출하는 양은 7576만 개로 세계 51개국이나 된다. 지금은 아시아 국가에서는 수백 종류나 만들어져 일본에 수출되고 있는 것도 있다. 또 세계에서 가장 인스턴트 라면을 먹고 있는 나라는 중국이지만, 1인당으로는 한국이 가장 많다. 이것은 한국이 일본 다음으로 생산을 시작한 나라이기 때문인지도 모른다.

이만큼 확산된 이유 중 하나는 싸기 때문이라고 생각하지만 실은 처음으로 판매되었을 때의 가격은 35엔, 그 시절의 대학 졸업자의 첫 급료가 13,500엔 정도였던 것을 생각하면 결코 싸지는 않았다. 우동의 5배 이상이었기 때문에 지금과 달리 매우 비쌌다. 그러니까 인기가 있었던 이유는 뜨거운 물만 있으면 누구나 금방 만들 수 있다는 점이나 보관이 쉬워서 언제든지 원할 때 만들 수 있기 때문이라고 생각한다. 또 만드는 법을 비밀로 하지 않았기 때문에 전 세계에 확산되었다. 그래도 그 회사는 커졌고 인스턴트 라면은 전 세계에 확산되어 많은 라면 회사가 생겨서 전 세계에서 연간 1055.9억 개나 소비되는 인기 상품으로 성장하고 있다.

9 그 나라 사람들의 혀에 맞춘다란 어떤 것인가?

1 그 나라 사람들이 좋아하는 맛으로 바꾸는 것
2 그 나라 사람들이 일본의 맛을 좋아하게 되는 것
3 그 나라 사람들에게 일본의 맛에 익숙해지게 하는 것
4 그 나라 사람들이 좋아하는 맛을 일본에 맞추는 것

10 초창기의 인스턴트 라면은 어떤 것이었나?

1 맛이 여러 가지 있었다.
2 우동만큼 비싸지 않았다.
3 가격은 지금만큼 싸지 않았다.
4 싸서 인기가 있었다.

11 인스턴트 라면이 전 세계로 확산된 이유가 아닌 것은 어느 것인가?

1 만드는 방법을 비밀로 하지 않은 점
2 누구나 쉽게 단시간에 만들 수 있는 점
3 비쌌지만 아주 맛있었던 점
4 사다가 한동안 보관할 수 있는 점

12 본문에 쓰여 있지 않은 것은 어느 것인가?

1 인스턴트 라면이 확산된 이유
2 인스턴트 라면을 좋아하는 나라의 순서
3 인스턴트 라면의 종류가 매우 많은 것
4 인스턴트 라면을 일본이 수입하고 있는 것

단어

初めて 처음으로 | 売り出す 팔기 시작하다, 대대적으로 팔다 | 最初に 제일 처음으로, 최초로 | 世界中 전 세계 | 舌 혀 | 合わせる 맞추다 | タイ 태국 | 酸っぱい 시다 | 味 맛 | 輸出量 수출량 | ~食 (식사의 횟수를 세는 말) ~식, ~끼 | ~ヶ国 ~개국 | アジア 아시아 | 数百 수백 | 種類 종류 | 輸出する 수출하다 | ~当たり ~당 | 生産 생산 | ~かもしれない ~일지도 모르다 | 広まる 확산되다 | 実は 실은 | 卒業者 졸업자 | 給料 급료 | 決して 결코 | お湯 뜨거운 물 | 置いておく 놔두다 | 秘密 비밀 | 年間 연간 | 人気品 인기 상품 | 育つ 자라다, 성장하다 | 変える 바꾸다 | 慣れる 익숙해지다 | 作り方 만드는 방법 | 簡単に 쉽게 | 短時間 단시간 | しばらく 오랫동안, 당분간 | 順番 순서 | 輸入する 수입하다

해설

9 그 나라 사람의 혀에 맞춘다는 것은 의역을 하면 그 나라 사람의 입맛에 맞춘다는 것이므로 정답은 1번이다.

10 초창기 인스턴트 라면이 여러 가지 맛이 있었다는 내용은 없으며, 둘째 단락의 첫 번째, 두 번째 문장을 보면 가격이 싸지 않았으며 우동의 5배 이상이었다고 나온다. 따라서 정답은 3번이다.

11 둘째 단락 세 번째, 네 번째 문장을 보면 인스턴트 라면이 인기를 끌었던 이유를 몇 가지 들고 있다. 인스턴트 라면이 맛있어서 인기가 있었다는 말은 없다. 따라서 정답은 3번이다.

12 둘째 단락에 인스턴트 라면이 확산된 이유가 나와 있고, 첫째 단락에 아시아 국가에서 만들어지는 인스턴트 라면의 종류가 수백 종류라는 것, 일본으로 수출되는 것도 있다는 내용이 나온다. 인스턴트 라면을 좋아하는 나라의 순서가 아니라 소비량이 가장 많은 나라에 대한 언급이 있었다. 따라서 정답은 2번이다.

'웃음'은 몸을 위해서나 마음을 위해서나 좋다고 합니다. 특히 소리를 내서 웃으면 몸의 여러 부분이 잘 움직이기 때문에 피가 잘 흐르게 되기도 하고 몸이 따뜻해지거나 합니다. 또 뇌의 기능을 좋게 하거나 스트레스를 줄이기도 한다고 합니다. 더 중요한 것은 면역력(注1)을 높여 병에 잘 안 걸리게 되기도 하고 병이 낫거나 하는 일이 있다는 것입니다. 웃음으로 인해 NK세포가 늘어나기 때문입니다. NK세포란 natural killer cell을 말하는데 몸이 병에 걸리는 원인을 없애는 역할을 합니다. 몸 속에 나쁜 것이 들어오거나 나쁜 것이 늘어나거나 하는 것을 막는 힘이 있습니다. 그래서 항상 웃고 있는 사람은 건강한 거라고 말하는 것입니다. 일본에는 '웃는 집에 복이 온다(소문만복래)'라는 속담(注2)이 있습니다. 이것은 잘 웃는 집에는 좋은 일, 즉 행복이 찾아온다는 뜻입니다. 옛날 사람들은 과학적인 이유는 몰랐지만 웃음이 중요하다는 것을 잘 알고 있었던 것입니다. 웃음은 다른 사람들에게 전해집니다. 마더테레사(注3)는 '나부터 웃으면 웃는 얼굴도 전염됩니다.'라고 말합니다. 그러니까 자신을 위해서뿐만 아니라 주위 사람들을 행복하게 하기 위해서도 잘 웃고, 웃는 얼굴을 잊지 않도록 하고 싶습니다.

(注1) 免疫力(めんえきりょく) : 병의 원인이 되는 바이러스, 세균, 곰팡이 등으로부터 몸을 지키는 힘
(注2) ことわざ : 옛날부터 많은 사람들에게 전해지는 짧은, 살아갈 때에 도움이 되는 말
(注3) マザーテレサ : 가난한 사람을 위해 일한 사람. 노벨평화상을 받았다.

13 왜 항상 웃고 있는 사람은 건강한 거라고 말하는 것인가?

1 즐겁기 때문에
2 병에 걸리지 않기 때문에
3 기분이 좋아지기 때문에
4 면역력이 늘어나기 때문에

14 NK세포는 어떤 세포인가?

1 웃음으로써 줄어드는 세포
2 뇌의 기능을 좋게 하는 세포
3 스트레스가 줄어들면 생기는 세포
4 질병에 지지 않는 힘을 키우는 세포

15 몸을 위해서는 무엇이 좋다고 하고 있는가?

1 잘 웃는 것
2 천천히 말하는 것
3 너무 바쁘게 하지 않는 것
4 주변 사람들을 행복하게 하는 것

16 이 글 전체의 주제는 무엇인가?

1 웃음의 필요성
2 뇌와 웃음의 관계
3 웃음이 갖는 효과
4 NK세포의 역할

단어

| 声を出す 소리를 내다 | 血 피 | 流れる 흐르다 | 温まる 따뜻해지다 | 脳 뇌 | 働き 역할. 기능 | 減らす 줄이다 | さらに (더욱) 더 | 重要だ 중요하다 | 免疫力 면역력 | 高める 높이다 | 治る 낫다 | ＮＫ細胞 내추럴 킬러 세포(natural killer cell) | 原因 원인 | なくす 없애다 | 防ぐ 막다 | 門 문 | 福 복 | 来る 오다 | ことわざ 속담 | 幸せ 행복 | 科学的 과학적 | マザーテレサ〈인명〉마더테레사 | 笑顔 웃는 얼굴 | 伝染する 전염되다 | 周り 주위 | 忘れる 잊다 | ウイルス 바이러스 | 細菌 세균 | カビ 곰팡이 | 守る 지키다 | 伝える 전하다 | 生きる 살다 | 役に立つ 도움이 되다. 쓸모가 있다 | 貧しい 가난하다 | ノーベル平和賞 노벨평화상 | 減る 줄다 | 負ける 지다 | 全体 전체 | 必要性 필요성 | 関係 관계 | 効果 효과 |

해설

[13] 항상 웃는 사람이 건강한 이유를 찾아 보자. 두 번째 문장부터 보면 웃음의 장점들을 말하며, 더 중요한 것은(더 중요한 것은)로 시작되는 네 번째 문장에서 더 중요한 것에 대해 말하고 있다. 정답은 4번이다.

[14] 선택지에는 본문에 쓰인 표현과 다르게 표현된 것 때문에 혼동하지 말아야 한다. 여섯 번째, 일곱 번째 문장에 NK세포에 대한 설명이 나와 있다. 정답은 4번이다.

[15] 첫 문장을 보아도 내용 전체를 보아도 웃음의 순기능에 대해 이야기하고 있다. 정답은 1번이다.

[16] 두 번째부터 네 번째 문장까지 웃음의 효과에 대해 과학적인 측면에서 말하고 있으며, 중반 이후에는 웃음은 전염이 되며 주위 사람들을 행복하게 한다는 내용이 나온다. 정답은 3번이다.

3고에서 4저로라고 해도 무슨 말인지 모를 것이다. 이것은 여성이 결혼하고 싶은 사람의 조건이라고 한다. 좋아하는 남성과 결혼할 수 있다면 가난해도 좋다는 뜻의 '쪽박을 차더라도' 등의 말은 이제 ①사어(注1)가 되었다. 3고는 ⓐ고신장, ⓑ고학력, ⓒ고수입을 가리킨다. ⓐ는 키가 클 것, ⓑ는 대학이나 대학원을 졸업했을 것, ⓒ는 수입이 많을 것을 뜻한다. 지금은 ⓓ저자세, ⓔ저의존, ⓕ저위험, ⓖ저연비의 4저의 시대라고 한다. 즉 ⓓ는 잘난 체하지 않을 것, ⓔ는 자기 일은 자기가 할 것, ⓕ는 직업을 잃을 걱정이 없을 것, ⓖ는 취미 등 자신을 위해 돈을 쓰지 않을 것을 말한다. 3고는 경제가 좋았을 시대의 이야기이기 때문에 ②키가 큰 것은 차치하고 고수입의 젊은이는 있었겠지만, 4저는 거의 없을 것이다. 특히 ⓖ저연비의 조건은 남성의 결혼하려는 마음을 잃게 만들 것이다. 결혼으로 취미를 포기해야 한다면 결혼하지 않는 편이 낫다고 생각하는 사람도 있을 것이다. 하지만 이것은 '~라면 좋겠다'라는 희망이며, 예나 지금이나 실제로는 조건에 맞는 사람이 아니면 싫다고 하는 사람은 그리 많지 않을 거라고 생각한다. 다른 자료에서는 ⓗ자상함, ⓘ배려(注2), ⓙ가치관(注3)으로 실제로는 마음이나 사고방식 즉 내면이 더 중요하다고 생각하고 돈이나 학력, 직업 등은 하위였다. ③좀 안심했다.

(注1) 死語 : 사용하지 않게 된 단어
(注2) 思いやり : 친절한 마음으로 무언가를 해 주는 것
(注3) 価値観 : 가치는 얼마나 중요한가 또는 쓸모가 있는가 하는 것. 가치관은 무언가의 가치에 대한 생각

[17] ①사어가 되었다는 것은 여기서 어떤 상태를 말하는가?

1 '쪽박을 차더라도'라는 말을 사용해서는 안 되는 상태
2 '쪽박을 차더라도' 대신에 다른 말이 사용되는 상태
3 '쪽박을 차더라도'라는 말을 더 사용했으면 하는 상태
4 '쪽박을 차더라도'라는 말을 사용하는 일이 없는 것 같은 상태

18 ②키가 큰 것은 차치하고 고수입의 젊은이는 있었을 것이다란 어떤 의미인가?
1. 키가 크고 고수입인 젊은이는 없었을 것이다.
2. 키를 생각하지 않는 수입이 많은 젊은이는 있었을 것이다.
3. **키가 큰지는 몰라도 수입이 많은 젊은이는 있었을 것이다.**
4. 키가 큰 사람은 없었지만 고수입인 젊은이는 있었을 것이다.

19 글쓴이는 왜 ③좀 안심한 것인가?
1. 돈이나 학력, 직업 등으로 선택하는 사람은 거의 없었기 때문에
2. 돈이나 학력, 직업은 중요하지 않다고 생각하는 사람들뿐이었기 때문에
3. **돈이나 학력, 직업에 비해 마음이 더 중요하다고 생각하는 사람이 많았기 때문에**
4. 돈이나 학력, 직업만큼 마음이 중요하다고 생각하지 않는 사람이 많았기 때문에

20 본문 내용과 맞는 것은 어느 것인가?
1. 요즘은 조건을 생각해서 결혼하는 사람은 없어졌다.
2. 조건과 맞는 사람과 결혼할 수 있는 사람은 거의 없다.
3. 실제로는 결혼의 조건과 반대인 사람과 결혼하는 사람이 많다.
4. **취미가 결혼보다 더 중요하다고 생각하는 사람도 있을 것이다.**

단어

高 고. 높음 | 低 저. 낮음 | 女性 여성 | 結婚する 결혼하다 | 条件 조건 | 男性 남성 | 貧乏だ 가난하다 | 手鍋 손잡이가 달린 냄비 | 下げる 손에 들다 | 死語 사어 | 身長 신장 | 学歴 학력 | 収入 수입 | 表す 나타내다 | 背が高い 키가 크다 | 大学院 대학원 | 卒業する 졸업하다 | 姿勢 자세 | 依存 의존 | リスク 위험. 리스크 | 燃費 연비 | 時代 시대 | 偉い 훌륭하다. (잘)나다 | 無くなる 없어지다 | 趣味 취미 | 経済 경제 | 別として 차치하고 | 若者 젊은이. 청년 | 失う 잃다 | 止める 그만두다 | 希望 희망 | 実際に 실제로 | 嫌だ 싫다 | データー 데이터. 자료 | 優しさ 자상함 | 思いやり 배려 | 価値観 가치관 | 考え方 사고방식 | 価値 가치 | いけない 안 되다 | ~ばかり ~뿐 | 比べる 비교하다 | 最近 요즘 | 反対 반대

해설

17 사어란 과거에는 쓰였으나 현재에는 쓰이지 않게 된 말을 뜻한다. 따라서 정답은 4번이다.

18 ~は別として(~는 차치하고)라는 표현의 뜻만 알아도 답을 찾을 수 있다. '키가 큰 것은 둘째치고', 또는 '키가 크든 크지 않든'이라는 뜻이므로 정답은 3번이다.

19 밑줄 친 부분 바로 앞 문장을 보면 다른 자료에서는 자상함, 배려, 가치관 등 실제로는 마음이나 사고방식을 더 중요하게 생각한다는 내용이 나온다. 따라서 3번이 정답이다.

20 전반부에서 여성이 결혼하고 싶은 사람의 조건에 대해 말하고 있다. 끝에서 세 번째 문장에서는 이 조건들이 어디까지나 희망이며 실제로는 조건에 맞는 사람이 아니면 싫다고 하는 사람은 많지 않을 거라고 했다. 따라서 1번, 3번은 정답이 아니며, 끝에서 네 번째 문장을 보면 취미를 포기해야 한다면 결혼하지 않는 편이 낫다고 생각하는 사람도 있을 거라고 했다. 정답은 4번이다. 선택지 3번의 내용은 본문에 없다.

어릴 때 넘어지거나 했을 때 '아픈 거 날아가라~' 하며 만져 주면 다 나은 것 같은 기분이 들었던 적이 있을 것이다. 기분 탓이라고 생각했는데 정말로 통증이 줄었던 것이라고 한다. 실은 만져 주면 뇌(注1)에 '아픈' 것뿐만 아니라 '만져 주었다'는 것도 전달해야 하기 때문에 통증의 전달이 감소한다고 한다. 또 통증을 줄이는 호르몬(注2)도 나온다고 한다.

이 호르몬은 스트레스도 줄일 수 있고 치유하는(注3) 힘도 있다고 한다. 불안할 때, 누군가를 만지거나 누군가가 만져 주면 안심하는 것은 그 때문이다. 상대는 인간이 아니라 사물이어도 괜찮은 모양이다. 어린 아이가 잘 때 봉제 인형(注4)을 껴안거나 담요 등을 만지거나 하는 것은 ①이 때문일 것이다. 그래서 봉제 인형 테라비, 인형 테라피, 애니멀 테라피 등이 좋은 것이다. 모두 접촉함으로써 불안을 줄인다. 파로라는 이름의 로봇도 그중 하나다. 파로는 귀엽고 푹신해서 보면 저절로 만지거나 껴안고 싶어진다. 노인 복지 시설에서도 자주 사용되고 있다. 항상 화가 나 있고 돌보는 사람을 힘들게 하는 노인도 파로를 만진 뒤에는 조용해진다고 한다. ②만지는 것이 매우 좋다는 것을 알 수 있다.

(注1) 脳 : 머릿속의 몸을 움직이거나 생각하거나 느끼거나 하는 곳
(注2) ホルモン : 몸의 상태를 좋게 하기 위한 것
(注3) いやす : 질병이나 상처, 마음 등을 치료하는 것
(注4) ぬいぐるみ : 헝겊으로 만든 동물 속에 부드러운 것 등을 넣은 것

21 아픈 곳을 만져 주면 어떻게 되는가?

1 통증이 없어진다.
2 통증을 줄일 수 있다.
3 통증이 전달되지 않는다.
4 아픈 곳이 낫는다.

22 만지거나 껴안거나 하는 것에는 어떤 힘이 있는가?

1 아프지 않게 된다.
2 불안하지 않게 된다.
3 기분이 가라앉는다.
4 스트레스가 없어진다.

23 ①이 때문일 것이다란 무엇 때문인가?

1 물건이라도 만지고 있으면 안심하기 때문
2 외로워서 혼자서 자기 싫기 때문
3 자기 위해 봉제 인형 등이 필요하기 때문
4 어린 아이가 안심하는 방법을 알고 있기 때문

24 무엇을 보고 ②만지는 것이 매우 좋다는 것을 알 수 있다고 말하고 있나?

1 노인이 파로를 만지고 싶어 하는 것을 보고
2 화가 난 사람도 파로를 만지면 침착해지는 것을 보고
3 파로를 만진 노인이 모두 행복해지는 것을 보고
4 파로가 있으면 돌보는 사람이 곤란에 처하는 일이 없어지는 것을 보고

단어

| 転ぶ 넘어지다 | 飛んでけ 날아가거라(飛んでいけ의 줄임말) | 触る 닿다. 손을 대다 | 気がする 기분이 들다 | 痛み 통증 |
脳 뇌 | ~方 ~법 | 減らす 줄이다 | いやす 치유하다 | 不安だ 불안하다 | 相手 상대방 | ぬいぐるみ 봉제 인형 | 抱く 안다 |
毛布 담요 | セラピー 테라피 | 人形 인형 | アニマル 애니멀. 동물 | 触れる 닿다. 접촉하다 | パロ 홀로 사는 노인들의 적적함을 달래 주기 위해 개발된 애완용 로봇(PARO) | ふわふわ 푹신푹신 | つい 무심결에. 그만 | 老人施設 노인 복지 시설 |
怒る 화내다 | 世話をする 돌보다 | 困る 곤란하다. 난처하다 | お年寄り 노인. 어르신 | 動かす 움직이게 하다 | 感じる 느끼다 | ケガ 상처. 부상 | 治す 치료하다 | 布 천 | 柔らかい 부드럽다 | 治る 낫다 | 落ち込む 가라앉다 | 寂しい 외롭다 | 落ち着く 침착하다 |

해설

21 세 번째 문장에 아픈 곳을 만져 주면 통증이 감소한다는 내용이 나온다. 정답은 2번이다.

22 첫째 단락 후반부에 만져 주면 통증을 줄이는 호르몬이 나온다고 했고, 둘째 단락 첫 번째 문장에 이 호르몬이 스트레스도 감소시키고 치유하는 힘이 있다고 했다. 둘째 단락 다섯 번째, 여섯 번째 문장에 접촉함으로써 불안을 줄인다고 했다. 정답은 2번이다.

23 둘째 단락 처음부터 밑줄 친 부분이 속한 문장을 보면 '이 호르몬은 스트레스도 줄일 수 있고 치유하는 힘도 있다고 한다. 불안할 때, 누군가를 만지거나 누군가 만져 주면 안심하는 것은 그 때문이다. 상대는 인간이 아니라 사물이어도 괜찮은 모양이다. 어린 아이가 잘 때 봉제 인형을 껴안거나 담요 등을 만지거나 하는 것은 이 때문일 것이다'라고 했다. 정답은 1번이다.

24 바로 앞 문장을 보면, 항상 화를 내고 돌보는 사람을 힘들게 하는 노인도 파로를 만진 뒤에는 조용해진다는 내용이 나온다. 정답은 2번이다.

레스토랑의 무단 취소(注1)가 예약객 전체의 1~3%가 된다고 하며 손실액(注2)은 연 2,000억 엔에 이른다고 한다. 취소 요금을 거의 청구하지(注3)못하고 있기 때문이다. 손님에게 반드시 지불해야 한다는 생각이 없기 때문에 가끔 비싼 취소 요금이 청구되어 놀랐다거나 학생의 무단 취소가 인터넷상에서 확산되어 대학이 난처하다는 이야기가 뉴스가 된다. 무단 취소의 이유는 'ⓐ자리를 잡아 두고 싶어서 여러 곳을 예약했다.' 'ⓑ예약을 깜빡 잊어버렸다.' 'ⓒ인기 식당이었기 때문에 일단(注4) 예약했다.'이다. ①손님이 너무 무른 생각을 하고 있다. 비행기나 호텔 등과 마찬가지로 레스토랑의 취소 요금도 지불한다는 생각이 확산되면 신중히 생각해서 예약하게 될 것이다. 이것은 ②금방 해결될 문제가 아니다. 그래서 아직 인기 식당에 한해서이지만 레스토랑의 재판매(注5)가 시작되었다. 이것은 취소된 레스토랑을 회원에게 다시 파는 것이다. 예약을 하기 어려운 레스토랑들뿐이어서 언제든지 가고 싶다는 회원이 있기 때문에 이 장사가 성립되고 있다. 또 일반 가게에 대해 손해를 보상하는(注6) 비즈니스도 시작되었지만 비즈니스이기 때문에 어느 것도 공짜는 아니다. 또 무단 취소에는 다른 문제도 있다. 대부분의 식품을 버리게 되기 때문이다. 또 가게도 그것을 고려해서 가격을 정하기 때문에 ③손님에게 득이 될 것이 없는 것이다.

(注1) 無断キャンセル : 취소하는 것을 알리지 않고 취소하는 것
(注2) 損失額 : 잃어버린 이익. 손해 본 금액
(注3) 請求する : 무언가를 하도록 말하다. 여기서는 지불하도록 말하는 것
(注4) とりあえず : 여기서는 나중 일은 생각하지 않고의 뜻
(注5) 再販 : 다시 파는 것
(注6) 損害を補償する : 여기서는 받을 수 없었던 돈을 받을 수 있는 것

25 ①손님이 너무 무른 생각을 하고 있다는 것은 어떤 것인가?

1. 무단 취소를 나쁘다고 생각하고 있지 않다.
2. **가게를 생각하지 않고 너무 쉽게 예약한다.**
3. 손님이 레스토랑을 동시에 지나치게 예약하고 있다.
4. 무단으로 취소할 생각으로 예약하고 있다.

26 왜 ②금방 해결될 문제가 아닌가?

1. 취소 비용을 지불하게 할 방법이 없기 때문에
2. 가게가 취소 비용에 대해 알리지 않기 때문에
3. **모두의 생각이 바뀌는 데 시간이 걸리기 때문에**
4. 가게가 취소 비용을 받으려 하고 있지 않기 때문에

27 ③손님에게 득이 될 것이 없는 것은 왜인가?

1. 어느 가게도 예약을 하기 어려워지기 때문에
2. 인터넷에 이름이 나오기 때문에
3. 나중에 취소 요금을 지불해야 하기 때문에
4. **가게가 취소로 인한 손해를 예상하여 가격을 매기기 때문에**

28 내용과 맞는 것은 어느 것인가?

1. 인기 식당은 무단 취소 당해도 괜찮다.
2. **무단 취소가 뉴스가 되는 일도 있다.**
3. 무단 취소로 버리는 식품은 2,000억 엔이 된다.
4. 일반 가게는 무단 취소의 손해를 만회할 방법이 없다.

단어

無断 무단 | 予約 예약 | 客 손님 | 損失額 손실액 | ~料 ~요금 | 請求する 청구하다 | たまに 가끔 | 驚く 놀라다 | ~上で ~상에서 | 広まる 확산되다 | 話 이야기 | 取る 잡다. 취하다 | うっかり 무심코. 깜빡 | 忘れる 잊다 | とりあえず 우선. 일단 | 甘える (남의 호의나 친절 등을) 적절히 이용하다. 상대방의 호의에 기대다 | 解決する 해결하다 | 限る 제한하다. 한정하다 | 再販 재판매 | 会員 회원 | 商売 장사 | 成り立つ 성립하다 | 普通 보통 | 損害 손해 | 補償する 보상하다 | ただ 단지. 그저 | 食品 식품 | 捨てる 버리다 | ためになる 이익이 되다 | 失くす 잃다 | 利益 이익 | 損をする 손해를 보다 | 金額 금액 | 同時に 동시에 | つもり 예정 | 知らせる 알리다 | 変わる 바뀌다 | 後で 나중에 | 予想する 예상하다 | 値段をつける 가격을 매기다 | 取り戻す 되찾다. 만회하다

해설

25 甘える라는 표현은 응석을 부린다거나 상대방의 호의를 이용한다는 뜻으로 해석할 수 있으며, 바로 앞 문장을 보면 손님들이 무단 취소를 하는 세 가지 경우를 들고 있다. 예약을 가볍게 생각하기 때문에 이런 일들이 일어나는 것이므로 정답은 2번이다.

26 밑줄 친 부분의 이유를 유추해야 하는 문제이다. 무단 취소에 대한 인식이 부족하기 때문에 그 생각이 바뀌는 데는 시간이 걸릴 것이므로 금방 해결될 문제가 아니라고 했다는 것을 유추할 수 있다. 정답은 3번이다.

27 밑줄 친 부분이 속한 문장과 그 앞 문장을 보면 무단 취소로 인해 버려지는 식품 때문에 그 손해를 감안하여 가격이 매겨질 것이므로 손님에게도 득이 될 것이 없다고 한 것이다. 정답은 4번이다.

28 인기 가게에 한해 재판매가 가능하다고는 했지만 그렇다고 무단 취소를 해도 된다는 말은 아니므로 1번은 본문 내용과 다르고, 무단 취소로 버려지는 식품이 2천억 엔이 아니라 손실액이 연간 2천억 엔에 이른다고 했으므로 3번도 정답이 아니다. 일반 가게에 대한 손해를 보상하는 사업도 시작되었다고 했으므로 4번도 내용과 다르다. 정답은 2번이다.

로봇 슈트 HAL은 훈련(注1) 로봇이다. 뇌(注2)의 질병이나 상처가 원인으로 걷지 못하게 된 사람을 걸을 수 있도록 훈련한다. 처음에 전극 패드(注3)를 붙이고 나서 14킬로의 HAL을 몸에 부착한다. 그다지 무게는 느끼지 않는 모양이다. 부착해도 금방 걸을 수 있게 되는 것은 아니고 훈련이 필요하다. 걸으려는 의지는 약한 전기 신호(注4)가 되어 뇌에서 근육(注5)으로 보내진다. 그 전기 신호는 몸의 표면에도 전달된다. 그것을 몸에 부착한 전극 패드에서 받아 컴퓨터에 전달한다. 컴퓨터는 그것을 모터(注6)로 전달한다. 그러면 모터가 움직여 걸을 수 있다. HAL을 부착한 사람의 생각대로 걸을 수 있도록 도와준다. 그리고 연습하면 걸을 수 있다는 느낌이 뇌에 전달된다. 몇 번이고 연습하는 동안에 뇌가 걷는 데 필요한 신호를 보내는 방법을 학습하여 걸을 수 있게 된다. 그중에는 절대로 걷지 못한다는 말을 의사에게 들었는데 4회 훈련한 것만으로 20일 후에는 다리가 움직이고, 다음 날 설 수 있고 2개월 후에는 걸어서 퇴원한 사람도 있다고 한다. 사람에 따라서 효과가 나타나는 방법이 달라 별로 효과가 없는 경우도 있지만 걷지 못하더라도 그때까지 설 수 없었던 사람이 설 수 있게 되거나 하기 때문에 많은 사람들이 기뻐하고 있다. 이 멋진 HAL은 대여할 뿐 현재는 판매할 예정은 없다고 한다. HAL의 연구는 계속되고 있어 계속 좋은 것으로 바뀌고 있기 때문이다. 이것은 회사의 양심(注7)일지도 모른다.

(注1) 訓練 : 트레이닝. 계속해서 연습하는 것
(注2) 脳 : 머리 속의 몸을 움직이거나 생각하거나 느끼거나 하는 곳
(注3) 電極パッド : 전극은 전기를 통하게 하는 것의 끝. 패드는 붙이는 것
(注4) 電気信号 : 전기를 사용해 무언가를 전달하는 방법
(注5) 筋肉 : 몸을 움직일 때 사용하는 몸의 부분
(注6) モーター : 물건을 움직이는 기계
(注7) 良心 : 좋은 일을 하려고 하는 마음

29 회사의 양심일지도 모른다고 되어 있는데 무엇을 양심이라고 말하고 있나?

1 HAL을 대여하고 있는 것
2 오래된 HAL을 팔지 않는 것
3 HAL의 연구를 계속하고 있는 것
4 새로운 HAL을 만들고 있는 것

30 왜 HAL이 없어도 걸을 수 있게 되는 것일까?

1 모터가 움직여 다리를 움직이게 하기 때문에
2 뇌가 걷고 싶다고 생각하게 되기 때문에
3 HAL이 보내는 신호를 받게 되기 때문에
4 뇌가 걷기 위한 신호를 보낼 수 있게 되기 때문에

| 31 | HAL의 효과는 어떤 것인가?

　　1　효과는 사람에 따라 다르다.
　　2　금방 효과가 있어서 걸을 수 있게 된다.
　　3　트레이닝 효과로 걸을 수 있게 된다.
　　4　누구나 걸을 수 있게 될 만큼 효과가 있다.

| 32 | 본문의 내용은 무엇인가?

　　1　HAL의 연구
　　2　HAL의 소개
　　3　HAL의 훈련
　　4　HAL의 효과

단어

ロボットスーツ 로봇 슈트 | 訓練(くんれん) 훈련 | ケガ 상처 | 原因(げんいん) 원인 | 最初(さいしょ) 처음 | 電極(でんきょく) 전극 | パッド 패드 | はる 붙이다 | 付(つ)ける 붙이다. 부착하다 | 重(おも)さ 무게 | 感(かん)じる 느끼다 | 意志(いし) 의지 | 弱(よわ)い 약하다 | 電気(でんき) 전기 | 信号(しんごう) 신호 | 筋肉(きんにく) 근육 | 送(おく)る 보내다 | 表(おもて) 겉. 표면 | 受(う)け取(と)る 받아들이다 | 考(かんが)え通(どお)りに 생각대로 | 助(たす)ける 돕다 | 練習(れんしゅう)する 연습하다 | ～うちに ~하는 동안에 | 学習(がくしゅう)する 학습하다 | 絶対(ぜったい)に 절대로 | 医者(いしゃ) 의사 | 退院(たいいん)する 퇴원하다 | ～によって ~에 따라 | 効果(こうか) 효과 | 表(あらわ)れる 나타나다. 드러나다 | すばらしい 멋지다. 훌륭하다 | 研究(けんきゅう) 연구 | 続(つづ)く 계속되다 | 次々(つぎつぎ)と 계속해서. 잇달아 | 変(か)わる 바뀌다 | 良心(りょうしん) 양심 | 続(つづ)ける 계속하다 | 動(うご)かす 움직이게 하다 | 通(とお)す 통과시키다 | はし 끝 | 張(は)り付(つ)ける 붙이다 | 造(つく)る 만들다 | 受(う)ける 받다 | 紹介(しょうかい) 소개

해설

| 29 | 회사의 양심이란 무엇을 말하는지 찾아 보자. 앞의 두 문장을 보면 HAL은 판매하지 않고 대여만 하고 있으며 그 이유는 연구가 계속되고 있어서 계속해서 기능이 좋아지고 있기 때문이다. 따라서 정답은 1번이다.
| 30 | 본문의 중간쯤에 何度も(몇 번이고)로 시작되는 문장을 보면 HAL이 없어도 걸을 수 있는 이유는 여러 차례 연습을 하는 중에 뇌가 걷는 데 필요한 신호를 보내는 방법을 학습해서 걸을 수 있게 된다고 했다. 따라서 정답은 4번이다.
| 31 | 다섯 번째 문장에서 금방 걸을 수 있게 되는 것은 아니라고 했고 끝에서 네 번째 문장에서 사람에 따라 효과가 나타나는 방법이 다르다고 했다. 정답은 1번이다.
| 32 | 처음부터 끝까지 HAL이 무엇인지 어떻게 사용하고 어떤 효과가 있는 설명하고 있으므로 정답은 2번이다.

　　일본에는 75세 이상으로 운전면허증을 가진 사람이 500만 명 이상 있다. 그래서 고령자(注1)가 일으키는 교통사고도 많다. 교통사고로 죽은 사람은 1970년이 가장 많아 16,765명이었지만 작년에는 3,532명으로 줄었다. 그러나 그 10% 이상이 75세 이상이 일으키고 있는 사고다. 지금은 75세 이상에게 운전능력검사(注2)를 하고 있는데 이것으로 ①충분하지 않다는 것이 분명해졌다. 검사에서 문제가 없어도 운전 중에 갑자기 무언가가 발생했을 때 잘 대응(注3)하지 못하는 노인이 많다. 위험하기 때문에 운전을 그만했으면 좋겠지만 좀처럼 그만두는 사람이 없다. 이유 중 하나로 운전면허증을 신분증(注4)으로 사용하고 있다는 점이 있다. 그래서 경찰은 대신에 '②운전경력증명서(注5)'를 발급하고 있다. 또 면허를 반납한 사람의 버스 요금을 반으로 줄이기도 하고 택시 요금을 싸게 하거나 하고 있는 시 등도

있다. '유상(注6) 자원봉사 수송 제도'를 만든 곳도 있다. 자원봉사자가 자신의 차에 태워 주는 제도다. 이용 요금은 싸며 운전자도 조금 돈을 받을 수 있다. 이런 일로 75세 이상으로 운전을 그만하는 사람이 조금씩 늘고 있다. 하지만 승용차 외에 이동(注7) 방법이 없는 경우는 생활을 위해 운전은 그만하고 싶지만 그만할 수 없다. ③나라가 어떻게든 해야 할 문제라고 생각한다.

(注1) 高齢者 : 나이가 든 사람
(注2) 運転能力検査 : 운전할 힘이 있는지 어떤지 알아보는 것
(注3) 対応 : 일어난 일에 대해 무언가를 하는 것
(注4) 身分証明書 : 이것으로 이름, 주소, 태어난 연월일 등을 알 수 있는 서류
(注5) 運転経歴証明書 : 운전면허를 취득한 연월 등을 알 수 있는 서류
(注6) 有償 : (상대방이) 해 준 것에 대해 돈을 내는 것
(注7) 移動 : 움직여서 가는 것

[33] 왜 운전능력검사가 ①충분하지 않다는 것이 분명해졌다는 것인가?
  1 검사를 받았는데 죽는 사람이 증가하고 있기 때문에
  2 검사를 받았는데 사고를 일으키는 노인이 많기 때문에
  3 검사를 받았기 때문에 운전할 수 있는 사람이 늘고 있기 때문에
  4 검사를 받았는데 교통사고로 죽는 노인이 늘고 있기 때문에

[34] ②'운전경력증명서'를 발급하고 있는 이유는 무엇인가?
  1 운전경력증명서가 면허증 대신이 되기 때문에
  2 운전경력증명서가 없으면 신분 증명을 할 수 없기 때문에
  3 운전경력증명서가 있으면 이름이나 주소 등을 알 수 있기 때문에
  4 운전경력증명서가 없으면 버스 등을 싸게 탈 수 없기 때문에

[35] ③나라가 어떻게든 해야 할 문제는 무엇인가?
  1 운전을 그만두는 사람을 늘리도록 하는 것
  2 어디에서든 전철이나 버스가 지나갈 수 있도록 하는 것
  3 고령자가 일으키는 사고를 줄이도록 하는 것
  4 운전하지 않아도 어디든지 갈 수 있도록 하는 것

[36] 이 글의 주제는 무엇인가?
  1 고령자와 교통사고
  2 고령자와 운전면허
  3 고령자의 이동 방법
  4 고령자의 운전 능력

단어

運転 운전 | 免許証 면허증 | 高齢者 고령자 | 起こす 일으키다 | 交通 교통 | 事故 사고 | 去年 작년 | 減る 줄다 | 能力 능력 | 検査 검사 | はっきりする 분명해지다 | ~中 ~중 | うまく 잘 | 対応 대응 | 老人 노인 | 止める 그만두다 | なかなか

좀처럼 | 身分 신분 | 証明書 증명서 | そこで 그래서 | 警察 경찰 | 代わりに 대신에 | 経歴 경력 | 免許 면허 | 返す 돌려주다 | 有償 유상 | 輸送制度 우송 제도 | 乗せる 태우다 | 料金 요금 | 運転者 운전자 | 移動 이동 | 年を取る 나이를 먹다 | 調べる 알아보다, 조사하다 | 住所 주소 | 年月日 연월일 | 書類 서류 | 年月 연월 | 増加する 증가하다 | 増やす 늘리다 | 通る 지나가다, 통과하다

해설

[33] 밑줄 친 부분의 다음 문장을 보면, 검사에서 문제가 없어도 운전 중 갑자기 발생한 상황에 대응하지 못하는 노인이 많다고 했다. 정답은 2번이다.

[34] 밑줄 친 부분의 앞 문장을 보면, 운전면허증을 신분증으로 사용하고 있기 때문에 경찰은 신분증을 대신할 수 있도록 운전경력증명서를 발급하는 것이다. 따라서 정답은 3번이다.

[35] 밑줄 친 부분의 앞 문장을 보면, 승용차 외에 이동할 방법이 없는 경우에 운전을 안 할 수가 없다는 내용이 나온다. 따라서 정답은 4번이다.

[36] 고령자의 운전으로 인해 발생하는 교통사고를 줄이기 위한 방법으로 운전면허의 자발적 반납을 유도하는 대책에 대해 말하고 있다. 정답은 2번이다.

영국에서 산업 혁명이 진행 중이던 1910년대에 러다이트 운동이 일어났다. 사람이 하던 일을 기계가 하기 시작하여 일이 없어진 노동자가 화가 나서 기계를 부순 것이다. 지금은 전 세계의 공장에서 기계가 제품을 만들고 있다. 사람이 거의 없는 공장도 있다.

지금부터 10~20년이면 반 이상의 일을 사람 대신 AI(注1)가 하게 될 모양이다. ①그만큼은 발전되지 않을 거라고 생각하지만 벌써 자동 운전 자동차(자율주행차)도 있으니까 언젠가는 그렇게 될 것임에 틀림없다. 몸을 쓰는 일뿐만 아니라 머리를 쓰는 일도 사라질 것이다. 그 시대에 더 이상 ②러다이트 운동은 일어나지 않는다. 어디선가 일으켜도 어디선가 진행될 것이므로 결국 일을 잃게 될 것이기 때문이다.

그러면 인간이 아니면 할 수 없는 일이란 무엇일까. 자료를 모으거나 그것으로부터 무언가를 찾거나 하는 것은 AI가 더 잘한다. 자료를 가지고 병을 진단하는 것은 물론 병을 치료하는 방법을 정하는 것도 AI가 할 수 있다. 변호사(注2)조차 대부분이 일을 잃는다고 한다. 그러면 사람은 무엇을 하면 좋을까. 불안할 것이다. 하지만 어느 시대에나 새로운 일이 생겨나는 법이니까 너무 걱정할 필요는 없다고 ③역사는 가르쳐 준다. AI의 일이 늘어남에 따라 인간이 하는 일은 줄지만 생각하는 일만은 남을 것이다. AI가 인간 대신에 무언가를 새롭게 만들어 낼 수는 없기 때문이다. 인간은 디자인 등 창조적인 일을 할 것이다. 혹은 좋아하는 일만 하며 살아갈 수 있는 시대가 될지도 모른다. 나로서는 후자가 좋지만.

(注1) AI : 인공 지능. 컴퓨터를 사용하여 인간의 머리의 역할과 같은 일을 하는 것
(注2) 弁護士 : 법률에 관한 것을 부탁받아 하는 사람

[37] ①그만큼이라고 했는데 그만큼이란 어느 만큼을 말하는가?

1 지금 있는 모든 일의 반이 없어질 정도
2 지금 있는 일의 50% 이상을 AI가 하고 있을 정도
3 장래의 일의 절반 이상을 AI가 하고 있을 정도
4 AI가 지금 있는 일의 대부분을 하게 될 정도

38 왜 ②러다이트 운동은 일어나지 않는다고 했나?

1. 인간은 진보를 멈추고 과거로 돌아갈 수 없기 때문에
2. **일으키든 일으키지 않든 일이 없어지는 것은 마찬가지이기 때문에**
3. AI와 완전히 똑같은 일을 인간이 대신할 수 없기 때문에
4. 과거의 러다이트 운동이 실패로 끝난 것을 알고 있기 때문에

39 ③역사는 가르쳐 준다고 했는데 무엇을 가르쳐 주는가?

1. 인간이 곤란에 맞서는 힘을 가지고 있는 것
2. 인간이 항상 계속해서 진보해 오고 있는 것
3. **인간이 항상 새로운 일을 창출해 온 것**
4. 인간이 항상 인간을 위해 기계를 이용해 온 것

40 글쓴이는 어떻게 되기를 바라고 있나?

1. 일은 전혀 하지 않고 놀면서 지낼 수 있는 것
2. AI가 할 수 없을 것 같은 좋아하는 일을 해 나가는 것
3. **일은 AI에게 시키고 자유롭게 지낼 수 있는 것**
4. 디자인 등의 창의적인 일을 하는 것

단어

産業革命 산업 혁명 | 進む 진행되다, 발전하다 | ラッダイト運動 러다이트 운동 | 起きる 일어나다 | 労働者 노동자 | 怒る 화내다 | 壊す 부수다, 파괴하다 | 世界中 전 세계 | 工場 공장 | 製品 제품 | ～さえ ~조차 | ～に代って ~을 대신해서 | AI 인공 지능 | もう 이미, 더 이상 | 間違いない 틀림없다 | 結局 결국 | 失う 잃다 | 探す 찾다 | 得意だ 잘하다 | 診断 진단 | 治す 고치다, 치료하다 | 弁護士 변호사 | 歴史 역사 | ～に従って ~에 따라서 | 残る 남다 | ～の代わりに ~대신에 | 作り出す 만들어 내다 | クリエイティブだ 창의적이다 | 後者 후자 | 人工知能 인공지능 | 法律 법률 | 関係する 관계하다 | 将来 장래 | 進歩 진보 | 止める 멈추다 | 戻る 돌아가다 | 全く 완전히, 전혀 | 過去 과거 | 失敗 실패 | 困難 곤란 | 向かう 맞서다 | 生み出す 창출하다 | 望む 바라다 | 自由 자유

해설

37 それ(그것), その(그) 등의 말이 가리키는 것을 찾으려면 그 앞을 살펴보아야 한다. 여기서 それ는 바로 앞 문장에 있는 '반 이상의 일을 사람 대신 AI가 하게 될 것'이라는 것을 의미하기 때문에 정답은 2번이다.

38 밑줄 친 부분 바로 뒤에 그 이유가 나온다. '어디선가 일으켜도 어디선가 진행될 것이므로 결국 일을 잃게 될 것이기 때문'이라고 했기 때문에 정답은 2번이다.

39 밑줄 친 부분의 앞 부분을 보면 '어느 시대든 새로운 일이 생겨난다'고 했다. 따라서 정답은 3번이다.

40 끝에서 두 번째 문장을 보면 '좋아하는 것만 하며 살아갈 수 있는 시대가 될지도 모른다'고 말하며 마지막 문장에서 자신은 그것이 좋다고 했기 때문에 정답은 3번이다.

問題 7 정보 검색

실전 연습 ▶ p.90

1	3	2	3	3	4	4	2	5	3	6	2	7	4	8	4
9	4	10	1	11	2	12	3	13	2	14	4	15	2	16	2
17	1	18	1	19	3	20	4								

문제7 오른쪽 페이지는 영화를 보기 위한 정보이다. 이것을 읽고 아래의 질문에 답하시오. 답은 1·2·3·4 중에서 가장 알맞은 것을 하나 고르시오.

1 야마다 씨의 딸은 뮤지컬, 아들은 미스터리를 보고 싶어 한다. 야마다 씨와 부인은 아무거나 괜찮다. 4명이 함께 보러 갈 수 있는 날은 며칠인가?

  1 16일   2 22일
  3 23일   4 30일

2 그날 낮에 영화를 보러 가면 얼마가 드는가?

  1 6,100엔   2 5,400엔
  3 4,500엔   4 4,000엔

야마다 씨의 정보

> 야마다 씨 : 52세 평일(注1)은 일함
>
> 부인 : 48세 화·목·토는 일함
> 아들 : 대학교 1학년. 10일부터 20일까지 여행
> 딸 : 중학교 2학년. 24일부터 29일까지 학원(注2)

시네마 콤플렉스(注3) 영화 일정

> 뮤지컬 '신데렐라' : 7월 23일~8월 14일
> 애니메이션 '오리온' : 7월 15일~8월 4일
> 미스터리 '해저로부터' : 6월 30일~7월 28일
> 호러 '그날' : 7월 14일~8월 4일

영화 요금

> 일반 : 1,800엔   시니어(60세 이상) : 1,100엔
> 학생(대학·전문학교·고등학교) : 1,500엔   중학생 이하~3세 : 1,000엔
> 영화의 날 : 1월을 제외한 매월 1일 1,100엔
> 매주 수요일 : 여성 1,100엔
> 부부(注4) 2명(둘 중 하나가 50세 이상) : 2,000엔
> 평일 아침 : 1,300엔   평일 저녁 : 1,300엔

7월　　　　　　　　　　　　　　　　　　　　　○ 국경일

월	화	수	목	금	토	일
					1	2
3	4	5	6	7	8	9
10	11	12	13	14	15	16
17	⑱ 바다의 날	19	20	21	22	23
24	25	26	27	28	29	30

(注1) 平日(へいじつ) : 일요일과 나라가 정한 쉬는 날을 포함하지 않는 날. 토요일은 포함시키지 않는 경우도 있다.
(注2) 塾(じゅく) : 학교는 아니지만 공부를 가르치는 곳
(注3) シネマコンプレックス : 하나의 건물에 여러 개의 스크린이 있는 영화관
(注4) 夫婦(ふうふ) : 남편과 아내

단어

映画(えいが) 영화 | 質問(しつもん) 질문 | 答(こた)える 답하다 | 答(こた)え 답 | 娘(むすめ) 딸 | 息子(むすこ) 아들 | ミステリー 미스터리 | 奥(おく)さん 부인 | 平日(へいじつ) 평일 | ~年生(ねんせい) ~학년 | 中学(ちゅうがく) 중학교 | 塾(じゅく) 학원 | シネマコンプレックス 시네마 콤플렉스 | アニメ 애니메이션 | 底(そこ) 바닥, 밑 | ホラー 호러 | 料金(りょうきん) 요금 | 一般(いっぱん) 일반 | シニア 시니어 | 専門学校(せんもんがっこう) 전문학교 | 高校(こうこう) 고등학교 | 中学生(ちゅうがくせい) 중학생 | 以下(いか) 이하 | 除(のぞ)く 제외하다 | 毎月(まいつき) 매월 | 女性(じょせい) 여성 | 夫婦(ふうふ) 부부 | 祝日(しゅくじつ) 국경일, 공휴일 | 決(き)める 정하다 | 休(やす)みの日(ひ) 쉬는 날 | 映画館(えいがかん) 영화관 | 夫(おっと) 남편 | 妻(つま) 아내

해설

1 달력을 보고 불가능한 날짜를 지워 가며 풀어 보자. 우선 남편이 평일에 출근하기 때문에 가능한 요일은 일요일뿐이며, 아들이 10일부터 20일까지 불가능하다. 따라서 가능한 날짜는 23일과 30일. 그중 영화 상영 날짜를 보면 아들과 딸이 보고 싶은 뮤지컬과 미스터리가 모두 상영 중인 날짜는 23일이다. 따라서 정답은 3번이다. (네 명이 모두 같은 영화를 본다는 내용은 없기 때문에 상영관이 많은 시네마 콤플렉스에 가서 제각각 다른 영화를 볼 수 있는 상황이다.)

2 부부가 할인 요금이 적용되므로 2,000엔, 아들은 1,500엔, 딸은 1,000엔이므로 정답은 3번 4,500엔이다.

문제7 오른쪽 페이지는 카드 가입 안내이다. 이것을 읽고 아래의 질문에 답하시오. 답은 1·2·3·4 중에서 가장 알맞은 것을 하나 고르시오.

3 3월 중에 모은 포인트가 31일에 950포인트 있을 때 무엇을 할 수 있나?

1 기프트 카드를 받고 싶으니까 그대로 쌓아 둔다.
2 발권기에서 500엔짜리 구매권을 받고 나머지는 쌓아 둔다.
3 남편의 포인트와 합해 발권기에서 구매권을 두 장 받는다.
4 5,000엔어치 장을 보고 발권기에서 구매권을 두 장 받는다.

4 다음 중 할 수 있는 것은 무엇인가?

1 아이아이 카드를 사용하여 지불하는 것
2 4월 1일에 500포인트를 구매권으로 바꾸는 것
3 백화점에서 아이아이몰 구매권을 사용하는 것
4 5월 20일에 받은 구매권을 12월에 사용하는 것

아이아이카드 가입 안내

- 입회비·회비 무료
  구매, 식사비 100엔마다 1포인트
  500포인트로 아이아이몰에서 사용할 수 있는 구매권(500엔권)으로 바꿀 수 있습니다.
  5,000포인트로 전국의 백화점이나 유명 상점에서 사용할 수 있는 기프트 카드 5,000엔분(1,000엔권 5매)로 바꿀 수 있습니다.
- 아이아이 카드는 신용 카드가 아닙니다.
- 다른 아이아이 카드와 포인트를 합산할 수 없습니다.
- 아이아이 구매권을 사용할 수 있는 있는 것은 교환(注)일로부터 6개월간입니다.
- 포인트는 1년간 모을 수 있습니다. 4월 1일부터 다음 해 3월 31일까지입니다.
- 3월 31일까지 그때까지 모은 포인트를 구매권으로 교환해 주십시오. 4월 1일에는 그때까지 모은 포인트는 0이 됩니다.
- 아이아이 구매권과의 교환은 3층 서비스 카운터의 '구매권 발권기'에서 합니다. 사용법을 모르는 경우에는 카운터의 상담원에게 문의 바랍니다.
- '구매권 발권기'나 영수증으로 현재 가지고 있는 포인트를 알 수 있습니다.

(注) 交換 : 무언가와 무언가를 바꾸는 것

단어

入会 입회 | 案内 안내 | ためる 모으다 | ギフトカード 기프트 카드 | そのまま 그대로 | 発券機 발권기 | 買い物券 구매권 | 残り 남은 것 | 合わせる 합치다 | 支払い 지불 | 換える 바꾸다 | 会費 회비 | 無料 무료 | (お)食事代 식사비 | ~ごとに ~마다 | ~券 ~권 | 全国 전국 | 有名店 유명점 | 交換 교환 | ~より ~부터 | 年 해 | ~階 ~층 | 使い方 사용법 | 相談係 상담 직원 | 訊ねる 묻다 | レシート 영수증

해설

3 아이아이 카드 가입 안내에서 10행을 보면 3월 31일까지 적립된 포인트를 구매권으로 교환하라는 내용이 있다. 4월 1일에는 적립된 포인트가 0이 된다. 따라서 선택지 1, 2번은 오답. 7행을 보면 다른 아이아이 카드와 포인트를 합칠 수 없다고 했으므로 3번도 오답. 2행을 보면 100엔마다 1포인트가 적립된다고 했고, 3행을 보면 500포인트 단위로 500엔권 구매권으로 교환이 가능하므로, 5,000엔어치 물건을 사고 1,000포인트를 채워 구매권 2장을 받는다고 한 4번이 정답이다.

4 아이아이 카드는 신용 카드가 아니므로 구매할 때 사용할 수 없기 때문에 1번은 오답. 백화점에서 사용할 수 있는 것은 아이아이몰 구매권이 아니라 기프트 카드이므로 3번도 오답이다. 8행을 보면 아이아이 구매권은 교환일로부터 6개월간 사용할 수 있다고 했는데 4번은 기간이 지나 버리기 때문에 오답이다. 4월 1일에는 모든 포인트가 0이 되지만 그날 새로 적립한 포인트를 구매권으로 바꿀 수 있기 때문에 2번이 정답이다.

문제7 오른쪽 페이지는 여행 안내와 두 사람의 정보이다. 이것을 읽고 아래의 질문에 답하시오. 답은 1·2·3·4 중에서 가장 알맞은 것을 하나 고르시오.

5 린 씨는 친구와 둘이서 토요일에 당일치기 투어에 참가하고 싶다. 어느 코스를 신청하면 좋을까?

1 A   2 B   3 C   4 D

6 그 코스에 초등학생 아이도 한 명 데리고 가면 전부 합해 얼마가 될까?

1 24,500엔   2 17,000엔   3 13,600엔   4 12,000엔

버스 당일치기 여행 안내

	출발	요금(엔)	출발일	식사	내용
A	6:30	9,800	토 · 일 · 국경일 · 휴일	일식	딸기밭 체험(注1) · 와인 공장 · 일본주 공장. 시음(注2), 와인 기념 선물 포함
B	7:30	8,800	매일	이탈리아 요리	딸기밭 체험 · 와인 공장 · 일본주 공장. 시음 포함
C	9:00	6,800	매일	일식	와인 공장 · 일본주 공장. 시음 포함
D	9:00	4,800	매일	일식 도시락(注3)	딸기밭 체험 · 와인 공장. 시음 포함

★어린이 요금 : 초등학생까지는 반액입니다.

(注1) いちご狩り : 돈을 지불하고 딸기를 직접 따서 먹는 것
(注2) 試飲 : 무료로 마셔 보는 것
(注3) 和風弁当 : 일본 음식이 들어 있는 도시락

두 사람이 하고 싶은 것

1 와인과 일본주를 시음하고 싶다.
2 점심은 일본 음식을 먹고 싶다.
3 아침 이른 코스는 무리다.
4 가능하면 견학 이외의 것도 하고 싶다.

단어

情報 정보 | 日帰り 당일치기 | ツアー 투어 | 参加する 참가하다 | 申し込む 신청하다 | 連れる 동반하다 | 全部で 다 합해서 | 出発 출발 | 祝日 국경일 | 休日 휴일 | 和食 일식. 일본 음식 | いちご狩り 딸기밭 체험 | 工場 공장 | 日本酒 일본주 | 試飲 시음 | おみやげ 기념 선물 | 付き 포함 | 和風 일본풍 | 弁当 도시락 | 半額 반액. 반값 | とる 따다 | 希望 희망. 바라는 것 | 昼食 중식. 점심(식사) | 無理だ 무리다 | 見学 견학 | 以外 이외

해설

[5] 조건을 보면 와인과 일본주 시음을 원하고, 점심에는 일본 음식을 먹고 싶고, 이른 아침에 시작되는 코스는 무리. 가능하면 견학 이외의 것도 하고 싶다. 여행 안내 정보를 보면 우선 이른 아침에 시작되는 A와 B 코스는 무리. 점심에 일본 음식을 먹고 와인과 일본주를 시음할 수 있는 코스는 C인데, 견학 외의 체험은 없다. 하지만 조건에서 '가능하면'이라는 표현이 있었기 때문에 체험은 없어도 할 수 없다고 판단하여 정답은 3번이다.

[6] C코스를 선택한 후 요금을 보면 6,800엔, 친구와 함께 가기 때문에 13,600엔, 추가로 초등학생을 한 명 데리고 가는 경우이므로 별표 부분의 조건을 보면 초등학생까지는 요금의 반값을 지불하면 된다. 13,600+3,400=17,000이므로 정답은 2번이다.

문제7 오른쪽 페이지는 쓰레기 정보이다. 이것을 읽고 아래의 질문에 답하시오. 답은 1·2·3·4 중에서 가장 알맞은 것을 하나 고르시오.

7 맞게 쓰레기를 내놓고 있는 것은 어느 것인가?

1. 9일에 컴퓨터를 집하장에 내놓는다.
2. 16일에 프라이팬을 집하장에 내놓는다.
3. 11일에 신문지를 집의 쓰레기 두는 곳에 내놓는다.
4. 28일에 음식물 쓰레기를 집의 쓰레기 두는 곳에 내놓는다.

8 쓰레기는 어떻게 내놓는가?

1. 쓰레기는 모두 돈을 내고 버려야 한다.
2. 못쓰는 천은 유료 쓰레기 봉투에 넣어 배출해야 한다.
3. 에어컨은 전화로 신청해서 버려야 한다.
4. 병·캔·페트병은 분리하여 배출해야 한다.

1월 쓰레기 달력

일	월	화	수	목	금	토
		1 휴무	2 휴무	3 휴무	4 △P □U	5
6	7 △B	8 □R	9 △OE	10 △B	11 △P □U	12
13	14 △B	15 □R	16 △ND	17 △B	18 △P □U	19
20	21 △B	22 □R	23 △M	24 △B	25 △P □U	26
27	28 △B	29 □R	30 △OE	31 △B		

△ : 집집마다 수집합니다.
□ : 집하장(쓰레기를 모으는 장소)에서 수집합니다.
B : 가연 쓰레기(타는 쓰레기)
U : 못쓰는 종이·못쓰는 천(헌 종이·천)
P : 플라스틱 용기 포장류(식품 등을 싸고 있는 플라스틱)
R : 병·캔·페트병(재활용)
OE : 식용유·소형 가전(작은 전기 제품)
ND : 불연(타지 않음)·유해(나쁜 것·위험물)
M : 금속. 금(Au), 은(Ag), 동(Cu), 철(Fe) 등(여기서는 냄비·프라이팬 등)

쓰레기 배출 방법

- 가연 쓰레기·불연 쓰레기·플라스틱 용기 포장류는 시의 유료(注1) 쓰레기 봉투에 넣어서 배출해 주십시오.
- 쓰레기는 수집하는 날 아침 8시 반까지 배출해 주십시오.
- 뜰의 나무나 풀은 일반 봉투에 넣어 가연 쓰레기 버리는 날 배출하여 주십시오.
- 시에서 수집할 수 없는 것 : 텔레비전·세탁기·에어컨·냉장고·컴퓨터 등. 시에서 전문 회사를 소개할 수 있습니다.
- 대형 쓰레기(注2) : 옷장·책상·의자 등의 가구류는 전화로 신청해 주십시오. 크기에 따라 200엔부터 1,000엔짜리 스티커를 구입해 붙여서 배출합니다.

(注1) 有料 : 돈을 지불하는 것
(注2) 粗大ごみ : 여기서는 가구 등의 큰 쓰레기

단어

ゴミ 쓰레기 | 集積所 집적소. 집하장 | 新聞紙 신문지 | 置き場 두는 곳 | 食べ残し 남은 음식. 음식물 쓰레기 | 全て 모두 | 捨てる 버리다 | 申し込む 신청하다 | 古布 못쓰는 천 | 有料 유료 | ゴミ袋 쓰레기 봉투 | 瓶 병 | 缶 캔 | 分ける 나누다 | 家ごとに 집집마다 | 可燃 가연 | 燃える 타다 | 古紙 못쓰는 종이 | 布 천. 헝겊 | 容器 용기 | 包装 포장 | 包む 싸다 | リサイクル 재활용 | 食用油 식용유 | 小型家電 소형 가전 | 電気製品 전기 제품 | 不燃 불연 | 有害 유해 | 危険物 위험물 | 金属 금속 | 金 금 | 銀 은 | 銅 동 | 鉄 철 | 鍋 냄비 | 庭 뜰. 정원 | 洗濯機 세탁기 | 冷蔵庫 냉장고 | 専門 전문 | 紹介する 소개하다 | 粗大ごみ 대형 쓰레기 | タンス 옷장 | 椅子 의자 | 家具 가구 | シール 스티커 | 貼る 붙이다

해설

7 9일에는 집 앞에 내놓는 날이며 컴퓨터는 시에서 수거하지 않으므로 1번은 오답. 16일에는 집 앞에 내놓는 날이며 프라이팬은 M에 속하는 것이므로 2번도 오답. 11일에는 신문지(U)를 집하장에 내놓아야 하므로 오답. 28일에는 가연 쓰레기를 집 앞에 내놓는 날이므로 정답은 4번이다.

8 쓰레기 배출 방법을 보면 유료 쓰레기 봉투에 넣어서 배출하는 것은 가연·불연 쓰레기와 플라스틱 용기 포장류라고 했으므로 1번은 오답. 에어컨은 시에서 수집할 수 없다고 했으므로 2번도 오답. 못쓰는 천은 유료 봉투에 넣는 것에 포함되어 있지 않으므로 3번도 오답. 병, 캔, 페트병은 분리해서 배출하도록 되어 있으므로 정답은 4번이다.

문제7 오른쪽 페이지는 사원 모집 정보이다. 이것을 읽고 아래의 질문에 답하시오. 답은 1·2·3·4 중에서 가장 알맞은 것을 하나 고르시오.

9 파트 사원과 정사원이 다른 것은 무엇인가?

1 교대제인지 아닌지
2 급료가 오르는지 아닌지
3 보너스가 있는지 없는지
4 사회 보험에 가입할 수 있는지 아닌지

10 정사원의 경우 약사와 판매원이나 사무원과 다른 것은 무엇인가?

1 연수가 있는지 없는지
2 급료가 오르는지 아닌지
3 일하는 시간이 긴지 짧은지
4 교통비를 받을 수 있는지 없는지

1월 쓰레기 달력

판매원(注1)	사무원	약사
파트 • 시급(注2) : 1,100엔~ • 시간 : 8:00~20:00 중 1일 5~8시간 • 주 2일부터 OK • 승급(注3) : 연 1회 • 교통비 : 전액 지급(注4)	파트 • 시급 : 1,000엔~ • 시간 : 8:00~18:00 중 1일 5~8시간 • 주 2일부터 OK • 승급 : 연 1회 • 교통비 : 전액 지급	파트 • 시급 : 2,000엔~ • 시간 : 9:00~20:00 중 1일 4~8시간 • 주 2일부터 OK • 18:00부터 시급 2,500엔 • 승급 : 연 1회 • 보너스 : 연 1회 • 교통비 : 전액 지급
정사원(注5) • 월급 : 20만 엔~ • 시간 : ① 8:00~16:00와 ② 12:00~20:00의 교대제(注6) • 승급 : 연 1회 • 보너스 : 연 2회 • 교통비 : 전액 지급 • 사회 보험(注7) 있음 • 휴일 : 주휴 2일제	정사원 • 월급 : 18만 엔~ • 시간 : 9:00~17:00 • 승급 : 연 1회 • 보너스 : 연 2회 • 교통비 : 전액 지급 • 사회 보험 있음 • 휴일 : 주휴 2일제	정사원 • 월급 : 40만 엔~ • 시간 : 9:00~17:00 • 승급 : 연 1회 • 보너스 : 연 2회 • 교통비 : 전액 지급 • 사회 보험 있음 • 휴일 : 주휴 2일제

• 급료는 경험에 따라 정하겠습니다.
• 판매원, 사무원은 경험이 있는 경우는 1주일 동안, 경험이 없는 경우는 1개월의 연수를 받도록 합니다. 연수 중에는 파트는 시급 800엔, 정사원은 월급 100,000엔입니다.

(注1) 販売員 : 무언가를 파는 사람
(注2) 時給 : 1시간 일하면 받을 수 있는 돈
(注3) 昇給 : 급료가 오르는 것
(注4) 全額支給 : 소요된 돈을 전부 지급받을 수 있는 것
(注5) 正社員 : 기한을 정하지 않고 일할 수 있는 사원. 그만두게 하기 어려운 사원
(注6) 交代制 : 여기서는 ①②①②의 시간처럼 일하는 것
(注7) 社会保険 : 질병이나 부상, 나이가 들었을 때 돌봄이나 생활을 위해, 일을 잃었을 때를 위해서 돈을 받을 수 있도록 회사와 사원이 돈을 내서 준비하는 것

단어

社員 사원 | 募集 모집 | 正社員 정사원 | 交代制 교대제 | 給料 급료 | 社会保険 사회 보험 | 薬剤師 약사 | 販売員 판매원 | 事務員 사무원 | 研修 연수 | 働く 일하다 | 交通費 교통비 | 時給 시급 | 昇給 승급 | 全額 전액 | 支給 지급 | 月給 월급 | 週休 주휴 | ~制 ~제 | 経験 경험 | ~により ~에 따라 | ~か月 ~개월 | 受ける 받다 | かかる 걸리다. 들다 | 全部 전부 | 支払う 지불하다 | 期限 기한 | 辞める 그만두다 | けが 상처. 부상 | 年取る 나이를 먹다 | 世話 보살핌. 시중듦 | 失くす 잃다 | 準備する 준비하다

해설

9 무엇과 무엇을 비교하는 것인지 정확히 알아야 한다. 파트 사원과 정사원을 비교해야 하는데 파트 사원도 세 가지로 세분화되어 있고 정사원도 세 가지로 세분화되어 있다. 제각각의 다른 점을 비교하는 것이 아니라 크게 파트 사원과 정사원의 다른 점을 찾아야 한다. 따라서 사회 보험에 가입할 수 있는지 여부를 말하는 4번이 정답이다.

10 약사를 A, 판매원을 B, 사무원을 C로 가정했을 때 A, B, C 세 가지를 비교하는 것이 아니라 A와 B, C를 비교하는 것이므로 셋 다 다른 조건이 아니라 B, C는 같고 A만 다른 조건을 찾아야 한다. 표 아래에 별도로 나와 있는 사항을 보면 판매원과 사무원은 연수가 있다. 따라서 정답은 1번이다.

문제7 오른쪽 페이지는 이사 정보이다. 이것을 읽고 아래의 질문에 답하시오. 답은 1·2·3·4 중에서 가장 알맞은 것을 하나 고르시오.

11 온 씨는 가장 저렴한 날 이사하고 싶다. 언제 이사하면 좋을까?

1 3월 20일   **2 3월 22일**   3 3월 24일   4 3월 31일

12 그날 오전 중에 직접 짐을 싸서 이사할 예정이다. 2월 1일에 예약하면 얼마가 들까?

1 45,000엔   2 50,000엔   **3 54,000엔**   4 60,000엔

3~4월 달력

○는 국경일

월	화	수	목	금	토	일
17	18	19	20	㉑	22	23
24	25	26	27	28	29	30
31	1	2	3	4	5	6

이사 요금

- 500km까지 기본 요금 : 50,000엔
- 3~4월 요금 : 기본 요금의 20% 할증(注1)
- 토일 및 국경일(注2) 요금 : 기본 요금의 20% 할증
- 시간 지정(注3) : 10,000엔 추가
- 포장비(注4) : 10,000엔
- 예약 가능일 : 3월의 토·일, 국경일. 4월 1일부터
- 1개월 전까지 예약하는 경우 10% 할인. 포장비의 할인은 없음

온 씨의 예정

아파트 계약은 3월 21일부터. 3월 25일부터 28일까지 여행. 4월 1일 입사(注5). 전날은 이사 인사 및 장보기

(注1) 割増し : 몇 %인가 늘리는 것
(注2) 祝日 : 나라가 정한 휴일
(注3) 指定 : 무엇무엇이라고 정하는 것. 여기서는 시간, 오전 오후 등을 정하는 것
(注4) 梱包代 : 무언가를 포장하는 요금
(注5) 入社 : 회사에 들어가는 것

단어

引っ越し 이사 | 引っ越す 이사하다 | 午前 오전 | 梱包する 싸다, 포장하다 | 予定 예정 | 予約する 예약하다 | カレンダー 달력 | 祝日 국경일, 공휴일 | 基本 기본 | 割増 할증 | 土日 토일 | および 및 | 指定 지정 | 追加 추가 | 梱包代 포장비 | ~%引き ~% 할인 | 割引 할인 | 契約 계약 | 入社 입사 | 挨拶 인사 | 増やす 늘리다 | 午後 오후 | 包む 싸다

해설

11 계약이 21부터이므로 21일 이후여야 하며 이사 비용 여섯 번째 항목에 예약 가능한 날이 3월의 토요일, 일요일, 국경일이다. 4월 1일 이후는 선택지에 없으므로 생각할 필요가 없다. 따라서 가격을 떠나 이사 가능한 날은 22일뿐이다. 따라서 정답은 2번이다.

12 22일에 이사할 경우 기본 요금 50,000엔에 토요, 일요, 국경일 할증 20%를 더해 60,000엔인데 1개월 전에 예약을 할 경우 10% 할인이 적용되므로 54,000엔이 된다. 따라서 정답은 3번이다.

문제7 오른쪽 페이지는 축제 정보이다. 이것을 읽고 아래의 질문에 답하시오. 답은 1·2·3·4 중에서 가장 알맞은 것을 하나 고르시오.

13 1,000엔을 받아 축제에 갔다. 물풍선 낚기 한 번, 금붕어 뜨기를 두 번 하고 주스를 마시면 무엇을 먹을 수 있나?

1 다코야키와 붕어빵
2 다코야키나 붕어빵을 두 개
3 다코야키나 붕어빵을 세 개
4 오코노미야키나 다코야키나 붕어빵

14 소스야키소바를 먹고 주스를 마시면 무엇을 하며 놀 수 있나?

1 금붕어 뜨기와 사격
2 물풍선 낚기와 사격
3 붕어빵과 금붕어 뜨기
4 금붕어 뜨기와 물풍선 낚기

축제

A	소스야키소바	500엔	야채나 고기와 면을 볶아(注1) 소스로 맛을 낸 것
B	오코노미야키	400엔	밀가루(注2)와 물을 섞어 팬케이크를 구울 때와 같은 정도의 부드러운 상태로 만든 것①에 잘게 썬 양배추나 고기나 오징어 등을 섞어서 굽는다. 다 되면 위에 김이나 가쓰오부시(注3)를 얹는다. 소스나 마요네즈로 맛을 낸다. 피자 같은 모양을 하고 있다.
C	다코야키 (8개들이)	300엔	①을 공을 반으로 자른 모양 안에 넣어 굽는다. 조금 구워지면 안에 문어를 썰어 넣고 그 위에 ①을 넣어 여러 번 뒤집어(注4) 동그란 모양이 되도록 잘 굽는다.
D	붕어빵	150엔	물고기 도미 모양의 안에 ①을 넣어 굽는다. 반 정도 구워지면 거기에 팥소(注5)를 넣고 ①을 넣으면 뒤집어서 잘 굽는다.
E	주스	100엔	오렌지·사과·사이다·콜라
F	물풍선 낚기	150엔	물을 넣은 고무볼을 낚는다. 낚은 볼은 받을 수 있다.
G	금붕어 뜨기	200엔	금붕어라는 작은 물고기를 종이 스푼으로 잡는다. 일반적으로는 5마리 잡으면 한 마리를 받을 수 있다. 잡지 못해도 한 마리는 받을 수 있다.
H	사격	300엔	장난감 총(注6)을 사용하여 상품을 선반에서 떨어뜨린다. 떨어진 상품을 받을 수 있다.

①은 밀가루와 물을 섞어서 만든다. 걸쭉하다. 만드는 것에 따라 달걀을 넣거나 설탕을 넣기도 한다. B, C, D에 따라 사용하는 것은 다르다.

(注1) 炒める : 프라이팬 등에 기름을 약간 넣은 후 재료에 열을 가한다.
(注2) 小麦粉 : 빵 등을 만들 때 사용하는 가루
(注3) かつおぶし : 다랑어라는 물고기를 말린 것을 얇은 종이처럼 만든 것
(注4) ひっくり返す : 위와 아래를 반대로 하다.
(注5) あんこ : 콩을 달게 졸인 것
(注6) 銃 : 쇠(Fe) 등으로 만들어진 딱딱하고 둥근 것을 쏘는 도구

단어

祭り 축제 | ヨーヨー釣り 물풍선 낚기 | 金魚すくい 금붕어 뜨기 | たい焼き 붕어빵 | ソース焼きそば 소스야키소바 | 射的 사격(장난감 총으로 상품을 맞춰 떨어뜨리는 게임) | そば (메밀)국수 | 炒める 볶다 | 味を付ける 맛을 내다 | 小麦粉 밀가루 | 混ぜる 섞다 | パンケーキ 팬케이크 | 焼く 굽다 | 柔らかさ 부드러움 | 細かい 잘다 | キャベツ 양배추 | イカ 오징어 | のり 김 | かつおぶし 가쓰오부시 | かける 얹다. 뿌리다 | 形 모양 | ~個入り ~개들이 | 焼ける 구워지다 | たこ 문어 | ひっくり返す 뒤집다 | タイ 도미 | あんこ 팥소 | 釣る 낚다 | 釣れる 잡히다. 낚이다 | 金魚 금붕어 | とる 잡다 | 一般的 일반적 | 銃 총 | 商品 상품 | 台 (물건을 올려 놓는) 대 | 落とす 떨어뜨리다 | 落ちる 떨어지다 | どろっ 액체가 무겁게 가라앉거나 탁한 모양 | 砂糖 설탕 | 油 기름 | 材料 재료 | 熱 열 | 粉 가루 | 鰹 다랑어 | 干す 말리다 | 反対 반대 | 豆 콩 | 煮る 끓이다 | 鉄 철. 쇠 | 硬い 단단하다. 딱딱하다 | 打ち出す 쳐서 나오게 하다 | 道具 도구

해설

[13] 1,000엔에서 물풍선 낚기 1회 150엔, 금붕어 뜨기 2회 400엔, 주스값 100엔을 빼면 350엔이 남는다. 350엔으로 먹을 수 있는 것을 찾아 보면 된다. 오코노미야키는 400엔이므로 금액 초과, 붕어빵 세 개도 450엔으로 금액 초과. 다코야키와 붕어빵을 합하면 450엔이므로 금액 초과. 따라서 정답은 2번이다.

[14] 소스야키소바 500엔, 주스 100엔을 빼면 400엔이 남는다. 금붕어 뜨기와 사격을 하면 500엔이므로 금액 초과. 물풍선 낚기와 사격을 하면 450엔이므로 금액 초과. 붕어빵과 금붕어 뜨기는 금액으로 보면 350엔이라 가능하지만 질문에 무엇을 할 수 있는지 물었기 때문에 적절하지 않다. 따라서 정답은 4번이다.

문제7 오른쪽 페이지는 아르바이트 모집 정보이다. 이것을 읽고 아래의 질문에 답하시오. 답은 1·2·3·4 중에서 가장 알맞은 것을 하나 고르시오.

[15] 야마시타 씨는 어느 아르바이트를 할 수 있나?

1 가사 대행과 지도원
2 가사 대행과 학원 강사
3 가사 대행과 지도원과 학원 강사
4 가사 대행과 지도원과 학원 강사와 교사 보조

[16] 야마시타 씨가 일주일에 일할 수 있는 만큼 일하면 얼마를 받을 수 있나?

1 33,400엔
2 30,000엔
3 26,400엔
4 19,000엔

	가사 대행(注1)	지도원(注2)	학원 강사(注3)	교사 보조(注4)
내용	가사를 한다. 청소 · 세탁 · 요리	학교 정원에서 노는 아이들을 지켜본다. 각 학교 2명	영어 2명 수학 2명	교실에서 선생님을 돕는다.
시간	9:00~	10:00~17:00	16:00~22:00	14:00~20:00
일시	주 2일 이상 ① 9:00~12:00 ② 13:00~16:00 ③ 16:00~19:00	일요일 · 국경일 · 봄여름겨울 방학의 교정 개방일(注5)	① 주 1회 월수금 1일 ② 주 2회 월목이나 화금	월목이나 화금
장소	각 가정	시의 학교	XZ학원	AB영어 교실
시급	1,200엔부터	1,000엔	2,000엔부터	900엔
기타	현지 집합(注6)		1년 후 정사원이 될 가능성 있음	직접 교실을 열 가능성 있음

(注1) 家事代行 : 청소 · 세탁 · 요리 등의 가사를 대신 하는 것
(注2) 指導員 : 여기서는 학교 교정에서 아이들이 안전하게 놀 수 있도록 하는 사람
(注3) 塾講師 : 학교 밖에서 공부를 가르치는 학원이라는 곳의 선생님
(注4) 教師補助 : 선생님을 돕는 사람
(注5) 校庭開放日 : 학교 정원에서 아이가 놀아도 되는 날
(注6) 現地集合 : 여기에서는 가사를 부탁받은 집에 가는 것

야마시타 씨의 정보

40세까지 중학교에서 영어를 가르치고 있었다. 월요일 오전은 어머니를 병원에 모시고 가야 한다. 아이가 3시에는 돌아오기 때문에 그 시간에는 집에 있고 싶다. 토요일은 가족을 위한 날이기 때문에 일할 수 없다. 매일 밤 7시부터와 수요일, 일요일, 국경일은 남편이 아이를 돌봐 주기 때문에 일할 수 있다.

단어

募集 모집 | 家事 가사 | 代行 대행 | 指導員 지도원 | 塾 학원 | 講師 강사 | 教師 교사 | 補助 보조 | 掃除 청소 | 洗濯 빨래. 세탁 | 見守る 지켜보다 | 各 각 | 数学 수학 | 教室 교실. 강습회 | 手伝いをする 돕다 | 日時 일시 | 祝日 국경일. 공휴일 | 校庭 교정 | 開放日 개방일 | 家庭 가정 | 時給 시급 | その他 기타 | 現地 현지 | 集合 집합 | ~年後 ~년 후 | 正社員 정사원 | 可能性 가능성 | 開く 열다 | 母 (자신의) 어머니 | 病院 병원 | 連れて行く 데리고 가다 | 夫 남편 | 世話をする 돌보다

해설

[15] 야마시타 씨의 정보 먼저 읽고 그에 맞는 아르바이트를 찾는다. 야마시타 씨가 일할 수 없는 시간은 월요일 오전, 토요일, 수요일 이외의 평일 3시~7시이다. 가사 대행 ①~③ 중 오전 시간인 ①을 선택할 수 있으며, 학원 강사는 16:00~22:00로 시간이 정해져 있으므로 주 1회를 선택한다면 수요일이 가능하다. 지도원은 방학 중 교정 개방일의 요일을 알 수 없으므로 선택할 수 없다. 따라서 정답은 2번이다.

[16] 수요일에 학원 강사를 할 수 있으므로 6시간×시급 2,000엔=12,000엔. 월요일과 토요일을 제외한 주 5일 오전에 가사 대행을 할 수 있으므로 (3시간×시급 1,200엔)×5일=18,000엔이므로, 주 30,000엔을 벌 수 있다. 따라서 정답은 2번이다.

문제7 오른쪽 페이지는 '돈도야키에 대한 알림'이다. 이것을 읽고 아래의 질문에 답하시오. 답은 1·2·3·4 중에서 가장 알맞은 것을 하나 고르시오.

[17] 할 수 있는 것은 어느 것인가?
1 1시에 신청하는 것
2 장난감을 태우는 것
3 종이 장식을 태우는 것
4 12시에 장식을 태우는 것

[18] 안내를 통해 알 수 있는 것은 어느 것인가?
1 돈도야키는 떡을 굽는 일도 있다.
2 돈도야키는 모두 같은 날 이루어진다.
3 돈도야키는 몸을 따뜻하게 하기 위해서 한다.
4 도자이시에서는 돈도야키를 처음으로 한다.

돈도야키에 대한 알림

돈도야키는 일본의 여러 곳에서 행해지고 있는 '불을 피우는 제사'입니다. 정월에 사용한 장식 등을 가지고 와서 태워 몸을 따뜻하게 하기도 하고 떡을 구워 먹기도 하며 무병장수(注1)를 비는 것입니다. 도자이시에서는 자원봉사자 분들의 협력으로 이 전통 행사(注2)를 실시하고 있습니다. 올해는 4군데에서 합니다.

주의
설에 쓰는 장식 이외의 물건은 접수할 수 없습니다.
장식을 구성하고 있는 플라스틱. 타지 않는 것은 떼어 주십시오.
신문지 등의 가벼운 종이는 흩날려 위험하기 때문에 태울 수 없습니다.

일정
접수 : 9시 반부터 1시 반
불을 붙이는 시간 : 12시 반
끝나는 시간 : 15시 반쯤
히가시 중학교 : 1월 12일(일요일)
니시 중학교 : 1월 12일(일요일)
미나미 중학교 : 1월 19일(일요일)
기타 중학교 : 1월 19일(일요일)

(注1) 無病息災 : 병에 걸리지 않고 건강한 것
(注2) 伝統行事 : 옛날부터 계속해서 행해지고 있는 것

단어

どんど焼き 정월 보름날, 설에 쓴 물건을 태우는 행사 | お知らせ 알림 | 申し込む 신청하다 | 燃やす 태우다 | 飾り 장식 | 餅 떡 | 焼く 태우다. 굽다 | 温める 따뜻하게 하다 | 初めて 처음(으로) | 火祭り 큰 불을 피워 놓고 올리는 제사 | お正月 설날 | 無病息災 병 없이 건강함 | 祈る 빌다. 기도하다 | 方々 여러분 | ご協力 협력 | 伝統行事 전통 행사 | おる 있다(いる의 공손한 표현) | ~か所 ~개소 | 注意 주의 | 受け付け 접수 | 燃える 타다 | 取る 떼다. 빼다 | 新聞紙 신문지 | 受付 접수 | 火 불 | つける 붙이다 | 続く 이어지다

> **해설**

[17] '주의' 부분을 보면 설에 쓴 장식만 태워야 하며 장식 중에서 가벼운 종이는 태울 수 없다고 했으므로 2, 3번은 오답. '일정' 부분에 12시 반에 불을 붙인다고 했으므로 4번도 오답이다. '일정'에 나온 접수 시간을 보면 9시 반부터 1시 반까지이므로 정답은 1번이다.

[18] 두 번째 문장을 보면 돈도야키는 정월에 사용한 장식 등을 가지고 와서 태워 몸을 따뜻하게 하기도 하고 떡을 구워 먹기도 하며 무병장수를 비는 것이라고 했다. 몸을 따뜻하게 하는 것이 주된 목적은 아니며, '일정' 부분을 보면 4군데 학교에서 다른 날 실시되므로 2, 3번은 정답이 아니다. 도자이시에서 돈도야키를 처음 실시한다는 내용은 없으므로 4번도 정답이 아니다. 따라서 정답은 1번이다.

문제7 오른쪽 페이지는 합창제 안내이다. 이것을 읽고 아래의 질문에 답하시오. 답은 1·2·3·4 중에서 가장 알맞은 것을 하나 고르시오.

[19] 다음 중에서 할 수 있는 것은 어느 것인가?

1 모든 노래를 듣는 것
2 9시 20분에 회장에 들어가는 것
3 노래와 노래 사이에 밖에 나가는 것
4 들어온 곳으로 나가는 것

[20] 안내서를 통해 알 수 있는 것은 어느 것인가?

1 미도리시의 초등학생 수
2 합창제가 끝나는 시간
3 같은 노래를 부르는 학교가 없다는 것
4 합창단이 없는 학교가 있다는 것

미도리시 초등학교 합창(注1) 제 오전 부 안내

일시 : 1월 17일(토)   개장(注2) 9:30   연주 시작(注3) 9:45
회장 : 미도리홀
참가교 : 미도리시의 전 초등학교

프로그램
인사 : 미도리시립 히가시초등학교 교장 야마다 하나코

1 기타초등학교 5학년 : 그린그린 / 세계로
2 미나미초등학교 합창단 : 그 아름다운 사랑을 다시 한 번 / 편지
• • • • • • 교체(注4) • • • • • •
3 히가시초등학교 합창단 : 여름날의 선물 / 천 개의 바람이 되어
4 니시초등학교 합창단 : 이야기하자 / 코스모스
• • • • • • 교체 • • • • • •
5 제1초등학교 6학년 : 고향 / 꽃동네
6 제2초등학교 합창단 : 코스모스 / 꽃은 핀다

> **음악회 에티켓**
> - 말하거나 소리 내지 않도록, 조용히 들읍시다.
> - 노래하고 있는 동안에는 나가거나 들어오지 말아 주십시오. 노래가 끝날 때까지 기다립시다.
> - 객석이나 로비에서는 뛰지 않도록 합시다.
>
> **부탁**
> - 귀 가정에 1장씩 나눠 드린 티켓 1장으로 어른 두 명까지 입장할 수 있습니다.
> - 홀에 들어가는 경우는 오른쪽 입구, 나올 때에는 왼쪽 출구를 이용해 주십시오.
> - 비디오·사진은 찍지 말아 주십시오.
> - 휴대전화는 꺼 주십시오. 또 어린 자녀분께서 시끄럽게 하지 않도록 부탁드립니다.
> - 회장이 좁기 때문에 교체하오니 잘 부탁드립니다.

(注1) 合唱 : 여럿이서 노래 부르는 것
(注2) 開場 : 회장에 들어갈 수 있는 시간
(注3) 開演 : 시작하는 시간
(注4) 入れ替え : 여기서는 지금까지 들었던 사람을 내보내고 새로운 사람을 들여보내는 것

단어

合唱 합창 | 会 모임 | 会場 회장 | 案内書 안내서 | 数 수 | 合唱団 합창단 | 午前の部 오전 부 | 日時 일시 | 開場 개장 | 開演 개연 | 参加校 참가교 | 全~ 전~ | 校長 교장 | 素晴らしい 멋지다, 훌륭하다 | 愛 사랑 | もう一度 다시 한 번 | 入れ替え 교체 | 贈り物 선물 | 千 천 | 語りあう 서로 이야기하다 | 第~ 제~ | ふるさと 고향 | 街 거리, 도시 | 咲く 피다 | 音楽会 음악회 | 音 소리 | 客席 객석 | (ご)家庭 가정 | 配る 나누어 주다 | 入口 입구 | 左 왼쪽 | 出口 출구 | 切る (전화 등을) 끊다 | お子さん 자녀분 | いたす 하다(する의 공손한 말) | よろしく 잘 | 大勢で 여럿이서, 많은 인원이

해설

[19] 마지막 행에 회장이 좁아 교체한다고 나와 있으므로 1번은 오답이며, 2행 '일시' 부분에 개장은 9시 30분이므로 2번도 오답이다. 끝에서 네 번째 항목을 보면 입장할 때는 오른쪽 입구, 나갈 때는 왼쪽 출구를 이용해 달라고 했기 때문에 4번도 오답이다. 음악회 에티켓 부분을 보면, 노래하고 있는 동안에는 나가거나 들어오지 말아 달라, 노래가 끝날 때까지 기다리자고 되어 있기 때문에 노래가 끝나면 밖에 나갈 수 있다. 따라서 정답은 3번이다.

[20] 합창제가 시작하는 시간은 나와 있지만 끝나는 시간은 나와 있지 않으며, 코스모스라는 노래를 부르는 학교가 두 곳 있으므로 2, 3번은 오답이며, 합창단 이름으로 참가하지 않은 학교는 합창단이 없다는 것을 알 수 있으므로 정답은 4번이다.

PART 3 실전 공략 정답 및 해석

실전 공략 모의고사 01 ~ 03 정답

모의고사 01 ▶ p.112

문제4	1 2	2 3	3 3	4 4		
문제5	5 2	6 3	7 4	8 3	9 3	10 2
문제6	11 4	12 3	13 2	14 2		
문제7	15 4	16 3				

모의고사 02 ▶ p.124

문제4	1 2	2 4	3 4	4 4		
문제5	5 1	6 3	7 3	8 1	9 4	10 4
문제6	11 2	12 1	13 2	14 2		
문제7	15 4	16 2				

모의고사 03 ▶ p.136

문제4	1 4	2 3	3 3	4 3		
문제5	5 4	6 3	7 3	8 2	9 2	10 3
문제6	11 2	12 2	13 3	14 4		
문제7	15 4	16 2				

모의고사 01

문제4 다음 (1)부터 (4)까지의 글을 읽고 질문에 답하시오. 답은 1·2·3·4 중에서 가장 알맞은 것을 하나 고르시오.

(1)

> 빵집 개점 알림
>
> 일본 쌀가루(注1)를 사용한 빵만을 판매하고 있습니다. 달걀, 우유, 백설탕(注2)도 사용하지 않기 때문에 일반 빵을 먹을 수 없는 밀가루 알레르기가 있는 분들뿐만 아니라 다른 알레르기가 있는 분들도 안심하고 먹을 수 있습니다. 플레인(注3): 400엔. 건포도: 470엔. 무화과: 500엔. 호두: 530엔. 4월 1일부터 7일까지 1,000엔 이상 구매하실 경우 10% 할인해 드립니다. 화요일은 모든 빵을 5% 할인하는데 10% 할인되는 빵은 추가 5% 할인이 되지 않으므로 양해 바랍니다.
>
> (注1) 米粉 : 쌀가루. 보통 빵은 밀가루로 만든다.
> (注2) 白砂糖 : 일반적인 흰색 설탕
> (注3) プレーン : 여기서는 보통 빵. 여기서는 건포도, 무화과, 호두가 들어가지 않은 빵

1 4월 2일 화요일에 건포도와 무화과를 하나씩 사면 얼마인가?

1 970엔
2 921엔
3 873엔
4 829엔

단어

パン屋 빵집 | 開店 개점 | お知らせ 알림 | 米粉 쌀가루 | 牛乳 우유 | 白砂糖 백설탕 | 普通 보통의. 일반적인 | 小麦 밀 | アレルギー 알레르기. 거부 반응 | 方 분 | ~ばかり ~뿐 | 他の 다른 | 安心する 안심하다 | プレーン 플레인. 가미하지 않음 | レーズン 건포도 | イチジク 무화과 | くるみ 호두 | 以上 이상 | お買い上げ (손님이 물건을 사는 행위에 대한 높임말) 구매하심 | 場合 경우 | ~引き ~할인 | ~させていただく ~하다(する의 공손한 표현) | 全ての 모든 | さらに 추가로. 더 | よろしく 잘 | お願いいたす 부탁드리다 | 米 쌀 | 粉 가루 | 小麦粉 밀가루 | 砂糖 설탕 | ~ずつ ~씩

해설

문제를 먼저 보면 4월 2일 화요일에 건포도가 든 빵과 무화과가 든 빵을 하나씩 사면 얼마인지 묻고 있다. 문제를 생각하며 그에 맞는 정보를 찾도록 한다. 글의 중간쯤에 빵의 종류별 가격이 나오고 4월 1일부터 7일까지 1,000원 이상 구매하는 경우 10% 할인 행사를 한다고 나와 있다. 화요일은 모든 빵 5% 할인이며 중복 할인은 안 된다고 했다. 건포도가 든 빵 470엔+무화과가 든 빵 500엔은 합해도 1,000엔이 안 되기 때문에 5%밖에 할인받지 못한다. 따라서 970엔의 5% 할인된 가격, 2번의 921엔이 정답이다.

(2)

　　하늘을 나는 자동차에 대한 연구가 진행되고 있다. 지금도 비행기가 지나갈 때마다 시끄럽다. 자동차가 하늘 여기저기를 날면 소리뿐 아니라 떨어질 우려도 있다. 어디에서 살아도 무서워질 것 같다. 또 짐을 운반하는 데 이용되고 있는 드론(注1)으로 사람을 이동시킬 계획도 있다. 기술이 발달해서 어린 시절 만화 속 세계에서 보았던 세계가 현실(注2)이 될 것 같지만 좋은 일만 있는 것은 아닌 것 같다.

(注1) ドローン : 외부에서 컨트롤되는 하늘을 나는 기계
(注2) 現実 : 생각할 뿐 아니라 실제로 있는 상태

2 만화 속 세계에서 보았던 세계란 여기서는 어떤 세계인가?

1　위험이 가득한 무서운 세계
2　드론이 짐을 옮기는 세계
3　자동차가 하늘을 달리는 등 기술이 발달한 세계
4　만화에만 있던 지금 같은 세계

단어

研究 연구 | 進む 진행하다. 발달하다 | 今でも 지금도 | 飛行機 비행기 | 通る 지나다. 통과하다 | ～たびに ~때마다 | うるさい 시끄럽다 | あちこち 여기저기 | 音 소리 | 落ちる 떨어지다 | 住む 살다 | 恐ろしい 두렵다. 무섭다. 걱정스럽다 | ～になりそうだ ~이 될 것 같다. ~하게 될 것 같다 | 運ぶ 옮기다. 운반하다. 나르다 | 計画 계획 | 技術 기술 | 子供のころ 어린 시절 | 漫画 만화 | 現実 현실 | ～ではなさそうだ ~은 아닌 것 같다 | 機械 기계 | 実際に 실제로 | 状態 상태 | 危険 위험 | 走る 달리다 | ～のような ~같은

해설

만화 속 세계에서 본 세계란 어떤 세계인지 묻고 있는데, 첫머리에 '하늘을 나는 자동차를 연구하고 있다'고 했다. 4번은 '만화에만 있던' 또는 '지금 같은' 세계라고 했는데 구체적으로 어떤 세계인지를 묻는 것이므로 답이 될 수 없다. 따라서 정답은 3번이다.

(3)

　　아이들에게 새해의 즐거움은 세뱃돈(注)이다. 우리는 신세를 지고 있는 사람의 아이에게는 많이 주곤 하는데 어린 아이에게 돈을 많이 주는 것에는 반대다. 보통은 초등학교 1~3학년 2,000엔, 4~6학년 3,000엔, 중학생 5,000엔, 고등학생에게는 5,000이나 10,000엔을 주는 모양이다. 나는 초등학교 1학년은 1,000엔, 그 다음 1년에 1,000엔씩 올린다. 같이 살고 있는 아들은 초등학교 1학년부터 3학년까지 3,000엔, 4학년부터 중학생까지는 5,000엔, 고등학생 이상에게는 10,000엔을 주고 있다.

(注) お年玉 : 새해에 주로 아이들이 받는 돈

3 이 집에 온 초등학교 4학년 어린이는 얼마를 받을 수 있나?

1 7,000엔
2 8,000엔
3 9,000엔
4 10,000엔

단어

子供 아이. 자식 | 新年 신년. 새해 | 楽しみ 즐거움. 낙 | お年玉 세뱃돈. 새해 선물 | お世話になる 신세를 지다 | ~がち (그러한 경향이 많음을 나타냄) ~하기 십상. ~하곤 함 | ~だが ~이지만. ~인데 | 子 아이. 자식 | 反対 반대 | 普通 보통 | 小学 초등학교 | ~年生 ~학년 | 中学生 중학생 | 高校生 고등학생 | ~か ~이나 | ~らしい ~(하는) 것 같다 | ~年 ~학년 | その後 그 다음 | 増やす (수량을) 늘리다 | 息子 아들 | 以上 이상 | 主に 주로

해설

마지막 두 문장을 보면 글쓴이가 세뱃돈을 주는 기준과 글쓴이의 아들이 세뱃돈을 주는 기준이 나와 있다. 이 집에 온 초등학교 4학년 아이는 두 사람에게서 세뱃돈을 받는 것이다. 글쓴이에게서는 4,000엔, 그 아들에게서는 5,000엔을 받게 되므로 정답은 3번이다.

(4)

세상에서 가장 짧은 편지는 '?'와 '!'라고 한다. '팔리고 있어?'와 '매우'라는 의미로 빅토르 위고(注1)와 출판사의 편지라고 한다. 일본에도 짧은 대화가 있다. 'どさ？' '湯さ！' 'だど？' 'など！' 'わど？' 등의 방언(注2)이다. 'さ'는 방향을, 'わ'는 나를, 'な'는 당신을 가리킨다. 다시 말해 '어디 가？' '(　　　)' '누구랑？' '너랑' '나랑？'이 된다. 방언으로만 말하면 무슨 말을 하는 건지 잘 모르겠지만 그것을 생각하는 것도 재미있다.

(注1) ビクトル・ユーゴー : 프랑스 작가. '?''!'는 '레 미제라블'이 팔리고 있는지에 대한 질문과 답변이라고 한다.
(注2) 方言 : 어느 지방에서만 사용되는 언어

4 (　　　)안에는 무엇이 들어갈까?

1 우체국에
2 놀이공원에
3 찻집에
4 목욕탕에

단어

~だそうだ ~라고 하다 | 売れている 팔리고 있다. 인기가 있다 | とっても 대단히. 매우 | 意味 의미. 뜻 | ビクトル・ユーゴー 빅토르 위고 | 出版社 출판사 | 会話 대화. 회화 | ~など ~등 | 方言 방언. 사투리 | 方向 방향 | 表す 나타내다. 가리키다 | つまり 결국. 다시 말해 | お前 너. 자네 | ~となる ~가 되다 | ~だと ~이면 | ~のか ~인지 | 作家 작가 | レ・ミゼラブル 레 미제라블 | ~について ~에 대해 | 質問 질문 | 返事 답장. 답변 | ある~ 어떤~. 어느~ | 地方 지방 | 言葉 말 | 郵便局 우체국 | 遊園地 놀이공원 | 喫茶店 찻집 | 風呂屋 목욕탕

> **해설**

글을 읽고 괄호 안에 들어갈 말을 유추하는 문제이다. 'どさ？'가 'どこへ行く？'라는 뜻이라고 말했고 순서대로 볼 때 그 다음에 오는 '湯さ！'는 무슨 뜻일지 생각해 보면 된다. 湯(ゆ)는 뜨거운 물을 나타내는 말이기 때문에 그곳은 목욕탕일 거라고 유추할 수 있다. 따라서 정답은 4번이다.

문제5 다음 (1)과 (2)의 글을 읽고 질문에 답하시오. 답은 1·2·3·4 중에서 가장 알맞은 것을 하나 고르시오.

(1)

> '분노(注1)의 방'이라고 불리는 텔레비전, 가구, 병 등에 ①분노를 터뜨림(注2)으로써 분노를 해소할 수 있는 '방'이 중국이나 미국 등에 있다. 야구 배트나 쇠망치(注3) 등으로 물건을 부순다. 부서진 물건이 날아와 위험하기 때문에 특별한 옷을 입고 헬멧을 쓰고 얼굴 전체도 가리도록 한다. 직접 부순 물건을 가지고 오는 사람도 있다. 이곳에서 물건을 부수면 스트레스가 없어진다고 한다. 중국에서는 23달러 정도로 30분간 계속해서 부술 수 있다. 매월 600명 정도의 사람들이 방문하며, 병은 15,000병 정도 깨진다고 한다. 이렇게 스트레스투성이인 사람들이 있다니 지금은 누구에게나 살기 어려운 사회인 모양이다. 비디오에서는 방 안은 깨진 병이나 부서진 물건이 잔뜩 쌓여 있었다. 방에서 나온 여성이 후련하다는 얼굴로 웃고 있었다. 일본에도 이런 방이 생길 것 같다. 아니, ②일본에만 생기는 것이 아닐 것 같다.
>
> (注1) 怒り：화내는 것
> (注2) ぶつける：강하게 대다
> (注3) ハンマー：물건을 칠 때 쓰는 도구

5 ①분노를 터뜨린다는 것은 여기서는 어떤 것인가?

1 화가 났다는 것
2 화가 나서 병 등을 부수는 것
3 화가 나서 병 등을 던지는 것
4 화가 나서 방망이 등을 휘두르는 것

6 왜 ②일본에만 생기는 것이 아닐 것 같다고 했나?

1 싼 가격으로 스트레스를 없앨 수 있으니까
2 다들 무언가를 깨뜨리기를 좋아하니까
3 다른 나라에도 스트레스가 많은 사람들이 있으니까
4 무언가를 깨뜨려도 안전한 곳이 달리 없으니까

7 내용과 일치하는 것은 무엇인가?

1 분노의 방의 모든 것을 부술 수 있다.
2 분노의 방에 들어가면 스트레스가 없어진다.
3 분노의 방만큼 스트레스를 없앨 수 있는 방법은 없다.
4 분노의 방이 생기는 것은 살기 어려운 사회이기 때문이다.

단어

怒り 분노. 노여움 | ~と呼ばれる ~라고 불리다 | 怒りをぶつける 분노를 터뜨리다 | 消す 끄다. 없애다 | 野球 야구 | バット 배트. 방망이 | ハンマー 해머. 쇠망치 | 壊す 부수다 | 壊れる 부서지다. 깨지다 | 特別だ 특별하다 | 着る 입다 | ヘルメット 헬멧 | かぶる (머리에) 쓰다 | 隠す 감추다. 숨기다 | 無くなる 없어지다 | ドル 달러 | ~続ける 계속 ~하다 | 毎月 매월 | 訪れる 방문하다. 찾다 | ~本 (길쭉한 물건을 세는 말) ~개. ~병 | 割られる 깨지다(割る의 수동형) | ~だらけ ~투성이 | ~にとって ~에게 (있어서) | 生きる 살다. 생존하다 | ~づらい ~하기 어렵다 | 社会 사회 | 割れる 깨지다 | 山 산더미. 많이 모인 것 | すっきりした 상쾌한 | 笑う 웃다 | 怒る 화내다. 화나다 | 当てる 맞추다 | たたく 치다. 때리다 | 道具 도구 | 投げる 던지다 | 振る 휘두르다 | 値段 가격 | 無くす 없애다 | 他に 달리. 그밖에 | 全て 모두

해설

5 첫 번째 문장에 '텔레비전, 가구, 병 등에 분노를 터뜨린다'고 분노를 터뜨리는 대상을 이야기했고, 두 번째 문장에 '야구 배트나 쇠망치 등으로 물건을 부순다'고 분노를 터뜨리는 방법을 이야기했다. 선택지 3, 4번은 결국 대상을 부수기 위한 행동이므로 정답은 2번이 된다.

6 글의 후반부에 얼마나 많은 사람들이 스트레스를 풀기 위해 분노의 방을 찾고 있는지 말하면서 그만큼 이 사회가 살아가기 어렵다는 것을 의미한다고 유추하고 있다. 또 일본도 살기 힘든 사회이니 이런 곳이 생길 거라고 예상하면서 일본뿐 아니라 다른 나라도 같은 상황일 거라고 말하는 것이다. 따라서 정답은 3번이다.

7 이 글의 내용은 스트레스를 없애는 방법을 비교하고 있지 않으며, 2번에서 말한 내용은 본문에 언급된 적이 없다. 또한 끝에서 세 번째 문장에 이 방을 이용한 여성이 후련하다는 얼굴로 웃고 있었다는 내용은 있으나 스트레스가 없어진다는 말은 없으므로 1, 2, 3번 모두 정답이 아니다. 이 글을 통해 알 수 있는 것은 그만큼 살기 어려운 사회라는 것이므로 정답은 4번이다.

(2)

보통 수도꼭지(注1)에서는 물이나 따뜻한 물이 나오는데 녹차 생산지로 유명한 시즈오카현의 대부분의 초중학교에서는 녹차가 나온다. 이것은 어릴 때부터 녹차와 친해지도록 하고 싶어서 시마다시가 시작한 일로, 2020년까지 모든 초중학교에 설치될 것이라고 한다. 수도꼭지에서 특별한 것이 나오는 것은 시즈오카뿐만 아니라 가가와의 공항에서는 국물(注2)이 나온다고 한다. 가가와는 '우동'으로 유명하다. 그 우동의 국물을 무료로 마시게 해 준다. 하지만 하루의 양이 정해져 있어서 마시지 못하는 경우도 이다. 이것은 우동집을 운영하는 사람이 가가와 우동 선전을 위해서 하고 있다. 아주 맛있어서 관광객에게도 호평을 받고 있고 우동에도 관심을 얻고 있다. 그래서 <u>충분히 그 역할을 다하고 있다</u>(注3). 이밖에 간혹 감귤 주스가 나오는 수도꼭지가 만들어지는 일도 있다. 얼마나 재미있는 일인가.

(注1) 蛇口 : 수도관 끝에서 물 등을 내보내거나 잠그거나 하는 부분
(注2) 出汁 : 가쓰오부시나 다시마를 끓여 요리의 풍미를 더하기 위해 만들어진 것. 국 같은 것
(注3) 果たす : 해야 할 일이나 하려고 했던 일을 끝내다.

8 충분히 그 역할을 다하고 있다 라고 말할 수 있는 이유는 무엇인가?

1 국물을 마시면 우동의 맛을 알 수 있기 때문
2 국물이 맛있다고 관광객에게도 좋은 평 받고 있기 때문
3 국물로 우동에 대한 관심을 얻고 있기 때문
4 수도꼭지에서 나오는 국물은 신기하기 때문에 관심을 얻을 수 있기 때문

9 시즈오카현의 초중학교에 녹차가 나오는 수도꼭지가 있는 것은 왜인가?

　　1 녹차가 아이들 몸을 위해 가장 좋기 때문
　　2 현이 모든 학교에 설치하기로 결정했기 때문
　　3 아이들이 녹차를 항상 마셨으면 하기 때문
　　4 녹차 생산지로서 더 유명해지도록 하고 싶기 때문

10 이 글의 제목으로 알맞은 것은 어느 것인가?

　　1 수도꼭지 이용 방법
　　2 수도꼭지에서 나오는 것
　　3 재미있는 수도꼭지의 이모저모
　　4 수도꼭지에서 녹차가 나오는 학교

단어

普通(ふつう) 보통 | 蛇口(じゃぐち) 수도꼭지 | お湯(ゆ) 따뜻한 물 | 生産地(せいさんち) 생산지 | ～として ～로서 | 有名(ゆうめい)だ 유명하다 | 静岡県(しずおかけん) 〈지명〉 시즈오카현 | ほとんど 대부분 | 小中学校(しょうちゅうがっこう) 초중학교 | 親(した)しむ 늘 접촉해서 익숙하다. 친하게 지내다 | 島田市(しまだし) 〈지명〉 시마다시 | 始(はじ)める 시작하다 | ～までに ～까지(어느 한 시점에 동작이 완료되는 경우에 사용) | 全部(ぜんぶ) 모든 | 取(と)り付(つ)ける 장치하다. 설비하다 | 特別(とくべつ)だ 특별하다 | 香川(かがわ) 〈지명〉 가가와 | 空港(くうこう) 공항 | 出汁(だし) 다시. 멸치나 다시마 등을 우려낸 국물 | 無料(むりょう) 무료 | 一日(いちにち) 하루 | 量(りょう) 양 | 決(き)まる 정해지다 | うどん屋(や)さん 우동집(사장) | 宣伝(せんでん) 선전 | ～のために ～을 위해 | 観光客(かんこうきゃく) 관광객 | 評判(ひょうばん)がいい 평판이 좋다 | 興味(きょうみ) 흥미 | 十分(じゅうぶん) 충분히 | 役(やく)を果(は)たす 역할을 다하다. 임무를 다하다 | たまに 가끔. 간혹 | ミカン 밀감. 귤 | なんと～ことか 얼마나 ～한가 | おいしさ 맛있음 | 珍(めずら)しい 흔하지 않다. 신기하다 | 付(つ)ける 붙이다 | 決(き)める 정하다 | 題(だい) 제목. 표제

해설

8 충분히 그 역할을 다하고 있다고 말한 근거를 찾아 보자. 밑줄 친 곳과 가까운 문장부터 거슬러 올라가 보면, 가가와의 우동집 운영자가 고장의 우동을 선전하기 위해 국물을 제공했는데, '아주 맛있어서 관광객에게도 호평을 받고 있고 우동에도 관심을 얻고 있다'고 밑줄 친 곳 바로 앞 문장에서 말하고 있다. 역할을 다하고 있는지를 알리면 최초의 목적을 알아야 한다. 우동 맛을 인정받기 위한 것이 아니라 우동을 널리 알리고 싶었던 것이므로 호평을 받는 것보다 관심을 얻은 것이 중요하다. 따라서 정답은 3번이다.

9 시즈오카현 초등학교에 녹차가 나오는 수도꼭지가 있는 이유는 어디에 나와 있을까? 두 번째 문장을 보면 '이것은 어릴 때부터 녹차와 친해지도록 하고 싶어서 시작했다'고 나온다. 따라서 정답은 3번이다.

10 글에서 소개한 것은 수도꼭지 자체가 아니라 그 내용물에 대한 것이며 녹차가 나오는 곳과 우동 국물이 나오는 곳을 소개하고 있다. 따라서 전체적으로 아우를 수 있는 제목은 2번이 된다.

문제6 다음 글을 읽고 질문에 답하시오. 답은 1·2·3·4 중에서 가장 알맞은 것을 하나 고르시오.

　　건강을 위해 매일 만보(注1)를 걷는 것이 좋다는 말을 자주 듣는데, 만보에 과학적인 이유는 없는 모양이다. 보수계(注2) 회사가 잘 팔리게 하려고 생각했다고 한다. 하지만 걷는 것은 몸을 위해 좋기 때문에 어느 샌가 확산된 것 같다. 만보를 걷는 것은 꽤 힘들고 천천히 걸어도 효과(注3)는 없다. 하루에 3회, 10분, 빨리 걸으면 만보를 걸은 것 이상의 효과가 있다고 한다. 또 하루에 30분도 걷지 못하는 사람을 위해서는 더 짧은, 일주일에 2분 정도면 되는 운동도 있다. 헬스 바이크(注4)를 타고 20초간 가능한 한 많이 다리로 돌린다. 그것을 2회 계속한다. 이것이라면 운동 전과 후의 가벼운 운동을 포함해도 10분 정도면 끝난다. 45분 달린 경우와 같은 효과가 있다고 한다. 이것을 주 3회 하기만 하면 된다. 이 자전거가 없을 때는 가벼운 운동 후에 5분간의 격한(注5) 운동을 한다. 하는 방법은 ① 1분 동안 가능한 한 많이 팔다리를 폈다 접었다 한다. ② 1분 동안 가능한 한 많이 스쾃(注6)을 한다. ③ 1분 동안 가능한 한 많이 빠르게 제자리에서 뛰는 것처럼 다리를 위아래로 움직인다. 다시, ②와 ①을 한다. 5분 정도 걸리는 일이지만 아주 힘들다. 이 세트를 주에 3회 하면 같은 효과가 있다고 한다. 시간이 없는 사람은 이것이 좋을 거라고 생각한다. 하지만 친구와 이야기하면서 걷는 것도 나쁘지 않다. 또 어떤 운동을 선택하든 그 전에 건강한지 어떤지 알아보는 것이 좋다. 그리고 여기에 쓰여 있는 것을 (Ａ)

(注1) 1万歩 : 발을 한 번 내디디는 것을 1보라고 한다. 만 걸음을 걷는 것
(注2) 歩数計 : 몇 번 걸었는지 알 수 있는 도구
(注3) 効果 : 좋은 결과. ~후에 좋은 상태가 되는 것
(注4) フィットネスバイク : 발로 돌리기만 할 수 있는 운동을 위한 자전거
(注5) 激しい : 매우 강하다
(注6) スクワット : 서서 무릎을 굽혔다 폈다 하는 운동

11　만보는 왜 확산되었나?

　1　특별한 이유는 없다.
　2　몸을 위해 만보가 필요하니까
　3　보수계 회사가 말하기 시작해서
　4　걷는 것이 건강을 위해 좋으니까

12　(Ａ)에 들어갈 수 있는 내용으로 좋은 것은?

　1　선택하면 몸에 도움이 될 것이다.
　2　읽으면 가장 좋은 운동이 무엇인지 알 수 있을 거라고 생각한다.
　3　참고로 하여 자신에게 맞는 운동을 선택해 주십시오.
　4　생각하면서 다양한 운동을 해 보시기 바랍니다.

13　자전거를 사용하지 않는 격한 운동은 어떻게 하는 것인가?

　1　세 가지 다른 운동을 반복한다.
　2　①과 ②를 2회, ③을 1회 한다.
　3　다섯 가지 다른 운동을 조합한다.
　4　가벼운 운동 후 격한 운동을 3회 계속한다.

14 내용과 일치하는 것은 어느 것인가?

   1 격한 운동일수록 하는 시간이 적어도 된다.

   2 다른 운동이라도 하는 방법에 따라 효과가 같은 경우가 있다.

   3 시간이 걸리는 운동보다 짧은 운동이 좋다.

   4 격한 운동 전에는 건강 체크를 하는 편이 좋다.

단어

健康 건강 | 1万歩 만보 | 科学的 과학적 | 理由 이유 | 歩数計 보수계(pedometer) | 売れる 팔리다 | いつの間にか 어느 새인가 | 広まる 퍼지다. 확산되다 | 効果 효과 | 急ぐ 서두르다 | さらに 그 위에. 더욱더. 도무지 | フィットネスバイク 헬스바이크. 헬스 자전거 | ～秒 ~초 | ～間 ~동안 | できるだけ 가능한 한 | 回す 돌리다 | 激しい 심하다. 격하다 | やり方 하는 방법 | 手 팔. 손 | 足 다리. 발 | 開く 펴다 | 閉じる 접다 | スクワット 스쿼트(squat) | 止まる 멈추다. 서다 | ～(た)まま ~한 채(로) | 上下 위아래 | 動かす 움직이다 | ～にしても ~든지 | 調べる 알아보다. 조사하다 | 言い出す 말을 시작하다 | 参考 참고 | やる 하다 | 繰り返す 반복하다 | 組み合わせる 조합하다 | すむ (잘) 되다

해설

11 두 번째와 세 번째 문장을 보면 '보수계 회사가 잘 팔리게 하려고 생각했다고 한다. 하지만 걷는 것은 몸을 위해 좋기 때문에 어느 샌가 확산된 것 같다'고 했다. 처음에 착안한 것은 상업적인 이유였지만 확산이 된 것은 걷는 것은 몸에 좋기 때문이다. 따라서 정답은 4번이다.

12 이 글은 만보 이야기로 시작해서 다양한 운동 방법에 대해 말하고 있다. 이야기의 흐름을 보면 어떤 한 가지 운동이 좋다고 주장하는 것이 아니라 자신에 상황에 맞는 것을 선택하도록 다양하게 제시하고 있다. 따라서 정답은 3번이다.

13 자전거를 사용하지 않는 격한 운동이란 어떻게 하는 것인지 살펴보자. 바로 다음 문장에 하는 방법이 나온다. 번호를 붙여 설명한 운동 방법을 보면 ①, ②, ③, ②, ①의 순서로 제시하고 있다. 따라서 정답은 2번이다.

14 시간이 걸리는 운동보다 짧은 운동이 좋다거나 격한 운동일수록 짧게 해도 된다는 내용은 없으므로 1, 3번은 오답이다. 다른 운동이라도 방법에 따라 효과가 같은 경우가 있다고 했으므로 정답은 2번이다. 4번은 격한 운동 전에는 건강 체크를 하는 것이 좋다고 했는데 본문에서는 끝에서 두 번째 문장에 어떤 운동을 선택하든 그 전에 건강한지 어떤지 알아보는 것이 좋다고 했으므로 오답이다.

문제7 오른쪽 페이지는 '보트 이용 안내'이다. 이것을 읽고 아래의 질문에 답하시오. 답은 1·2·3·4 중에서 가장 알맞은 것을 하나 고르시오.

15 다음 중 무료로 탈 수 있는 것은 어느 것인가?

   1 중학생 한 명과 초등학생 두 명

   2 어린이집에 다니는 어린이 두 명

   3 중학생 두 명과 어린이집 어린이 두 명

   4 75세의 할머니와 고등학생 한 명

16 이용 안내와 맞는 것은 어느 것인가?

   1 월요일은 항상 쉰다.

   2 비가 오는 날은 항상 쉰다.

   3 1시간 이상 탈 수 없다.

   4 4시 반 전이라면 접수해 준다.

보트 이용 안내

기간 : 3월 15일~11월 30일까지
접수 : 오전 9시 30분부터 오후 4시까지
　　　오후 4시 30분에 모두 끝납니다.
　　　(계절에 따라 짧아질 수 있습니다.)
　　　비, 강한 바람의 경우에는 중지되는 일이 있습니다.
쉬는 날 : 매주 월요일
　　　　　(단, 월요일이 국경일(注1)・휴일인 경우는 다음 날)
*이용 시간은 1시간 이내로 합니다.

보트 이용 요금(한 척(注2)의 요금)

정원 : 3명

초등학교 입학 전의 어린이들끼리는 탈 수 없습니다.

이용자	30분	60분
고등학생~64세인 분만 이용하실 경우	200엔	400엔
초등학교 입학 전의 어린이나 75세 이상인 분이 없고 초・중학생 또는 65세부터 74세인 분이 함께 타는 경우	100엔	200엔
초등학교 입학 전의 어린이나 75세 이상인 분이 함께 탄 경우	무료	무료

(注1) 祝日 : 국가가 정한 휴일
(注2) 隻 : 배를 세는 방법

단어

利用 이용 | 案内 안내 | ~のうち ~중 | 無料 무료 | 中学生 중학생 | 小学生 초등학생 | 保育園 어린이집 | おばあさん 할머니 | 高校生 고등학생 | 雨の日 비 오는 날 | ~なら ~라면 | 受け付ける 접수하다 | 期間 기간 | 受付 접수 | 午前 오전 | 午後 오후 | 全て 모두 | 季節 계절 | ~によって ~에 따라 | 中止する 중지하다 | ただし 단, 단지 | 祝日 국경일 | 休日 휴일 | 以内 이내 | ~とする ~로 하다 | 料金 요금 | ~隻 ~척 | 定員 정원 | 入学 입학 | 利用者 이용자 | ~のみ ~뿐, ~만

해설

15 무료로 탈 수 있는 경우를 찾아야 한다. '보트 이용 요금' 부분에서 마지막에 있는 무료 조건을 보면, 초등학교 입학 전의 어린이나 75세 이상인 분이 함께 탄 경우라고 했다. 따라서 정답은 4번이다. 3번은 정원 초과이므로 답이 될 수 없다.

16 월요일은 쉬지만 월요일이 국경일이나 휴일인 경우 다음 날 쉰다고 했고, 비 오는 날은 중지되는 날이 있다고 했으므로 1, 2번은 오답이며, 접수는 오후 4시까지이므로 3번도 오답이다. 이용 시간은 1시간 이내로 한다고 했으므로 정답은 3번이다.

모의고사 02

문제4 다음 (1)부터 (4)까지의 문장을 읽고 질문에 답하시오. 답은 1·2·3·4 중에서 가장 알맞은 것을 하나 고르시오.

(1)

> 요즘 편의점에서는 심야(注1)부터 이른 아침까지는 시급(注2)이 괜찮아서 그런지 외국인이 일하고 있습니다. 왕씨도 편의점에서 일하고 싶습니다. 평일(注3)은 매일 9시부터 1시까지 일본어학교에서 공부합니다. 공부가 중요하기 때문에 일은 4시간까지, 24시 넘어서까지 일하고 싶지 않습니다. 슈퍼마켓의 시급은 6:00~9:00 : 1,200엔, 9:00~11:00 : 1,000엔, 11:00~17:00 : 1,100엔, 17:00~23:00 : 1,200엔, 23:00~6:00 : 1,500엔입니다.
>
> (注1) 深夜 : 밤 늦은 시간
> (注2) 時給 : 여기서는 1시간에 받을 수 있는 아르바이트 임금
> (注3) 平日 : 일요일과 국가가 정한 휴일을 포함하지 않는 보통 날

1 내용과 일치하는 것은 어느 것인가?

1 가장 비싼 시급으로 일할 수 있다.
2 하루에 5,100엔 받을 수 있다.
3 아침 일을 3시간 할 수 있다.
4 수업 후 바로 일하는 편이 시급이 높다.

단어

最近 요즘. 최근 | コンビニ 편의점 | 深夜 심야 | 早朝 이른 아침. 조조 | ～にかけて ~에 걸쳐 | 時給 시급 | ～ため か ~때문인지 | 働く 일하다 | 平日 평일 | 日本語学校 일본어 학교 | 大事だ 중요하다 | ～過ぎ ~지나감 | スーパー 슈퍼마켓 | もらう 받다 | ～代 ~비(용). ~대금 | 決める 정하다 | 一日 하루 | 授業 수업 | 後 후 | すぐに 바로

해설

가장 비싼 시급은 23시부터 아침 6시인데 24시 넘어서까지 일하고 싶지 않다고 했으므로 1번은 오답이며, 아침 9시부터 수업을 들어야 하므로 3번도 오답. 늦은 시간일수록 시급이 높으므로 4번도 오답이다. 중간 부분에서 하루에 4시간까지 일할 수 있으며, 24시 넘어서까지 일하고 싶지는 않다고 했으므로, 높은 시급을 받고 일할 수 있는 시간은 20시부터 24시까지. 그것을 기준으로 시급을 계산하면 (1,200엔 × 3시간) + (1,500엔 × 1시간) 즉, 5,100엔을 받을 수 있다. 따라서 2번이 정답이다.

(2)

> ### 세일 알림
>
> 항상 저희 매장을 이용해 주셔서 감사합니다. 봄 고객 감사 세일을 3월 1일부터 3월 10일까지 합니다. 담배, 상품권 이외의 전 상품을 미나미 카드로 지불하실 경우 카드 대금 결제(注)시에 10% 할인해 드립니다. 단, 식료품은 5%입니다. 부디 방문해 주시기를 부탁드립니다.
>
> (注) 引き落とし : 여기서는 은행에서 돈을 지불하는 것

2 세일 중 미나미 카드를 사용해서 할 수 있는 것은 무엇입니까?

1. 담배를 10% 할인 받는 것
2. 1,000엔짜리 고기를 사고 950엔 지불하는 것
3. 빵과 우유를 1,000엔으로 사고 10% 할인 받는 것
4. **2,000엔짜리 셔츠를 사고 2,000엔짜리 영수증을 받는 것**

단어

お知らせ 알림 | 毎度 매번, 항상 | 当店 당점, 이 가게 | (ご)利用 이용 | お客様 고객, 손님 | 感謝 감사 | 行う 하다, 행하다, 시행하다 | タバコ 담배 | 商品券 상품권 | 以外 이외 | 全~ 전~, 모든~ | 商品 상품 | (お)支払い 지불 | 銀行引き落とし 대금 결제, 은행 인출 | ~引き ~할인 | ~させていただく ~하겠다(~する의 정중한 표현) | ただし 단, 다만 | 食料品 식료품 | ~となる ~이 되다 | 是非 부디 | ご~ください ~해 주십시오 | 来店 내점, 방문 | ~ますように ~하시도록, ~하시기를 | お願いいたす 부탁드리다(お願いする보다 공손한 표현) | 払う 지불하다 | ~中 ~중 | 牛乳 우유 | 引く 할인하다 | レシート 영수증

해설

세 번째, 네 번째 문장에 모든 정보가 있다. 담배, 상품권 이외의 상품을 미나미 카드로 지불하면 10% 청구 할인을 받을 수 있고, 식료품은 5%라고 한다. 담배는 할인을 받을 수 없으므로 1번은 오답. 청구 할인이므로 1,000엔짜리 고기를 사고 1,000엔을 미나미 카드로 지불할 경우 950엔이 결제되는 방식이므로 2번도 오답이다. 빵과 우유도 식료품에 해당하므로 5% 청구 할인을 받을 수 있으므로 3번도 오답이다. 따라서 4번이 정답이다.

(3)

일본에서는 설날에는 후쿠부쿠로(注1)가 판매된다. 후쿠부쿠로 안에 있는 물건은 보이지 않지만 이득(注2)이기 때문에 인기가 있다. 예를 들면 1,000엔짜리 후쿠부쿠로라면 합해서 2,000엔 정도의 물건이 들어 있다. 그래서 사기 위해 전날부터 줄을 서는 사람도 있다. 필요 없는 상품이 들어 있어도 개의치 않는다. 그래서 주머니에서 꺼내 교환하는(注3) 사람도 있다. 게다가 지금은 인터넷에서 팔리기 때문에 결국 득을 본다는 것이다.

(注1) 福袋 : 안에 몇 가지 상품이 담긴 주머니
(注2) 得 : 여기서는 이익이 있는 것
(注3) 交換する : 무언가와 무언가를 바꾸는 것

3 왜 후쿠부쿠로를 사는가?

1. 다양한 상품이 들어 있기 때문에
2. 안에 든 상품이 무엇인지 몰라 재미있기 때문에
3. 가격의 두 배 이상의 상품이 들어 있기 때문에
4. **가격에 비해 안에 든 상품이 더 비싸기 때문에**

단어

お正月 설날 | 福袋 후쿠부쿠로(한자를 보면 '복+주머니'인데, 우리 나라의 복주머니와는 다른 뜻. 안에 상품이 랜덤으로 들어있는 주머니를 말한다) | 売り出す 대대적으로 팔다. 팔기 시작하다 | 品物 물품. 물건 | 見える 보이다 | お得 이득. 득 | ~なので ~이기 때문에 | 例えば 예를 들면 | ~なら ~라면 | 全部で 다 해서. 모두 합해서 | 並ぶ 줄을 서다 | いる 필요하다 | 気にする 신경 쓰다 | そこで 그래서 | 袋 주머니 | 交換する 교환하다 | それに 게다가 | 結局 결국 | 得をする 득을 보다 | 商品 상품 | 利益 이익 | 換える 바꾸다. 교환하다 | 値段 가격 | ~倍 ~배 | 以上 이상 | 比べる 비교하다

해설

두 번째 문장에서 이득이라서 인기가 있다고 했고, 세 번째 문장에서 예를 들어 설명하고 있으므로 4번이 정답이다. 3번은 가격의 두 배 이상의 상품이 들어 있다고 했지만 세 번째 문장에서 예를 들어 설명했을 뿐 꼭 그런 것은 아니므로 오답이다.

(4)

> 지금 미국에서 '정리' 프로그램에 나오고 있는 A 씨는 영어를 잘하지 않지만 매우 인기가 있다. 영어는 서툴러도 그녀가 하고 싶은 말이 충분히 전달되고 있다. 그녀를 보고 있으면 말이 무엇을 위해 존재하는지 잘 알 수 있다. 말은 커뮤니케이션을 위한 수단인 것은 당연하기 때문에 능숙한 편이 좋다. 하지만 말이 되면 다 되는 것은 아니다. 전달할 것(=내용)을 갖고 있지 않으면 말은 죽은 것이나 마찬가지이다.

4 말은 죽은 것이나 마찬가지란 여기서는 어떤 의미인가?

1 말이 능숙하지 않다는 것
2 말은 서툴러도 된다는 것
3 전달되지 않으면 안 된다는 것
4 말만 잘해서는 안 된다는 것

단어

片づけ 정리. 정돈 | 番組 프로그램 | 得意だ 잘하다 | 下手だ 서툴다 | 十分 충분히 | 伝わる 전해지다. 전달되다 | 言葉 말. 언어 | 手段 수단 | 当然 당연 | 上手だ 잘하다. 능숙하다 | ~ば良いというわけではない ~하다고 되는 것은 아니다 | 伝える 전하다. 전달하다 | ~とは ~란. ~라는 것은 | ~という ~라는 | だめだ 안 되다. 못쓰다

해설

마지막 두 문장을 보면 말만 잘하면 되는 것이 아니라 전달할 내용이 있어야 한다는 뜻이며 전달할 내용이 없으면 말이 죽은 거나 다름없다는 뜻이므로 정답은 4번이다.

문제5 다음 (1)과 (2)의 글을 읽고 질문에 답하시오. 답은 1·2·3·4 중에서 가장 알맞은 것을 하나 고르시오.

(1)

맨홀은 하수도관(注1)이나 가스관 등에 드나드는 곳의 뚜껑이다. 일본에는 꽃이나 동물, 최근에는 그 지방에 있는 유명한 건물 등을 디자인한 뚜껑도 있다. 저렴한 것은 1,000엔 정도이지만 디자인한 것은 6만 정도, 컬러라면 10만이나 하는 모양이다. 그래서 ①세금 낭비라고 비판을 받는 일도 있다. 하지만 지금은 10% 정도이지만 지역 특유(注2)의 맨홀이 있어 인기가 있다. 2016년부터 각지(注3)에서 맨홀 카드를 배포하기 시작하자 더욱더 인기가 높아졌다. 지금까지 100만 장 이상이나 무료로 배포되고 있으며 그중에는 팔리고 있는 카드까지 있다고 한다. 카드를 받거나 뚜껑을 보기 위해 사람들이 모여든다. 관광에도 도움이 되고 있는 것이다. 그래서 ②센다이시에서는 영어 맨홀을 만들었다고 한다. 앞으로 다른 곳에서도 영어 맨홀이 늘어날 것 같은 느낌이 든다.

(注1) 下水道管 : 더러운 물이 흐르고 있는 관
(注2) ご当地 : 그 장소
(注3) 各地 : 여기서는 여러 장소

5 왜 ①세금 낭비라고 비판을 받는가?

1 비싼 맨홀에 맞는 이익이 없다고 생각하기 때문에
2 맨홀에 세금을 사용하는 것은 쓸데없다고 생각하기 때문에
3 90%의 자치 단체가 저렴한 맨홀을 사용하고 있기 때문에
4 맨홀의 가격이 다양하다는 것을 알고 있기 때문에

6 왜 ②센다이시는 영어 맨홀을 만들었는가?

1 외국인은 일본어를 읽지 못하기 때문에
2 외국인 관광객이 더 많기 때문에
3 외국인이 관광하러 와 주었으면 하기 때문에
4 외국인에게도 맨홀이라는 것을 알리기 위해서

7 그 지역 특유의 맨홀의 인기를 나타내고 있는 것은 어느 것인가?

1 수가 늘고 있다는 것
2 카드가 만들어졌다는 것
3 팔리는 카드가 있다는 것
4 영어 카드가 있다는 것

단어

下水道管 하수도관 | ガス管 가스관 | ふた 뚜껑 | 最近 최근. 요즘 | カラー 컬러 | ～もする ~이나 하다 | 税金 세금 | 無駄づかい 낭비 | 批判する 비판하다 | ご当地 해당 지역 특유의 | 各地 각지 | マンホールカード 맨홀 카드(특정 맨홀 뚜껑 사진과 함께 그 디자인에 대한 설명 등이 적힌 카드) | 配る 나누어 주다. 배포하다 | ～始める ~하기 시작하다 | さらに 더욱더 | 高まる 높아지다 | 無料 무료 | 集まる 모이다 | 観光 관광 | 役に立つ 도움이 되다. 쓸모가 있다 | 仙台市 〈지명〉 센다이시 | 造る 만들다 | 他 다른 곳. 다른 것 | 増える 늘다 | 気がする 느낌이 들다. 생각이 들다 | 汚い 더럽다 | 流れる 흐르다 | 無駄だ 쓸데없다. 헛되다 | 自治体 자치 단체 | 観光客 관광객 | 知らせる 알리다 | 表す 나타내다 | 数 수

> **해설**

5 밑줄 친 부분의 앞 문장을 보면 맨홀 가격이 비싸다는 내용이 나온다. 언뜻 보면 1, 2번이 모두 맞는 내용으로 보일 수 있지만 2번은 질문을 그대로 옮겨 놓은 내용이며 1번은 왜 낭비라고 생각하는지에 대한 이유를 유추해서 말하고 있기 때문에 1번이 정답이다.

6 밑줄 친 부분의 앞에 있는 두 문장을 보면 맨홀 카드를 받거나 뚜껑을 보기 위해 사람들이 모여 관광에도 도움이 된다고 했다. 따라서 정답은 3번이다.

7 지역 특유의 맨홀이 인기가 있다는 것은 무엇을 보면 알 수 있는지 묻고 있다. 끝에서 다섯 번째 문장을 보면 무료로 나눠 주는 카드 중에서 팔리고 있는 카드까지 있다고 나와 있다. 따라서 정답은 3번이다.

(2)

'마고와야사시이(손자는 자상하다)'는 몸에 좋은 음식 리스트다. 마(マ)는 콩류로 두부나 낫또 등. 고(ゴ)는 깨 등. 견과류도 좋다. 와(ワ)는 미역 등의 해조(注1). 다시마, 김 등. 야(ヤ)는 야채. 사(サ)는 생선. 시(シ)는 표고버섯 등의 버섯류. 이(イ)는 감자류(注2). 리스트의 음식은 물론 먹는 편이 좋다. 하지만 ①리스트에 없으니까 고기나 달걀을 먹지 않는 것은 좋지 않다. 근육(注3)을 만들기 위해 고기도 달걀도 먹는 편이 좋다. 이 리스트가 좋다고 하면 이것만 먹는다. 마찬가지로 ○○이 몸에 좋다고 소개되면 눈 깜짝할 사이에 슈퍼마켓에서 그것이 없어진다. 하지만 얼마쯤 지나면 열기가 식는다. 그러면 이번에는 다른 것이 소개된다. 그러면 그것이 잘 팔린다. 또 팔리지 않게 된다. ②그 반복이다. 음식은 좋다는 것만 먹어도 건강해진다고 장담할 수 없다. 골고루 먹는 게 어떨까 하고 늘 생각한다.

(注1) 海藻(かいそう) : 바다의 풀 같은 것. 다시마, 김 등
(注2) いも類(るい) : 감자, 고구마 등
(注3) 筋肉(きんにく) : 몸을 움직일 때 사용하는 것

8 왜 ①리스트에 없으니까 고기나 달걀을 먹지 않는 것은 좋지 않다고 말하고 있을까?
 1 고기나 달걀은 몸을 만드는 것이기 때문에
 2 얼마쯤 지나면 열기가 식기 때문에
 3 리스트가 옳다고는 할 수 없기 때문에
 4 고기나 달걀을 먹지 않으면 건강에 나쁘기 때문에

9 ②그 반복이다라고 되어 있는데 무엇을 반복하는 것인가?
 1 언제나 건강에 좋은 새로운 음식이 소개되는 것
 2 무언가가 소개될 때마다 그것만 잘 팔리는 것
 3 소개된 것이 잘 팔리거나 팔리지 않게 되거나 하는 것
 4 새로 소개된 것이 잘 팔리다가 얼마쯤 지나면 팔리지 않게 되는 것

10 가장 말하고 싶은 것은 무엇인가?
 1 좋다는 음식은 계속 먹는 것이 좋다.
 2 건강에 좋은 음식이 소개되어도 먹지 않는 것이 좋다.
 3 음식은 좋다는 것만 먹으면 몸을 해친다.
 4 좋은 음식뿐만 아니라 골고루 무엇이든 먹는 것이 좋다.

단어

孫 손자, 손녀 | 豆類 콩류 | 豆腐 두부 | 納豆 낫또 | ごま 깨 | ナッツ 견과류 | わかめ 미역 | 海藻 해조 | 昆布 다시마 | のり 김 | しいたけ 표고(버섯) | きのこ 버섯 | ～類 ~류 | いも 감자, 고구마 | 筋肉 근육 | ～となると ~하게 되면 | あっという間に 눈 깜짝할 사이에 | なくなる 없어지다 | しばらくすると 어느 정도 지나면 | 熱 열. 열기 | 冷める 식다 | 今度 이번 | 繰り返し 반복 | 健康だ 건강하다 | ～とは限らない 꼭 ~라고는 할 수 없다 | バランスよく 골고루 | 草 풀 | ジャガイモ 감자 | サツマイモ 고구마 | 動かす 움직이게 하다 | 熱 열 | 正しい 옳다. 바르다 | 繰り返す 반복하다 | ～たびに ~때마다

해설

8 바로 다음 문장을 보면 근육을 만들기 위해 고기도 달걀도 먹는 것이 좋다고 나와 있다. 따라서 정답은 1번이다.

9 중간 부분의 このリストが(이 리스트가)로 시작되는 문장부터 나오는 내용이 반복된다는 뜻이다. 따라서 정답은 4번이다.

10 맨 마지막 두 문장에 글쓴이의 생각이 나와 있다. 따라서 정답은 4번이다.

問題6 다음 글을 읽고 질문에 답하시오. 답은 1·2·3·4 중에서 가장 알맞은 것을 하나 고르시오.

노벨상은 누구나 알고 있지만 이그노벨상을 아는 사람은 별로 없을 것이다. 이것은 1991년에 만들어진 '사람들을 웃게 하고, 그리고 생각하게 해 주는 연구'에 대해 주어지는 상이다. 그 연구가 사회를 위한 것이 '되느냐 마느냐'는 중요하지 않다. 그렇기 때문에 이상한 연구가 수상하는(注1) 경우가 많다. 상금도 없는가 하면 시상식에 참가하는 비용도 자신이 지불하는데 많은 사람들이 기꺼이 시상식에 참가한다. 실은 수상 후 강사(注2)를 부탁받아 사례를 받을 기회가 늘어나는 사람도 많은 것 같지만 ①그것은 목적이 아니라 결과이다. 시상식은 종이비행기를 날리며 시작된다. 연설이 1분 지나면 여자아이가 '이제 질렸(注3)으니까 연설 그만해요'라고 말하러 오기 때문에 수상자는 과자를 주거나 해서 여자아이에게 부탁해 연설을 계속해야 한다. 수상자도 '웃게 하려'는 마음으로 참가하는 사람들이 많기 때문에 시상식은 ②코미디쇼처럼 된다. 이 상은 일본인 수상자가 많다. '바우링갈(注4)' '가라오케' 등 알려진 것도 있지만 '바나나 껍질을 밟았을 때의 미끄러지기 쉬운 정도' 등 대부분의 연구는 왜 그런 것을 연구하고 있을까 하고 보통 사람들이 이상하다든지 궁금해 할 만한 것들뿐이다. 그러나 ③이 상을 계속 받고 있는 동안은 일본의 과학력은 괜찮다고 생각한다. 쓸데없는 것을 연구할 수 있는 여유(注5)가 있기 때문이다.

(注1) 受賞する : 상을 받는 것
(注2) 講師 : 무언가를 가르치거나 알리거나 하는 사람
(注3) 飽きる : 너무 많거나 너무 길어서 싫어지다
(注4) バウリンガル : 개가 무엇을 말하는지 알 수 있는 기계
(注5) 余裕 : 여유. 아직 꽉 차지 않은 상태

11 이그노벨상이란 무엇인가?

1 웃기기 위해 뽑힌 상
2 재미있는 연구에 주어지는 상
3 쓸모없는 연구에 주어지는 상
4 웃기기 위한 연구에 주어지는 상

12 ①그것은 목적이 아니라 결과이다라고 되어 있는데 그것은 무엇을 가리키는가?

1 수상 후에 이익을 얻을 기회가 있는 것
2 수상 후에 얻을 이익이 많은 것
3 수상 후에 강사가 될 수 있는 이익이 있는 것
4 수상 후에 충분한 이익을 얻게 되는 것

13 ②코미디쇼처럼 된다라고 되어 있는데 왜 그런가?

1 재미있는 수상자들만 참가하기 때문에
2 웃기도록 계획되어 있기 때문에
3 수상자가 웃기려고 하기 때문에
4 수상자는 웃지 않으면 안 되기 때문에

14 ③일본의 과학력은 괜찮다고 생각하는 것은 왜인가?

1 어떤 연구든 언젠가 반드시 쓸모가 있기 때문에
2 연구가 다양한 분야로 범위가 넓어져 있기 때문에
3 쓸모없는 연구란 하나도 없기 때문에
4 이상한 연구가 더 인정받는 경우가 있기 때문에

단어

ノーベル賞 노벨상 | イグ・ノーベル賞 이그노벨상(Ig Nobel Prize) | 笑わせる 웃게 하다 | 研究 연구 | ~に対して ~에 대하여, ~에게 | 与える 주다 | ためになる 도움이 되다 | 重要だ 중요하다 | 変だ 이상하다 | 受賞する 수상하다. 상을 받다 | 賞金 상금 | 授賞式 시상식 | 参加する 참가하다 | 費用 비용 | 喜んで 기꺼이 | 講師 강사 | 頼む 부탁하다 | お礼 사례 | 機会 기회 | 増える 늘다. 늘어나다 | 目的 목적 | 結果 결과 | 紙飛行機 종이비행기 | 飛ばす 날리다 | スピーチ 연설 | 過ぎる 지나다. 경과하다 | 飽きる 싫증나다. 물리다 | ~ちゃう ~해 버리다(~てしまう의 축약형) | 止める 그만두다 | 受賞者 수상자 | お菓子 과자. 사탕 | 続ける 계속하다 | ~させてもらう ~하게 해 받다(=상대방이 배려해 주어 내가 ~하다) | お笑い 코미디 프로 | バウリンガル 일본의 완구 회사에서 만든 견공 통역기(Bow-Lingual) | 皮 껍질 | 踏む 밟다 | 滑る 미끄러지다 | 変だ 이상하다 | 疑問 의문 | 間 동안 | 科学力 과학력 | 役に立つ 쓸모가 있다. 도움이 되다 | 余裕 여유 | 嫌だ 싫다 | ゆとり 여유 | ~とある ~라고 되어 있는데 | 指す 가리키다 | 得る 얻다 | 手に入れる 손에 넣다 | 計画する 계획하다 | 必ず 반드시 | 広がる 확산되다. 퍼지다 | 認める 인정하다

해설

11 첫 번째 문장에서 언급한 이그노벨상의 뜻은 바로 그 다음 문장에 나와 있다. 사람들을 웃기고 생각하게 해 주는 연구에 대해 주어지는 상이라고 했다. 따라서 정답은 2번이다.

12 それ(그것)로 시작하는 문장은 그 앞 부분을 보아야 한다. 바로 앞 문장을 보면, '수상 후 강사 제의를 받아 사례를 받을 기회가 늘어난다는 사람도 많은 모양이지만'이라고 했다. 따라서 정답은 1번이다.

13 ①번 밑줄 바로 다음 문장부터 ②번 밑줄 앞까지를 보면 수상자만 웃기려고 하는 것이 아니라 시상식 자체가 재미있게 계획되어 있다는 것을 알 수 있다. 따라서 정답은 2번이다.

14 밑줄 다음 문장을 보면, 쓸모없는 것을 연구할 수 있는 여유가 있기 때문이라고 나와 있다. 따라서 정답은 2번이다.

문제7 오른쪽 페이지는 '어머니날 선물 안내'이다. 이것을 읽고 아래의 질문에 답하시오. 답은 1·2·3·4 중에서 가장 알맞은 것을 하나 고르시오.

15 아이들이(=자식들이) 둘이서 5천 엔씩 돈을 내서 어머니에게 선물을 한다. 바빠서 아이들은 가지 못한다. 신기한 것을 매우 좋아하는 어머니가 혼자서 월요일에 외출하고 싶을 때 어느 것을 선택하면 좋을까?

1 A
2 B
3 C
4 D

16 설명으로 알 수 있는 것은 무엇인가?

1 어느 것이나 레스토랑에서 식사를 한다.
2 어느 것이나 그 안에 다양한 코스가 있다.
3 어느 것이나 둘이서 참가해야 한다.
4 어느 것이나 자신이 생각할 수 없는 코스이다.

어머니날 선물 안내

어머니날이 다가왔습니다. 여러분 선물 준비는 마치셨습니까? 무엇을 선물할지 고민하시는 여러분께 멋진 아이디어를 보내 드립니다.

A : 연극과 식사 / 두 분 30,000엔부터
　연극 후에 식사를 하시게 됩니다. 연극과 레스토랑 리스트를 보시고 선택해 주시기 바랍니다.
B : 미술관과 중식 / 월요일 제외 / 두 분 20,000엔부터
　미술관과 레스토랑 리스트를 보시고 선택해 주시기 바랍니다.
C : 당일치기(注1) 온천 : 두 분 20,000엔부터 / 버스 요금, 중식비 포함(注2)
　멋진 10군데의 온천에서 선택하실 수 있습니다.
D : 당일치기 여행 : 도시락 포함 / 두 분 16,000엔부터
　수륙 양용(注3) 버스 이용 여행 등 다른 곳에서는 경험할 수 없는 10개 코스를 준비했습니다. 리스트를 보시기 바랍니다.

☆ 혼자 참가하시는 경우 반값이 됩니다.
☆ 모든 코스에 꽃다발과 카드를 추가할 수 있습니다.
☆ A와 B는 승용차로 송영도 가능합니다. 요금표를 보시기 바랍니다.
☆ 몸이 불편하신(注4) 어머님이나 바쁘셔서 어머님과 함께하실 수 없는 분을 위해 도우미(注5)를 부탁할 수도 있습니다. 요금표를 보시기 바랍니다.

(注1) 日帰り : 묵지 않는 하루 여행
(注2) 込み : 포함되어 있는 것
(注3) 水陸両用 : 도로에서나 물 위에서나 사용할 수 있는 것
(注4) 不自由 : 자신이 생각하는 대로 할 수 없는 것
(注5) 付き添い : 곁에서 돌봐 주는 사람

단어

母の日 어머니날 | 珍しい 신기하다. 흔하지 않다 | 説明 설명 | 参加する 참가하다 | 近づく 다가오다 | ~て参る ~해 오다 (~てくる보다 정중한 표현) | 皆様 여러분 | (ご)準備 준비 | (お)済 끝남 | 贈る 선물하다 | (お)悩み 고민. 걱정 | 素敵だ 매우 근사하다. 아주 멋지다 | 届ける 보내어 주다 | お~いたす ~하겠다 (お~する보다 정중한 표현) | 劇 극. 연극 | ~名様 ~분 | ~より ~부터 (~から보다 정중한 표현) | 召し上がる 드시다 | ~ていただく ~해 받다 (~てもらう보다 정중한 표현) | ご覧になる 보시다 (見る보다 정중한 표현) | お~ください ~해 주십시오 | 美術館 미술관 | 昼食 점심 식사. 중식 | 除く 제외하다. 빼다 | 日帰り 당일치기 | 温泉 온천 | ~代 ~요금 | ~込み ~포함 | ~か所 ~군데 | お~になる ~하시다 | お弁当 도시락 | ~付き ~포함 | 水陸両用 수륙 양용 | 旅 여행 | 他 다른 곳 | 経験 경험 | (ご)用意 준비 | いたす 하다 (する의 정중한 말) | ご覧ください 보아 주십시오 | お一人様 한 분 | 参加 참가 | 半額 반액. 반값 | 花束 꽃다발 | つける 포함시키다. 붙이다 | 送り迎え 송영 | 料金表 요금표 | (ご)不自由 자유롭지 못하다 | お母様 어머님 (お母さん보다 정중한 표현) | (ご)一緒 함께함. 동행 | 付き添い 곁에서 시중드는 사람 | 泊まる 묵다 | 道路 도로 | 世話をする 돌보다

해설

15 자식들이 10,000엔으로 준비하려고 하며 어머니는 혼자 월요일에 외출하려고 한다. 가격은 두 명 기준으로 제시하고 있지만 아래쪽에 있는 별표 항목을 보면 첫 번째 항목에 혼자 참가할 경우 반값이라고 했다. A코스는 비용 초과, B코스는 요일이 맞지 않는다. C와 D코스 모두 참가 가능하지만 신기한 것을 좋아하는 어머니에게는 '다른 곳에서는 경험할 수 없는 10가지 코스'를 마련해 놓은 D코스가 적당하다. 따라서 정답은 4번이다.

16 D코스는 도시락을 먹는 코스이며, 별표 항목에 혼자 참가할 경우 반값이라고 했기 때문에 1, 3번은 오답이며, D코스의 수륙 양용 버스 등이 아니라면 개인적으로도 계획할 수 있는 코스이므로 4번도 오답이다. A, B코스는 리스트를 보라는 내용이 있고, C, D는 10군데, 10코스 등의 표현이 있어 다양한 것 중 선택할 수 있음을 알 수 있다. 따라서 정답은 2번이다.

모의고사 03

문제4 다음 (1)부터 (4)까지의 문장을 읽고 질문에 답하시오. 답은 1·2·3·4 중에서 가장 알맞은 것을 하나 고르시오.

(1)

> 대학 졸업생으로 미나미시에 살고 있는 200명의 회원 신년회를 계획하고 있다. 100명이 출석한다고 치고 그날 컨디션(注1)이 안 좋거나 해서 취소하는 사람을 5%로 생각하고 있다. 회비는 5천 엔이며 그날 걷는다. 홀을 빌리기 위해 7만 엔, 선물비 5만 엔. 나머지는 음식비(注2)이다. 하지만 남은 돈을 모두 써 버리면 모자랄 수도 있기 때문에 항상 음식비의 10%를 남긴다.
>
> (注1) 体調 : 몸의 상태
> (注2) 飲食代 : 마시거나 먹거나 하는 돈

1 음식비로 얼마를 쓸 수 있나?

  1 380,000엔
  2 355,000엔
  3 342,000엔
  4 319,500엔

단어

卒業生 졸업생 | 南市〈지명〉 미나미시 | 住む 살다 | 会員 회원 | 新年会 신년회 | 計画する 계획하다 | 出席する 출석하다 | ~とする ~라고 가정하다 | 体調 몸의 상태. 컨디션 | キャンセルする 취소하다 | 会費 회비 | 集める 모으다 | ホール 홀 | 借りる 빌리다 | ~代 ~비 | 残り 나머지 | 飲食 음식 | でも 하지만 | 全部 전부 | ~てしまう ~해 버리다 | ~と ~하면 | 足りない 부족하다 | ~かもしれない ~지도 모르다 | 残す 남기다 | 状態 상태

해설

100명 중 5%를 뺀 95명으로부터 회비(5,000엔)를 걷는다고 생각하면 475,000엔이며, 그중에서 홀 대여비와 선물비를 합한 12만 엔을 빼면 355,000엔이고 그중 10%의 여분을 남겨 두어야 한다면 여기서 35,500엔을 뺀 319,500엔이 음식비이다. 따라서 정답은 4번이다.

(2)

> 초콜릿 20개들이 한 봉지, 쿠키 15개들이 두 상자가 있었습니다. 한 개씩 아이들에게 나누어 주고 있었는데 도중에 초콜릿이 떨어지고 말았습니다. 그래서 그 다음에는 쿠키만 두 개 주기로 했습니다. 마지막에 쿠키가 두 개 남았습니다. 초콜릿이 없는 아이에게 가지고 있는 아이가 조금 나누어 준 것을 보고 기뻤습니다.

| 2 | 아이는 몇 명 있습니까?

1　20명
2　22명
3　24명
4　26명

단어

チョコレート 초콜릿 | ～個 ~개 | ～入り ~들이 | 袋 봉지. 주머니 | クッキー 쿠키 | ～枚 ~개. ~장 | 箱 상자 | 配る 나누어 주다 | 途中 도중 | それで 그래서 | その後 그 다음 | ～だけ ~만 | あげる 주다. 드리다 | ～ことにする ~하기로 하다 | 最後 마지막 | 残る 남다 | 子 아이 | ちょっぴり 조금. 약간 | 分ける 나누다 | ～てあげる ~해 주다 | うれしい 기쁘다

해설

초콜릿 20개와 쿠키 30개가 있었고 한 개씩 나눠 주는데 초콜릿이 20개였으므로 20명까지는 각각 한 개씩 받았다. 그리고 이후에는 남은 쿠키 10개 중 2개씩 나눠 주고 2개가 남았다고 한다. 먼저 10개에서 남은 2개를 빼면 쿠키 8개. 두 개씩 나눠 주었다면 4명에게 줄 수 있으니 아이들은 총 24명이었을 것이다. 따라서 정답은 3번이다.

(3)

　　'유루캬라(注1)'란 '유루이 캐릭터'를 줄인 것으로 느긋한 느낌이라서 이렇게 불리게 된 모양이다. 유루캬라가 귀여운 것이 많아서 인기가 있다. 그러나 인기가 있는 것이 있는 한편 별로 알려져 있지 않은 것도 있다. 모든 지방을 활기차게 만들기 위해서는 포켓몬 게임(注2)처럼 캐릭터를 모으는 게임을 만들면 좋겠다고 생각한다. 지방으로 가야만 모을 수 있다면 그곳으로 갈 것이다. 잘 될 거라고 지나치게 생각하는 걸까?

(注1) ゆるキャラ : 여기서는 시구읍면 등이 만든 그 지방의 캐릭터
(注2) ポケモンゲーム : 여러 장소에 가서 캐릭터를 모으는 게임

| 3 | 잘 될 거라고 지나치게 생각하는 걸까라고 되어 있는데, 무엇이 잘 되는 것인가?

1　게임을 할 사람이 늘어나는 것
2　유루캬라 게임이 만들어지는 것
3　게임으로 모든 지방이 활기를 띠는 것
4　유루캬라가 알려지게 되는 것

단어

ゆるキャラ 유루캬라(국가나 지방 자치 단체가 주최하는 이벤트나 명품 홍보용 캐릭터) | ゆるい 느슨하다. 헐겁다. 엄하지 않다 | のんびりした 느긋한. 태평한 | 感じ 느낌 | 呼ばれる 불리다 | 一方 한편 | 知られる 알려지다 | 全ての 모든 | 地方 지방 | ポケモンゲーム 포켓몬 게임 | 集める 모으다 | ～はずだ 당연히 ~할 것이다 | うまくいく 잘 되다 | ～すぎ 도가 지나침 | 市区町村 시구읍면 | 増える 늘다. 늘어나다

해설

네 번째 문장을 보면, 모든 지방을 활기차게 만들기 위해서는 포켓몬 게임처럼 캐릭터를 모으는 게임을 만들면 좋겠다고 생각한다고 했기 때문에 밑줄 친 부분에서 말한 うまくいく(잘 되다)라는 것은 게임으로 지방이 활기를 띄는 것을 말한다. 따라서 정답은 3번이다.

(4)

비즈니스에서는 '①호우렌소우(ほうれんそう)'가 중요하다고 배운다. 이것은 '보고・연락・상담'의 첫머리의 한자를 연결한 것이다. 원래의 사용법과는 달라졌다고 하는데 지금은 부하(注1)가 상사(注2)에게 하는 것이라는 의미로 쓰이고 있다. 그럼 이것을 받은 상사는 어떻게 하면 좋을까? '②오히타시(おひたし)(注3)'가 좋다고 한다. お → 화내지 않는다, ひ → 부정하지 않는다(注4), た → 돕는다, し → 지시한다(注5)라고 한다. 양쪽 다 필요한 것이지만 특히 ②를 할 수 있으면 훌륭하다. 좀처럼 할 수 없기 때문이다.

(注1) 部下: 업무에서 아래에 있는 사람
(注2) 上司: 업무에서 위에 있는 사람
(注3) おひたし: 야채를 데친 것
(注4) 否定する: 안 된다, 틀리다 등의 말을 하다
(注5) 指示する: ~하도록, 또는 ~하지 말도록 말하다

4 내용과 맞는 것은 어느 것인가?

1 ①보다 ②가 더 중요하다.
2 ①을 하고 ②받지 못하는 일이 더 많다.
3 ①은 부하가 상사에게 ②는 상사가 부하에게 한다.
4 ①은 쉽게 할 수 있는 일이지만 ②는 좀처럼 할 수 없다.

단어

ほうれんそう 시금치(여기서는 세 단어의 첫머리를 연결해서 만든 표현) | 大事だ 중요하다 | 教わる 배우다 | 報告 보고 | 連絡 연락 | 相談 상담. 의논 | 漢字 한자 | 続ける 계속하다. 잇다. 연결하다 | 元 처음. 본래 | 使い方 사용법 | 部下 부하 | 上司 상사 | 意味 의미 | 受ける 받다 | おひたし 나물 무침(여기서는 네 단어의 첫머리를 연결해서 만든 표현) | 怒る 화내다 | 否定する 부정하다 | 助ける 돕다 | 指示する 지시하다 | 両方 양쪽 | 特に 특히 | なかなか 좀처럼 | お湯 뜨거운 물. 끓는 물 | 煮る 끓이다 | 駄目だ 안 되다. 못쓰다 | あるいは 또는. 혹은 | 簡単だ 간단하다. 쉽다

해설

호우렌소우에 대해 세 번째 문장에 부하가 상사에게 하는 것이라고 나와 있고, 네 번째, 다섯 번째 문장에, 호우렌소우를 받은 상사가 오히타시 하는 것이 좋다고 했으므로 오히타시는 상사가 부하에게 하는 것이다. 따라서 정답은 3번이다.

문제5 다음 (1)과 (2)의 글을 읽고 질문에 답하시오. 답은 1·2·3·4 중에서 가장 알맞은 것을 하나 고르시오.

(1)

> 초밥집이나 튀김집 등에서는 카운터 좌석에 앉으면 요리를 하고 있는 것을 볼 수가 있다. 요리가 완성되어 가는 것을 보는 것은 즐겁고 요리사와 이야기를 할 수도 있다. 이런 가게가 없는 나라에서 온 사람은 아주 좋아한다고 한다. 그래서 특히 외국인에게 보여 주는 것을 목적으로 한 레스토랑이 문을 연 것도 ①이상하지(注1) 않다. 무대 같은 주방에서 일류(注2) 요리사가 요리하는 것을 보면서 식사를 한다. 마치 쇼를 보는 것 같다. 20개국어의 번역 서비스도 있기 때문에 일본어를 모르는 외국인도 즐길 수 있다. 일본 음식을 중심으로 한 여러 나라의 요리를 합친 코스 요리를 낸다. 서비스 요금을 포함해 15,000엔으로 거스름돈이 조금 되돌아올 정도이기 때문에 비싸기는 비싸지만 ②외국인에게 호평을 받을 것은 틀림없다.
>
> (注1) 不思議 : 그러한 원인을 몰라 왜 그럴까 생각하게 되는 것
> (注2) 一流 : 그 세계에서 가장 혹은 그에 가까운 것

5 왜 ①이상하지 않은가?

1 외국에는 요리를 하고 있는 것을 볼 수 있는 가게는 없기 때문에
2 외국인은 요리를 만들고 있는 것을 보는 것을 좋아하기 때문에
3 외국인은 요리를 만들고 있는 레스토랑을 보면 좋아하기 때문에
4 외국인은 레스토랑에서 요리를 만들고 있는 것을 보고 싶어 하기 때문에

6 ②외국인에게 호평을 받는다는 것은 여기서는 어떤 의미인가?

1 외국인에게 준다
2 외국인에게 받는다
3 외국인의 마음에 든다
4 외국인이 흥미를 갖는다

7 내용과 맞는 것은 어느 것인가?

1 문을 연 가게는 카운터 좌석밖에 없다.
2 문을 연 가게에서는 좋아하는 요리를 주문할 수 있다.
3 문을 연 가게에 외국인을 위한 서비스가 있다.
4 문을 연 가게에서는 무대에서 요리를 하고 있다.

단어

寿司屋 초밥집 | 天ぷら屋 튀김집 | カウンター席 카운터 자리 | できあがる 완성되다 | 料理人 요리사 | 特に 특히 | 見せる 보여 주다. 보이다 | 開店 개점하다. 문을 열다 | 不思議だ 이상하다. 신기하다 | ステージ 스테이지. 무대 | キッチン 키친. 주방 | 一流 일류 | まるで 마치 | ~か国語 ~개국어 | 翻訳 번역 | 楽しむ 즐기다 | 和食 일본 음식 | 合わせる 어우르다. 합치다 | ~料 ~요금 | おつり 거스름돈 | 受ける 호평을 받다. 인기를 모으다 | 間違いない 틀림없다 | 原因 원인 | ~ず ~하지 않고(=~ないで) | ~たがる ~하고 싶어 하다 | 与える 주다. 제공하다 | 気に入る 마음에 들다 | 興味 흥미 | 注文する 주문하다

해설

5 밑줄 친 부분이 속한 문장의 첫머리가 だから(따라서, 그렇기 때문에)로 시작되기 때문에 이 부분에 대한 이유는 그 앞을 보면 된다. 바로 앞 문장을 보면, 이런 가게가 없는 나라에서 온 사람들은 매우 좋아한다고 했기 때문에 정답은 4번이다. 2번도 비슷하게 보이겠지만 레스토랑이라는 말이 빠져 있으므로 오답이다.

6 〜に受ける라는 표현은 '〜에게 호평을 받다, 〜에게 인기를 얻다'라는 뜻이므로 정답은 3번이다.

7 카운터 자리밖에 없다는 말은 없으며, 끝에서 두 번째 문장에 일본 음식을 중심으로 한 다양한 요리를 합친 코스 요리를 내놓는다고 했고, 다섯 번째 문장에서 무대와 같은 주방이라고 했다. 끝에서 두 번째 문장에 20개국어의 번역 서비스가 있다고 했으므로 정답은 3번이다.

(2)

중국에서 한자가 전해질 때까지 일본에는 글자가 없었기 때문에 전할 때는 항상 사람을 만나야 했다. 그래서 많은 사람에게 전달되기까지는 시간이 걸렸고 잘못 전달되는 일도 많았다. 한자를 알게 되고 가타카나와 히라가나 등을 만들었기 때문에 일본인의 생활은 편리해졌다. 에도 시대(1603년~1867년)에는 일반 아이들이 읽기 쓰기 등을 배우기 위해 서당(注1)에 다니게 되었다. 도어(注2)에 따르면 메이지 원년(1868년)의 일본의 식자율(注3)은 남자가 43% 여자가 10%였다고 한다. 더 많다고 하는 사람도 있지만 ①많으냐 적으냐는 문제가 아니다. 꽤 많은 사람이 읽고 쓰기를 할 수 있었기 때문에 메이지 시대(1868년~1912년)에 서양의 문화나 기술을 받아들일 때에 어려움을 겪지 않았던 것을 알고 있기 때문이다. 지금의 상태가 좋지 않다 해도 교육에 주력하고 있는 나라의 미래는 당연히 밝을 것이다. ②일본의 미래가 걱정이다.

(注1) 寺子屋(てらこや) : 학교 같은 곳
(注2) ドーア : 영국의 사회학자
(注3) 識字率(しきじりつ) : 글자를 읽고 쓸 수 있는 사람의 비율

8 왜 ①많으냐 적으냐는 문제가 아닌가?
1 옛날 일이라서 정확히 몰랐기 때문에
2 글자로 기술 등을 전달할 때 곤란하지 않았기 때문에
3 %는 이런 저런 말이 있지만 도어의 %가 가장 낮았기 때문에
4 글자로 지식을 전달하는 데 43%면 충분했기 때문에

9 왜 필자는 ②일본의 미래가 걱정이다라고 말하고 있는가?
1 다른 나라가 더 미래가 밝다고 생각하고 있기 때문에
2 일본이 교육을 중시하고 있지 않다고 생각하고 있기 때문에
3 다른 나라가 더 교육에 주력하고 있다고 생각하고 있기 때문에
4 일본이 기술 등을 배우는 데 어려움을 겪고 있다고 생각하고 있기 때문에

10 글자는 왜 중요하다고 말하고 있는가?
1 글자는 지식을 전달하기 위한 것이기 때문에
2 글자가 없으면 지식을 전달할 수 없기 때문에
3 글자로 지식이 빠르고 올바르게 전달될 수 있기 때문에
4 글자를 읽을 수 있으면 지식을 얻는 데 어려움이 없기 때문에

단어

漢字 한자 | 伝わる 전해지다 | 文字 문자, 글자 | 伝える 전하다, 전달하다 | 間違う 잘못되다, 틀리다 | 江戸時代 에도 시대 | 一般 일반 | 読み書き 읽기와 쓰기 | 習う 배우다 | 寺子屋 서당 | 通う 다니다 | ドーア 〈인명〉 도어 | ~によると ~에 따르면 | 明治 〈연호〉 메이지 | 元年 원년. 임금이 즉위한 해. 연호를 정한 첫 해 | 識字率 식자율 | 男子 남자 | 女子 여자 | ある 얼마쯤 되다 | かなり 상당한 | 西洋 서양 | 文化 문화 | 技術 기술 | 取り入れる 도입하다, 받아들이다 | 困る 곤란하다, 어려움을 겪다 | ~としても ~라고 해도 | 教育 교육 | 力を入れる 주력하다 | 未来 미래 | ~はずだ 당연히 ~할 것이다 | 社会学者 사회학자 | 字 글자, 글씨 | 知識 지식 | 学ぶ 배우다

해설

8 밑줄 친 부분의 주변에 그 답이 있는데, 이 경우 바로 다음 문장이 ~からだ(~이기 때문이다)로 끝나고 있기 때문에 이 문장에 이유가 쓰여 있다는 것을 알 수 있다. 정답은 2번이다.

9 바로 앞 문장에서, 지금 상태가 좋지 않더라도 교육에 힘을 쏟고 있는 나라의 미래는 밝을 것이라고 했는데 일본의 미래가 걱정이라는 것은 일본은 교육에 힘을 쏟고 있지 않다고 생각하기 때문이다. 따라서 정답은 2번이다.

10 첫머리 두 문장에는 글자가 없을 때의 단점이 나와 있고, 끝에서 세 번째 문장에서 읽고 쓰기가 가능할 때의 장점이 나와 있다. 이 두 가지를 종합해서 요점을 말하고 있는 것은 3번이므로 정답은 3번이다.

問題6 다음 글을 읽고 질문에 답하시오. 답은 1・2・3・4 중에서 가장 알맞은 것을 하나 고르시오.

입학시험을 치를 때나 시합 전에 '길흉을 신경 쓰는' 사람이 많습니다. '길흉을 신경 쓴다'는 것은 이전에 좋은 결과가 나왔기 때문에 그것을 되풀이하면 또 좋은 결과를 얻을 수 있다고 생각하는 것입니다. 시험에 이겼을 때 사용했던 것을 계속 사용하거나 그때와 같은 것을 계속 먹거나 합니다. 또 일본인은 '고토다마(注1)'라고 해서 말에는 힘이 있다고 생각해 왔습니다. 그래서 수험생(注2)에게 '떨어지다'라든지 '미끄러지다'라는 말을 사용하지 않습니다. 결혼식에서 '헤어지다, 끊다, 떨어지다, 깨지다' 등의 말을 하지 않거나, 아픈 사람의 병문안에 화분에 심긴 꽃 등을 들고 가지 않는 것과 마찬가지입니다. 화분에 심긴 것에는 뿌리가 달려 있기 때문에 '앓아 눕다'라는 이미지가 되기 때문입니다.

반대로 힘을 내자고 할 때는 돈가스, 문어 모양을 한 비엔나 소시지, 낫토나 오크라나 마, 초콜릿 킷토캇토 등을 먹습니다. 돈가스(とんかつ)'는 '이기다(かつ)', 문어는 영어로 '옥토퍼스(オクトパス)'니까 '오쿠토파스(置くとパス;놓아 두면 합격한다)' 즉, '합격하다', 낫토나 오크라나 마는 끈적거리기(注3) 때문에 '끈기 있다', 깃토캇토(キットカット)는 '꼭 이긴다(きっと勝つ)'라는 이미지가 있기 때문입니다.

이렇게 말과 사물을 이미지로 연결시키는 것을 좋아해서 옛날부터 경사스러울(おめでたい) 때는 생선인 '도미(たい)', 기뻐하다(よろこぶ)를 떠오르게 하는 해초인 다시마(こぶ) 등을 자주 먹어 왔습니다. 생선이 아니라 과자인 '붕어빵(たいやき)'을 먹는 사람도 있다고 해서 재미있다고 생각했습니다.

(注1) 言霊 : 말이 가지고 있는 힘
(注2) 受験生 : 시험을 치르는 사람
(注3) ねばねばする : 뭔가가 붙어서 떼려고 해도 안 되는 상태

[11] 그것은 무엇을 가리키는가?
1 수험이나 시합의 결과가 좋은 것
2 좋은 결과가 나왔을 때 하던 것
3 공부나 연습에서 좋은 결과를 내는 것
4 좋은 결과를 내기 위해 해야 하는 것

[12] 다음 중에서 시합 때에 길흉을 신경 쓰는 것은 어느 것인가?
1 시합에 이겼을 때 도미를 먹으며 축하를 한다.
2 이겼던 날과 같은 길을 걸어 시합 장소로 간다.
3 좋아하는 아이로부터 받은 손수건을 시합에서 사용한다.
4 이긴 사람이 신은 양말과 같은 양말을 신고 시합에 나간다.

[13] 이 글의 주요 내용은 무엇인가?
1 말에는 힘이 있다는 것
2 징조가 좋은 말과 나쁜 말
3 길흉을 신경 쓰는 것과 말의 이미지
4 시험이나 시합 전에 하는 일

[14] 용과 일치하는 것은 어느 것인가?
1 길흉을 신경 쓰면 좋은 결과가 된다.
2 붕어빵을 먹으면 재미있어진다.
3 글쓴이는 말에는 힘이 있다고 생각하고 있다.
4 사물의 이름이 특별한 이미지가 되는 일이 있다.

단어

入学試験 입학시험 | 受ける (시험을) 보다. 치르다 | 試合 시합 | ゲンを担ぐ 무슨 일에나 길흉을 따지다.(어떤 일에 대해) 좋은 징조인지 나쁜 징조인지를 몹시 신경 쓰다(ゲン은 한자로는 験이라고 쓰며 '길흉의 조짐'이라는 뜻이 있다) | 勝つ 이기다 | 言霊 말에 담겨 있다는 이상한 영력 | 受験生 수험생 | 落ちる 떨어지다 | すべる 미끄러지다 | 結婚式 결혼식 | わかれる 헤어지다 | きる 자르다 | はなれる 떨어지다 | われる 깨지다 | 病気の人 아픈 사람 | お見舞い 병문안 | 鉢植え 화분에 심음 | 根 뿌리 | 付く 달리다. 붙어 있다 | 寝付く 앓아 눕다 | 反対に 반대로 | 頑張る 힘 내다. 분발하다 | タコ 문어 | 形 모양 | ウインナー 비엔나 소시지 | 納豆 낫또 | おくら 오크라(아욱과에 속하는 속씨식물) | とろろ 마(とろろいも의 줄임말) | キットカット〈상품명〉깃토캇토 | オクトパス 옥토퍼스. 문어 | パス 패스. 합격 | つまり 즉. 다시 말해 | 合格する 합격하다 | ねばねばする 끈적거리다 | ねばり強い 끈기 있다 | きっと 꼭. 반드시 | 結び付ける 연결시키다. 결부하다 | (お)めでたい 경사스럽다 | 鯛 도미 | 海草 해초 | 昆布 다시마(=こんぶ) | お菓子 과자(일본어 お菓子에는 비스킷류뿐만 아니라 사탕, 초콜릿, 아이스크림, 붕어빵 등도 속함) | たい焼き 붕어빵 | 離す 떼다 | さす 가리키다 | ～べき 마땅히 ~해야 함 | お祝い 축하 | 道 길 | はく 신다. (하의를) 입다 | ハンカチ 손수건 | 靴下 양말 | 主な 주된. 주요 | 特別だ 특별하다

> **해설**

11. 밑줄 친 부분이 속한 문장을 보면, 'ゲンを担ぐ'라는 것은 이전에 좋은 결과가 나왔기 때문에 그것을 반복하면 또 좋은 결과를 얻을 수 있다고 생각하는 것'이라고 했다. 따라서 2번이 정답이다.

12. 두 번째 문장에 나와 있는 ゲンを担ぐ에 대한 설명을 잘 이해하고 그에 맞는 설명을 찾는다. 남이 좋다는 것, 또는 남에게 행운을 가져다준 것이 아니라 내가 경험한 것 중 좋은 결과를 가져다준 행동을 반복하는 것이다. 따라서 정답은 2번이다.

13. 맨 처음부터 세 번째 문장까지는 ゲンを担ぐ에 대한 내용이 나오고 그 뒤부터는 말의 이미지에 대한 내용이 나온다. 따라서 정답은 3번이다.

14. 길흉을 따지는 사람이 많다고 했으며 실제로 좋은 결과를 가져온다고 하지는 않았으므로 1번은 오답. 마지막 단락에서 도미 대신 붕어빵을 먹는 것에 대해 글쓴이가 재미있다고 생각한 것이므로 2번도 오답이다. 네 번째 문장에서 일본인은 말에 힘이 있다고 생각했었다고 했으므로 3번도 오답이다. 둘째 단락을 보면 사물의 이름이 특별한 이미지를 연상시키는 경우에 대해 나와 있다. 정답은 4번이다.

문제7 오른쪽 페이지는 여행을 하기 위한 정보이다. 이것을 읽고 아래의 질문에 답하시오. 답은 1·2·3·4 중에서 가장 알맞은 것을 하나 고르시오.

15. 스미스 씨는 부인과 2박 3일로, 온천이 있는 일본적인 분위기나 느껴지는 곳에 묵으며 일본다운 곳을 보고 싶다. 부인은 일본이 느껴지는 일을 해 보고 싶다. 음식은 맛있으면 뭐든 좋지만 일본 음식도 먹고 싶다. 어느 코스를 선택하면 좋을까?

    1 A   2 B
    3 C   4 D

16. 스미스 씨는 가능하면 저렴한 날 그곳에 가고 싶다. 며칠에 출발하면 좋을까?

    1 3일   2 4일
    3 5일   4 8일

2박 3일 여행 (일정)

A	온천 여관에 묵고 일본 음식을 먹는다. 벚꽃을 보기도 하고 딸기밭 체험(注1)을 즐긴다.
B	유명한 온천 여관에 묵는다. 석식은 스테이크나 초밥 등을 중심으로 한 뷔페 스타일(注2). 벚꽃으로 유명한 공원이나 성, 강 등을 돌아본다.
C	유명한 식당이 있는 장소에 묵는다. 온천도 있다. 석식은 첫째 날은 프랑스 요리, 둘째 날은 이탈리아 요리를 먹을 수 있다. 사찰이나 신사를 돌아본다.
D	온천 여관에 묵는다. 식사는 양식과 일본 음식 모두 즐길 수 있는 뷔페 스타일. 성을 보거나 초밥을 만들어 먹거나 한다.

(注1) いちご狩り : 딸기를 직접 따서 먹는다.
(注2) ビュッフェスタイル : 다양한 요리가 준비되어 있어 직접 좋아하는 것을 덜어서 먹는 식사 방법

여행 비용

금·토·일 출발 : 10% 비쌈
화·수 출발 : 10% 저렴

일	월	화	수	목	금	토
	1	2	3	4	5	6
7	8	9	10	11	12	13

스미스 씨의 정보

스미스 씨 : 일은 월요일부터 금요일까지. 이틀 동안이라면 연차를 낼 수 있다.
부인 : 10일부터 11일까지 일 때문에 부재중

단어

奥さん 부인 | 温泉 온천 | 泊まる 묵다. 숙박하다 | 感じる 느끼다 | 出発する 출발하다 | 旅館 여관 | 和食 일본 음식 | 桜 벚꽃 | いちご 딸기 | ~狩り ~따기. ~잡이 | 楽しむ 즐기다 | 有名だ 유명하다 | 夕食 석식. 저녁 식사 | ステーキ 스테이크 | 中心とした 중심으로 한 | ビュッフェスタイル 뷔페 스타일 | 城 성 | 回る 돌다 | ~目 ~째 | 寺 절. 사찰 | 神社 신사 | 洋食 양식 | 採る 따다. 수확하다 | 並べる 진열하다. 늘어놓다 | 取る 취하다. 집다 | 費用 비용 | ~間 ~간 | 年休 연휴 | 留守 부재중

해설

[15] 온천이 있고 일본 느낌이 나는 숙소, 일본다운 곳을 구경, 일본을 느낄 수 있는 체험 활동을 원하며 음식은 맛있다면 뭐든 좋지만 일본 음식을 먹고 싶다. 숙박, 식사, 구경, 체험으로 나누어 이 조건에 맞는 것을 찾아 보자. A는 숙박, 식사는 조건에 맞지만 벚꽃과 딸기를 따는 것은 일본에만 있는 것이 아니므로 적당하지 않다. B는 괜찮지만 체험이 없다. C는 식사와 체험에서 충족되지 않는다. D는 숙박, 식사, 구경, 체험에서 모두 충족되므로 4번 D가 정답이다.

[16] 이 부부는 2박 3일의 여행을 원하므로 3일간의 일정으로 계획해야 하는데, 평일에는 이틀밖에 휴가를 낼 수 없다. 4일과 5일을 휴가로 쓰는 방법과 5일과 8일을 휴가로 쓰는 방법이 있는데, 4일에 출발하는 것이 5일에 출발하는 것보다 저렴하므로 정답은 2번이다.

일본어능력시험

일단 합격
JLPT N3 독해

합격을 위한
JLPT N3 독해 완전 공략

- 최신 출제 경향 분석·반영
- 고득점을 위한 합격 포인트 정리
- 문제 유형별 집중 트레이닝 (실제 시험 약 5회 분량)
- 최종 실력 점검을 위한 파트별 실전 모의고사 3회분 제공
- 독학자를 위한 꼼꼼한 문제 해설과 어휘 정리

ISBN 979-11-5768-526-4
ISBN 979-11-5768-525-7 (세트)

값 15,000원

동양북스 채널에서 더 많은 도서 더 많은 이야기를 만나보세요!

유튜브

인스타그램

블로그

포스트

페이스북

카카오뷰

외국어 출판 45년의 신뢰
외국어 전문 출판 그룹
동양북스가 만드는 책은 다릅니다.

45년의 쉼 없는 노력과 도전으로 책 만들기에 최선을 다해온
동양북스는 오늘도 미래의 가치에 투자하고 있습니다.
대한민국의 내일을 생각하는 도전 정신과 믿음으로 최선을 다하겠습니다.

동양북스